高等院校“十二五”美术学系列规划教材

人文艺术名著导读

主　编：孙志宜　肖　玮　徐宗品
副主编：滕有平　邬守军　钟有为
尹小敏　焦德武　胡明兵
何玉杰　周聚群　许　亮
王　茜　詹道勇

合肥工业大学出版社

图书在版编目（CIP）数据

人文艺术名著导读/孙志宜等主编．—合肥：合肥工业大学出版社，2011.3
ISBN 978-7-5650-0378-3

Ⅰ.①人…　Ⅱ.①孙…　Ⅲ.①人文科学—著作—简介—世界　Ⅳ.①Z835

中国版本图书馆 CIP 数据核字（2011）第 026809 号

人文艺术名著导读

主　　编：孙志宜　肖　玮　徐宗品
责任编辑：王　磊
技术编辑：程玉平
内文设计：李辉周
出　　版：合肥工业大学出版社
地　　址：合肥市屯溪路 193 号
邮　　编：230009
发　　行：全国新华书店
电　　话：发行部：0551—2903188
网　　址：www.hfutpress.com.cn
版　　次：2011 年 3 月第 1 版
印　　次：2012 年 5 月第 1 次印刷
开　　本：787 毫米×1092 毫米　1/16
印　　张：16.75
字　　数：376 千字
印　　刷：合肥星光印务有限责任公司
标准书号：ISBN 978-7-5650-0378-3
定　　价：36.00 元

总序 GENERAL PREFACE

自从有艺术教育，也就有艺术的教科书。教科书总结艺术教育和艺术创作的规律，指导艺术学生的专业训练，提高学生的审美水平，培养合格的艺术家。

艺术教育有知识与实践的区别，传统的艺术教育重在实践，即训练学生的艺术技能，相关的知识教育，如艺术史与艺术理论，也是服务于技能训练。在传统社会，艺术家的培养主要是师徒相传的作坊式训练，有成就的艺术家不仅掌握了高超的技术，而且还具有思想与文化的修养，创作出适应时代的作品。在那个时代，艺术家的修养可能有师傅的传授，也可能有自己的自学，但修养是一个艺术家的必要条件。艺术学院的教育不同于作坊就在于综合性的全面训练，修养的教育居于重要的地位。修养的教育包括两个方面：一个是专业理论，如美术史和美术理论；另一个是文化修养，主要是文学和哲学。在很长一段时间内，修养的教育还是依附于专业训练，比如美术史的教育，着重在对于艺术家的介绍与艺术作品的分析，美术史也是以画家和雕塑家为主的历史。事实上，美术史不只是职业艺术家的历史，美术史的对象是一切具有人的审美经验的人造物品，这个范围远远超出职业艺术家的活动。美术史的教育不只是怎样画好画，怎样学习前人的经验，而是全面地提高艺术的认识和文化的修养。

艺术家总是在特定的条件下进行创作，艺术作品也是在特定的条件下形成，不存在永恒的艺术价值，艺术的永恒性在于永不归复的社会性。这样来认识艺术，就不再把艺术看做技术的产物，而是在一定历史、文化、社会条件下的艺术生产。一个远古时代的陶器，可能是作为生活的用具，由于其形制和图案，也可能作为审美的对象，在一定的文化区域，图案也可能具有文字和符号的功能，反映了一定的生产方式和社会生活，等等。显然，要是这样进入艺术作品的内部，艺术作品就会向人类的生产和生活展开，艺术的问题就不是“我们怎样画一张画”，而是“我们为什么画这样一张画”。作为一门人文学科的美术史，既要求我们对艺术品进行审美的感受，也要求对作品进行科学的分析与考证；一件艺术作品的意义只有通过多学科的研究与分析才能显现出来。这样看来，艺术的教育，包括艺术的技法与史论，也要进入人文学科的领域，艺术的学习也要从工艺型转向知识型。

对艺术的认识是随着时代的发展而变化的，艺术的教育也会随着认识的变化而变化。艺术观念的扩充不仅反映在传统的艺术类型上，也反映在当代社会的发展中。在历史上，艺术有高级艺术与次要艺术之分，绘画、雕塑和建筑都是高级艺术，工艺美术和应用美术则是次要艺术。进入现代工业社会以后，情况发生很大变化，实用美术从后台走到前台，对人的社会生活发生越来越大的影响。如新艺术运动、包豪斯、风格主义和波普艺术等，不仅对现代艺术产生直接的影响，而且还从根本上改变了传统艺术的形态。设计艺术的目的不是作用于现代艺术，而是人的生活。历史上的高级艺术要求观众主动地欣赏，人们必须到沙龙、展览馆，或教堂、宫廷才能看到那些艺术作品，而中国的文人画更是在极少数人的范围内观赏。在现代社会，对公众生活而言，艺术的概念已远远超出高级与次要之分，艺术不再为少数人所拥有，而是通过大众文化向所有人展开。设计艺术不只是美化人们的生活，设计也是思想的表达，它与时代精神紧密相连，深刻反映社会生产力的发展水平，改变人的生活质量，提升人的审美趣味，弘扬传统文化，促进物质文明。与此相适应的是，在当今美术教育中，设计的比重越来越大，设计的系科越来越丰富，大到建筑、环艺，小到广告、包装，从传统的服饰、装潢到现代工业设计与计算机图像，从实践到课堂，从文化工业到消费领域，我们所称的“大美术”不仅成为当代视觉文化的主流，也日益成为艺术教育的主流。

传统艺术教育的新模式和新方法，现代艺术类型的扩充，都反映了艺术发展的基本要求，即新的视觉经验与科学技术的发展。在信息扩充、知识激增和高创造力的时代，艺术教育面临新的要求。艺术是一项创造性的工作，艺术教育也是创造性人才的培养，这一点在今天尤其重要，艺术学生不仅要掌握技能，丰富知识，更重要的是能够开拓创新。艺术创造财富，艺术促进生产与消费，艺术改造我们的生活，使生活更加美好。艺术追踪时代的步伐，推动社会的进步。在当今的艺术工作中，高科技的影响越来越大，机器复制的图像取代手工的制作，规模空前的视觉信息占据我们的视觉空间，信息技术不仅生产超量的图像，本身也成为艺术创造的手段，广泛作用于当代视觉文化。新媒体、综合材料、影视图像等新的艺术形式和语言正在进入我们的教科书，虽然这些新的艺术表现还在探索和实验之中，但它充分反映了艺术与时代的关系，反映了与时俱进的时代要求。

时代在发展，艺术也在发展，艺术教育也发展到前所未有的规模。艺术教育的发展使艺术教材面临新的任务和要求。新教材的编写需要一个新的起点与新的视点。传统的艺术门类需要现代的更新，以适应艺术功能和社会作用的重大变化。新的艺术门类需要实验和探索，及时总结实践的成功经验，有效地运用于课堂教学，为社会培养更多的新艺术的人才。

易　英
中央美术学院教授、博导
《美术研究》杂志社社长
《世界美术》主编

前言 PREFACE

宗教、艺术、科学是人类文明的三大支柱，分别对应着人类的精神、情感、生活三个方面不同需要，并与人类发展相生相伴。艺术，既有多元的形式语言又有丰富的文化内涵，既有不同的情感表达又有深邃的理性思考。她的独特之处在于以直觉形象的方式表达时代的人文精神，通过形象透射出人类思想文化的光芒。艺术，还表现在她以绘画、雕塑、建筑、工艺、语言、文字、诗歌、文学、音乐、舞蹈、戏剧等方式经受了历史长河的冲刷，积淀下人类思想文化的智慧。可见，艺术在其形式的背后反映出的却是一个综合性极强的人文内涵。

然而，对于艺术本质的认识与艺术教育功能的理解，在我们当代教育中尚存在着太多的问题。问题一，是重技轻文，针对美术教育这一问题虽反思多年，但未见有效措施与效果；问题二，是重技轻思，由于盲目偏重技术性教学，致使学生在艺术表现方面严重缺乏文化素养支撑，更难于实现创新精神与创新能力提高的人才培养目标；问题三，是重技轻教，师范类美术学专业学生严重缺乏从事教育教学的职业素质与能力。针对这些问题，为了从根本上改变人才培养现状，我们在国家教育部“关于美术学（师范）专业课程指导意见”要求下，将忧虑与思考化作为改革的实际行动。一方面重新修改普本美术学专业人才培养方案，以素质拓展课程模块加学分选修的方式，构建专业综合素质系列课程体系。另一方面将美术学人文与职业素质系列教材作为规划项目申报，组织全省高校美术院系的专业教师及文史经哲等相关专业教师共同编写。《人文艺术名著导读》一书在这套人文素质系列教材中专业跨度最大、参编人员最多，内容涉及哲学、人类学、宗教学、伦理学、教育学、心理学、经济学、历史学、思想史、文化学、艺术学、美学等多个与美术学密切相关的学科门类。结合美术学专业特点，为了有效加强学生人文素养的教育，我们又在每个学科领域浩如烟海的鸿篇巨制中精选出代表性强且具有影响力的经典名著，统一体例，从作者简介、内容精要、推荐版本等三个方面进行介绍。本教材以美术学或艺术专业学生为主要阅读对象，因此对编写理念或要求都做了相应定位。

一、针对性原则。根据美术学专业学生健全人文艺术知识的需要，突出内容的针对性，以及知识的广度、深度的针对性。

二、体系性原则。所选学科内容应能代表不同时期流派及思想的经典之作，总体应能反映学科思潮发展走势，在本教材有限范围内，构成基本的知识体系框架。

三、信息性原则。主要通过三方面内容使学生获得所需知识信息：“作者简介”在于突出作者的学术思想地位和影响；“内容精要”在于突出名著核心概念、理念、思想观点；“推荐版本”在于提供文献出版信息。

四、引导性原则。教材本身是想通过对知识内容及相关信息的介绍，进一步引导学生根据自己发展需要，主动学习并进一步探究。

五、关联性原则。本教材所选学科内容，与美术史、鉴赏、概论及教育学、心理学等专业必修课内容互相补充，形成对专业史论、职业教育知识的支撑或延伸。

六、通俗性原则。对名著的解读、描述，不以专业论证、考据为目的，而是将名著精深、冗繁、难懂的语言转化为通俗、简洁、易懂的语言来叙述名著主要精义，方便学生阅读、领会，激发他们学习知识的热情。

我们相信，通过对中外文史经哲等名著的广泛接触与了解，学生们不仅能拓展视野、启迪智慧、领悟艺术的内涵、明白美的奥秘，而且能转变学习与艺术创作的观念，关注时代精神与内涵，懂得思想观念引导艺术形式语言、文化创新引领艺术创新以及伟大艺术家同时也是伟大思想家的深刻的本质所在。

孙志宜

2012 年 4 月

目录/CONTENTS

第一章 | 哲　学

哲学（Philosophy），是以世界整体作为研究对象，以发现世界一般规律、确立系统性世界观和方法论作为基本任务的一种学科。是人类认识世界的社会实践活动，是社会意识的具体存在和表现形式。由于研究领域的不同，哲学出现很多分支，如：马克思主义哲学、科学哲学、现代哲学、伦理学、美学、现象学、当代英美哲学等。

艺术是人类行为的一种特殊形式，以情感、想象和形象为特性来把握并反映世界。艺术的辉煌根植于人类思维发展进化的基础之上，并随着人类的认识能力、认识范围及深度的发展而发展，它有赖于人们对世界与人生的理解。一种艺术形式若想在一个特定的社会范围内被承认，只能努力适应整个社会的审美趣味，而决定审美趣味的根本是整个社会的哲学意识。因此，哲学是艺术的根本思维基础，决定了艺术的发展方向和审美趣味。同时，艺术又因其形式的探索反过来影响着哲学的发展。二者是交融、互动的辩证统一。

第一节 | 《道德经》（春秋战国时期）

一、作者简介

老子（约公元前571年—公元前471年），姓李，名耳，字伯阳，春秋末宋国相邑人（今安徽涡阳），著名思想家，道家创始人，著有《老子》上下篇（即《道德经》）。他在中国哲学史上首次提出“道”的哲学命题，揭示了“道”是宇宙万物的本体总根源，开创了中国哲学本体论的思想方法，阐发了朴素辩证法思想，影响深远。《道德经》在中国哲学史上具有非常重要的地位。该书阐发“道”的学说，对后代思想家具有重大影响。苏轼认为：“老子之学，重于无为，轻于治天下。”书中所阐发的“养生之道”被道教所宣扬，成为道教理论和实践的核心。老子思想对中国人的行为方式也有着重大影响，汉初统治者采取“与民生息”政策，曾一度把老子的“无为”思想作为信条。老子在中国学术史上所具有的重要地位，正如陈鼓应所评：“从哲学史的观点看，老庄思想的重要性，一如苏格拉底和柏拉图在西方哲学史上的地位。”

二、内容精要

《道德经》分上下两部分，81章，共5000余字，系统探讨了宇宙的本原问题，提出“道”的哲学命题。

“道”的思想是全篇核心内容。“道生一，一生二，二生三，三生万物。万物负阴而抱阳，冲气以为和。”“有物混成”，以说明“道”是浑朴状态的，它是圆满和谐的整体。“道”，无声无形，先天地而存在，循环运行不息，是产生天地万物之“母”。老子认为：“道”是普遍存在，无处不在，但“道”却是不能被触摸、也不能被感受的存在，它只能被描述和比喻。老子提出“道”、“人”、“天”、“地”这四个存在，“道”是第一位的，它不会随着变动而消失。它经过运转又回到原始状态，即事物得以产生的最基本、最本源的地方。

朴素辩证法是《道德经》中最具生命力的内容，例如美丑、善恶、有无、难易、长短、高下、宠辱、动静、轻重、强弱、刚柔、兴废等命题，都是老子朴素辩证法思想的反映，揭示出事物存在是互相依存的，而不是孤立的，矛盾是普遍存在的，存在于一切过程之中。万物都存在着互相矛盾的两个对立面，在一定的条件下，对立双方是可以互相转化的。例如："祸兮福所倚，福兮祸所伏"；"故有无相生，难易相成，长短相形，高下相倾，音声相和，前后相随"。但是，老子矛盾学说存在着不全面的地方，只看到事物具有对立和互相转化的一面，而回避矛盾双方斗争的一面。所以，老子主张以"无为"和"不争"的态度来解决矛盾。

《道德经》虽是一本哲学著作，其中许多辩证法思想在中国政治和军事方面得以应用。老子对"道"的尊崇，完全源于对自然和自然规律的诚信，这完全有别于那个时代视"天"为绝对权威的思想观念。老子的"道"是对宇宙、人生的独到悟解和深刻体察，是源于他对自然细致入微的观察和一种强烈的神秘主义直觉而至。

三、推荐版本

《道德经》，老子著，陈忠译，吉林文史出版社，2006 年版。

第二节 |《论语》（春秋战国时期）

一、作者简介

孔子（约公元前 551 年—公元前 479 年），名丘，字仲尼，春秋末鲁国人（今山东曲阜），思想家、教育家，儒家学说创始人。他曾经为官，后辞官带领门徒周游列国，游学 14 年后回到鲁国，开始潜心教学，整理《诗》、《书》、《春秋》等古代典籍。

孔子创立的儒家学派和主张的儒家思想，成为中国两千多年来历代帝王治国的指导思想。《论语》的重要地位主要表现在哲学史和思想史上的作用。《论语》一书是典型的语录体形式，即孔子言行录，是研究孔子思想的最重要著作，也是了解儒家学派思想的最重要著作。自西汉以来，由于对《论语》的尊崇至神圣地位，而使这部书对中国人思想的影响远超出它本身的范围，不论在中国还是在世界思想史上都具有不容置疑的地位。

二、内容精要

《论语》共收载 500 多篇孔子思想言论和行为的片段记录，分为 20 篇。重点阐发"仁"、"道"方面的观点。

首篇“学而”，以谈论学问与修养为主，有“吾日三省吾身”等著名文句。第二篇“为政”，内容是孔子“为政以德”的思想和“从政为官”的基本原则，以及学习和修养等问题。第三篇“八佾”，涉及“礼”的问题，主张维护“礼”在制度上、礼节上的种种规定，孔子提出“君使臣以礼，臣事君以忠”的政治道德主张。第四篇“里仁”，主要内容涉及“义”与“利”的关系问题、个人的道德修养问题、孝敬父母问题以及君子与小人的区别。第五篇“公冶长”，主要记录对历史重要人物及弟子的评论，有“朽木不可雕也，粪土之墙不可圬也”、“三思而后行”等著名文句。第六篇“雍也”，内容主要有政治、伦理、哲学、人性、人才及文质关系、对待神鬼的态度等。第七篇“述而”，以论述为学、修养、教育为主，有“学而不厌，诲人不倦”等著名文句。第八篇“泰伯”，有孔子对古代人物的评论，反映出孔子的政治理想，有“任重而道远”、“死而后已”等著名文句。第九篇“子罕”，内容涉及孔子的道德教育思想，孔子弟子对其师的议论。第十篇“乡党”，主要记述孔子礼仪的实践情况，颂扬孔子是个一举一动都符合“礼”的正人君子。第十一篇“先进”，内容包括孔子对弟子们评价和“过犹不及”的中庸思想，孔子对待鬼神、生死问题的态度。第十二篇“颜渊”，是孔子对“仁”的阐发和论述，有“己所不欲，勿施于人”、“四海之内，皆兄弟也”等著名文句。第十三篇“子路”，是关于如何治理国家的政治主张、孔子的教育思想、个人道德修养与品格完善，以及“和而不同”等思想。第十四篇“宪问”，较多的是评论历史人物，也论及仁政、学问等问题。第十五篇“卫灵公”，论述道德修养、“君子”为人处世之道，有“人无远虑，必有近忧”、“小不忍则乱大谋”、“道不同，不相为谋”等著名文句。第十六篇“季氏”，内容包括孔子及其学生的政治活动、与人相处和结交时注意的原则以及君子的“三戒”、“三畏”和“九思”等。第十七篇“阳货”，内容以政治与教育为论述重点，教育方面提出了“上智”、“下愚”等重要命题。第十八篇“微子”，内容以孔子的行事、处世为主。第十九篇“子张”，内容均为孔子弟子言论记录。第二十篇“尧日”，段落较长，内容较杂，疑为后人所补。

三、推荐版本

《论语译注》，杨伯峻著，中华书局，1980 年版。

第三节 | 《庄子》(战国时期)

一、作者简介

庄子（约公元前 369 年—公元前 286 年），名周，战国时期宋国蒙地人（今安徽蒙城），战国时期哲学家、文学家，继承发展了老子“道法自然”的思想，提出了“圣人不死，大盗不止”，“窃钩者诛，窃国者为诸侯”的精辟见解。据《汉书·艺文志》记载，《庄子》全书应有50多篇，但现存的只有33篇，由晋代郭象整理。

二、内容精要

全书分为“内篇”、“外篇”和“杂篇”三部分。“内篇”包括《逍遥游》、《齐物论》、《养生主》、《人间世》、《德充符》、《大宗师》和《应帝王》7篇。“外篇”包括《骈拇》、《马蹄》、《胠箧》、《在宥》、《天地》、《天道》、《天运》、《刻意》、《缮性》、《秋水》、《至乐》、《达生》、《山木》、《田子方》和《知北游》15篇。“杂篇”包括《庚桑楚》、《徐无鬼》、《则阳》、《外物》、《寓言》、《让王》、《盗跖》、《说剑》、《渔父》、《列御寇》和《天下》11篇。

《逍遥游》主要阐述无所依凭的主张，追求精神世界的绝对自由。《齐物论》中，庄子认为世界万物包括人的品性和感情，人们的各种看法和观点，看起来是千差万别，归根结底却又是齐一的；一切事物都是统一的，而且都在向其对立面不断转化；各种各样的学派和争论都是没有价值的。《养生主》中，庄子认为养生之道重在顺应自然，忘却情感，不为外物所滞。《人间世》主要讨论处世之道，既表述了庄子所主张的处人与自处的人生态度，也揭示出庄子处世的哲学观点。《德充符》是讨论人的精神世界应该怎样反映宇宙万物的本原观念和一体性观念。《大宗师》中，庄子认为自然和人是浑一的，人的生死变化是没有什么区别的，主张清心寂神，离形去智，忘却生死、顺应自然。《应帝王》中，庄子表达了无为而治的政治主张。

《骈拇》主要倡导听任自然，顺应人情的思想。《马蹄》表达了庄子反对束缚和羁绊，提倡一切返归自然的政治主张，对儒家的仁义作了直接的批判。《胠箧》中，作者一方面竭力抨击所谓圣人的“仁义”，另一方面倡导抛弃一切文化和智慧，使社会回到原始状态中去。《在宥》、《天地》、《天道》和《天运》都是讨论无为而治。《刻意》是讨论修养问题。《缮性》是讨论如何养性。《秋水》强调了认识事物的复杂性，指出了认知之不易和准确判断的困难。《至乐》讨论和回答了人生在世什么是最大的快乐与人应怎样对待生死的问题。《达生》讨论如何养神，提出要摒除各种外欲，要心神宁寂、事事释然。《山木》主要讨论处世之道。《田子方》主要讨论虚怀无为、顺应自然、不受外物束缚的思想。《知北游》主要是讨论“道”，一方面指出了宇宙的本原和本性，另一方面也论述了人对于宇宙和外在事物应取的认识与态度。

《庚桑楚》主要讨论养生。《徐无鬼》内容很杂，但多数是倡导无为思想的。《则阳》内容很杂，一部分用人物的对话来说明恬淡、清虚、顺任的旨趣和生活态度，同时也对滞留人事、迷恋权势的人给予抨击；另一部分则讨论宇宙万物的基本规律，讨论宇宙的起源，讨论对外在事物的主体认识。《外物》内容讨论养生处世，倡导顺应，反对矫饰，反对操持，从而做到虚己而妄言。《寓言》中，庄子用寓言的方式阐述道理和主张。《让王》中阐述重生，提倡不因外物妨碍生命的思想。《盗跖》中是抨击儒家，指斥儒家观点的虚伪性和欺骗性，主张返归原始，顺其自然。《说剑》中，庄子委婉地劝说赵文王要成为天子之剑。《渔父》通过“渔父”对孔子的批评，指斥儒家的思想，并借此阐述了“持守其真”、还归自然的主张。《列御寇》的内容主要是阐述忘我的思想，人生在世不应炫耀于外，不应求仕求禄，不应追求智巧，不应贪功图报。

三、推荐版本

《庄子》，庄子著，方勇注，中华书局，2010 年版。

第四节 |《形而上学》(公元前 4 世纪)

一、作者简介

亚里士多德（Aristotle，公元前 384 年—公元前 322 年），是古希腊时期和整个西方哲学史中最伟大的哲学家之一，与其师柏拉图并峙为西方远古哲学中的两大高峰。出生于马其顿统治下的希腊东北部斯塔吉拉城。他跟随柏拉图学习哲学达 20 年之久，并专职教导马其顿国王亚历山大六载有余。公元前 335 年，他在希腊的吕克昂创办了自己的学院，开始潜心讲学和埋首著书，直到病故。亚里士多德是一位百科全书式的哲学家。其著作约有 400 多卷，如《论灵魂》、《论哲学》、《形而上学》、《尼各马科伦理学》、《论正义》、《论国民》、《物理学》、《解释篇》、《伦理学大纲》、《政治学》、《论动物的起源》等。

《形而上学》一书奠定了亚里士多德在哲学史上的地位，其中所探讨的矛盾、存在、本体等概念成为后世哲学的思想基础。黑格尔评价道："假使一个人真想从事哲学工作，没有什么比讲述亚里士多德这件事更值得去做了。"

二、内容精要

《形而上学》共 14 卷，主要论点是存在论和实体论。书中，亚里士多德明确了"第一哲学"——存在论研究对象以及它在人类知识系统中的地位。肯定了有一门绝对地研究存在原因以及研究存在的存在学科，并从对象的本质及存在的角度讨论对象。作者从四个方面讨论存在的问题：一是范畴的存在；二是潜能的和现实的存在；三是真和假的存在；四是偶然的存在。"范畴"是对事物最普遍的"说明"，即存在的存在方式。亚里士多德认为，我们只能就存在者来领悟存在本身，存在只有通过存在者才能显现自身，而范畴恰恰是存在显现为存在者的方式。真理不能先于事物而存在，真的和假的不存在于事物里，它们归结为思想的方式，而且只能在关系中得以表达。存在作为实体而区别于偶性的。对于偶性，如果没有一个支持他们的实体，它们就不能存在，例如没有一个白的东西，就没有白色。具体的存在者无须他者也能存在，而偶性者总是由他者而存在。潜能作为变化的根源，是一种能力，它要转化为现实。潜能取决于现实，现实优于潜能。

接着，作者明确指出实体是存在的原初意义。他的"实体"指的是事物"是什么”，或是事物的“是其所是”，即“本质”。因此，这个“实体”既不“实”也没有“体”，而是使事物成为这个事物的本质规定。亚里士多德考察了实体的四种含义：一是简单物体；二是事物存在的内部原因，如灵魂；三是事物构成的内在部分；四是其所是——形式。按照作者的规定，如果一个事物既是个别的又是“可分离的”，这个事物就是实体。这个“实体”在判断中只能充当绝对主词而不能充当宾词的东西。所以，“个别的人”和“个别的牛”，是“实体”。当然，个别的具体事物还可以再做分析，分为形式和质料。就具体事物而言，为什么这样的质料能够构成这样的事物？原因不在于质料，而在于事物的“形式”。例如，砖瓦之所以构成了房屋，不在于砖瓦，而在于它们具有了房屋的“形式”。因此，事物之所以成为这个事物，主要不是由于质料，而是由于“形式”，“形式”是决定这个事物成为这个事物的根本原因。

最后，亚里士多德认为，如果所有的实体都是可以消灭的，那么一切事物就都是可以消灭的，因为实体是事物中首要的东西。反之，如果并不是一切事物都会消灭，那就必然有一种永恒的实体存在。生灭变化属于运动，运动变化本身是没有生灭变化的，是永恒的。因此，运动是一切具体事物生灭变化的形式。既然运动是永恒的，就一定有永恒的实体，那就是上帝或神。

三、推荐版本

《形而上学》，亚里士多德著，吴寿彭编，商务印书馆，2011年版。

第五节 | 《哲学原理》(1644年)

一、作者简介

笛卡尔（Rene Descartes，1596—1650），17世纪法国著名的哲学家和数学家，被人称为“西方近代哲学之父”。主要著作有《第一哲学沉思集》、《灵魂的激情》、《方法谈》、《哲学原理》等。他批判陈旧的经院哲学，提出了许多唯物主义的观点，其二元论和形而上学的唯物主义思想，为18世纪的欧洲无神论思想和唯物主义的发展奠定了重要的思想基础。《哲学原理》一书标志着近代法国新哲学的开始。

二、内容精要

《哲学原理》由“我思故我在”、“上帝的存在”、“物质与运动的关系”等几部分组成。对近代哲学做出了三个贡献：第一，提出了普遍怀疑的方法论原则和演绎方法；第二，提出了“我思故我在”的重大哲学命题；第三，提出了世界的物质统一性原理，以及物质与运动不可分割的关系原理。

在序言中，笛卡尔首先阐明了哲学的任务和作用。认为，哲学是关于智慧的研究，是为了获得知识的方法。人们获取知识的方法主要是利用直觉、感觉器官、谈话交流、阅读和理性的演绎方法。作者在考察了人类的认识过程后认为，人们在认识事物、获取知识的过程中，要确立“普遍怀疑”的精神。但是，怀疑并不是要打倒一切，它只是一种手段，目的是更好地认识世界。

笛卡尔指出，他的全部哲学体系就像一棵树，形而上学是根，物理学是干，别的一切科学是干上分出来的枝。因此，他的哲学体系由三部分构成。第一部分是“形而上学”，是整个哲学体系的基础，是探求宇宙和世界的本质的学问。第二部分是“物理学”，描述自然界的知识。第三部分是其他科学。他认为形而上学是所有应用学科的基础，哲学就是把原则和方法应用到社会生活和科学技术的各个方面。

在“我思故我在”的著名哲学观点中，笛卡尔认为哲学研究的前提是怀疑一切可以怀疑的东西，但是不能怀疑自己本身的存在，因为只有自己存在才有可能怀疑。所以，“自我存在”是怀疑的第一条原则。

笛卡尔还论述了第二条哲学原理：上帝的存在。笛卡尔从“我思故我在”出发，推论出“上帝的存在”。他认为，观念不可能是从外界得来的，心灵也不可能凭空创造观念。因此，人的观念就来源于上帝的观念。既然我们的内在世界具有上帝的存在，那么我们外部世界就一定有一个上帝的实体存在。“实体”是指一切能够不依赖于其他事物而自己存在的事物。世界存在着三种“实体”：一是上帝，二是物质，三是心灵。上帝是一种真正的存在，物质和心灵都要依赖上帝而存在。上帝是一个绝对的独立存在的“实体”。由此，笛卡尔提出著名的“二元论”哲学思想：心灵和物质是彼此独立、互不影响、本质上完全不同的两个“实体”。

最后，笛卡尔论述了物质与运动的关系。他认为，世界是统一于物质的，不存在多重的物质世界。物质世界不是静止的，而是一个不断运动着的世界。运动是绝对的，绝对的静止是不存在的。

三、推荐版本

《哲学原理》，笛卡尔著，关琪桐译，商务印书馆，1935 年版。

第六节 | 《人性论》(1734—1737 年)

一、作者简介

休谟（David Hume，1711—1776），英国哲学家，经验主义哲学的集大成者，生于苏格兰爱丁堡。他 23 岁时完成《人性论》三卷，但该书出版并没有引起社会的特别注意。为了补救《人性论》的缺陷，休谟用言简意赅的论述风格对其改编，并出版

《人性论》的压缩版《人类理解研究》，该书获得巨大成功。休谟一生著作不多，主要有《人性论》、《英国史》、《自然宗教对话录》等。

休谟在西方哲学史上占有重要地位，是所有经验哲学家中对经验论阐述得最严密、最完整的一位哲学家。他的哲学思想对18世纪法国启蒙运动产生了积极影响，后世的非理性主义、实证主义、实用主义、现象学等哲学都受其影响。罗素评价道："整个19世纪内，以及20世纪到此为止的非理性的发展，是休谟破坏经验主义的必然后果。"

二、内容精要

《人性论》分为三卷：第一卷论知识；第二卷论情感；第三卷论道德。从经验论和不可知论方面全面论述了休谟哲学上的观点。

休谟是牛顿的信奉者。他采取自然主义的经验归纳法和心理分析法对人性进行研究，试图建立牛顿式的人学，以说明人类的一切行为。他认为人类的一切知识都是由印象和观念组成的，我们通过记忆和想象获得观念，提出了"实体不可知"的观点。他既反对洛克的物质实体，又反对贝克莱的精神实体，认为实体观念不是别的东西，仅仅是各种特殊观念的集合体。他肯定外物的独立存在，是人类的一种自然本能，在认识论上是一种先验的假设。但是，如果从经验出发，既不能证明外物的客观实在性，也不能证明我们的知觉是由外在事物引起的。因此，人类的知觉只能限制在知觉的范围之内。物质实体的存在与否和精神实体的存在与否，都是人们的经验不能解决的。上帝作为一种精神实体不能成为知觉的原因，人们也无法体验到上帝与人们感官之间的联系。

休谟认为因果关系的产生，不是因为事物本来存在着的因果关系在人脑中的反映，而是因为"当我们对事物进行观察时，就会发现事物之间总有一种接近和连续的关系，一个事物出现后，另一事物也会随之出现"。因此，因果关系也是人类感觉经验的产物。休谟还提出了理性方面的怀疑论观点，并提出一系列理由，来说明我们为什么应该怀疑我们得到的结论。对于为什么应该怀疑我们通过感觉经验所得到的结论，他认为，我们对推理的每一个判断仅仅是概然的，而且，我们所观察的对象是与我们关于印象的知识相冲突的。

作者在对人性进行自然主义的考察基础上，论述了作为人性构成要素的理性和情感在道德中的功能和作用。他认为，许多伦理学家在讨论理性与情感的关系时，总是高扬理性，贬低情感。道德或道德准则对于人们的行为具有一定的影响，它通过褒扬或贬低、许可或指责的方式，称颂、鼓励道德的善举，谴责、阻止不道德的恶行。但事实上，有三个原因导致理性不能发挥它所应有的作用：（1）引发人们行动的是人们的欲求、需要，而不是理性的推理；（2）通过理性、推理而获得信念，也不能直接导致行为；（3）欲求、倾向是人的感情的表现。因此，休谟得出结论：单独理性不能成为意志活动的动机，而且理性在指导意志方面并不能反对情感，道德不是理性论证的科学。休谟的论述是反对理性主义的道德学，其基本倾向是弘扬情感，贬低理性，正如他的格言："理性是，并且也应该是情感的奴隶，除了服务和服从情感之外，再也没有任何其他的职务。"

三、推荐版本

《人性论》，休谟著，关文运译，商务印书馆，1980 年版。

第七节 | 《哲学通信》(1726—1729 年)

一、作者简介

伏尔泰（Voltaire，1694—1778)，18 世纪法国启蒙运动领袖，著名哲学家、作家和思想家。由于批判封建统治者，他曾被关进巴士底狱，后来流亡英国和荷兰达十几年之久。主要的著作有《哲学通信》、《形而上学论》、《哲学辞典》、《路易十四记事》、《风俗论》、《奥尔良的处女》等。

《哲学通信》是伏尔泰哲学思想的集中体现。书中阐述的唯物主义哲学观，对当时启蒙思想的发展作出了巨大贡献。伏尔泰认为，上帝的存在具有一定的价值，但是，上帝或神是宣传的结果，是捏造的产物。他的思想大力地推动了无神论思想的发展。本书是法国大革命的宣言书之一，为法国推翻封建专制制度、寻求自由和民主实践提供了巨大的指导作用。莫洛亚认为，伏尔泰堪称当时欧洲思想界泰斗。雨果评价道："伏尔泰不仅是一个人，他是一个世纪。他行使过一个职能，他完成过一项使命。"

二、内容精要

《哲学通信》的格式是书信体形式。在书中，伏尔泰批评了三个哲学家的相关观点。首先，他强烈地批判了莱布尼茨的"单子论"的观点。他认为，莱布尼茨本人也没有搞懂"单子"是什么，就拿它来解释宇宙，这是很荒诞的事情。接着，他批判了笛卡尔，认为笛卡尔二元论的观点把思维和物质完全脱离开来，精神脱离物质而独立存在的思想是错误的，"观念产生观念"的思想也是错误的，认为"观念不仅来自感觉，而且受感觉的制约，感觉愈多，观念就愈多"。最后，伏尔泰批判了贝克莱的主观唯心主义的观点。贝克莱认为，世界上的一切事物都是人的"感觉的复合"。而伏尔泰则认为，感官是人们认识事物的外部途径，人的感觉不是主观能够产生的，它必须借助外部事物作用才能产生。感觉是人的主观感受能力和外部事物互相作用的结果，主观唯心主义是违背人们认识常理的。然而，伏尔泰非常欣赏洛克的思想，他的许多哲学观点是对洛克思想的发展。他认为，观念来自于感觉，人类最初的观念就是感觉，客观存在是感觉产生的最基本条件。没有感觉，就不会有观念，更不会有主观性的存在。

伏尔泰还在书中介绍了自己的政治理论和宗教理论。认为专制制度压制人的自由，杜绝了人们追求幸福生活的途径。法国要推翻专制制度，实现君主立宪制度，途径是要祈祷出现一位开明的君主，而不是依靠人民。接着，伏尔泰又批判了法国天主教的残暴和虚伪。他从唯物主义的观点出发，认为“神”完全是宣传的结果，是僧侣编造和欺骗的结果。不过，伏尔泰也肯定了宗教对人类心灵具有抚慰功效的积极作用。

三、推荐版本

《哲学通信》，伏尔泰著，高达观译，上海人民出版社，2005 年版。

第八节 | 《精神现象学》(1807 年)

一、作者简介

黑格尔（Georg Wilhelm Friedrich Hegel，1770—1831），19 世纪德国最著名的哲学家，也是欧洲哲学史上影响最为深远的哲学家之一。他先后任海登堡大学、柏林大学教授，1829 年成为柏林大学校长。主要著作有《民众宗教和基督教》、《耶稣传》、《基督教的实证性》、《精神现象学》、《哲学全书》、《法哲学原理》、《哲学史讲演录》、《历史哲学讲演录》、《美学讲演录》、《宗教哲学讲演录》等。黑格尔的哲学，不仅是德国古典唯心主义哲学的顶峰，也是西方古代和近代哲学发展的系统总结，不仅是马克思主义哲学的重要思想来源之一，也是西方现代哲学发展的源头。《精神现象学》是黑格尔哲学思想中最重要的著作之一，标志着黑格尔哲学体系的建立。在书中，黑格尔不仅指出了过去哲学的缺陷，而且论述了自己哲学体系中的所有基本命题。为后世人本主义哲学的发展奠定了基础，其辩证法思想也被马克思所吸收。马克思评道：“《精神现象学》是黑格尔哲学的真正起源和秘密，是黑格尔的圣经。”

二、内容精要

全书共八章，分为三大部分，论述意识发展的三个阶段。第一部分包括第一至第五章，论述个体意识；第二部分为第六章，论述群体意识；第三部分包括第七和第八章，论述绝对本质意识。

首先，黑格尔阐述真理问题。他认为，真理是一个过程，包含三方面内容：(1) 真理不是孤立和静止不变的东西，是存在于概念和事物发展之中的有机统一体；(2) 真理不是作为直接知识而存在的，真理是绝对的；(3) 真理与错误是相辅相成的。

接着，他阐述个体意识，认为意识是指“主观精神之内的意识”，是主体对客观对象的认识。意识的最基本形式有感觉、知觉和知性三种形式，它们被称为“感性确定性”阶段。“感性确定性”阶段是人的认识中的被动因素，所认识的真理还缺乏意识的自为存在，人和外界的关系中，决定的一方还是外界，而不是人。继而，作者论述了自我意识，认为“自我意识就是欲望”，欲望是真正属于人本身的能动因素。人一出现在世界上，就带有社会性，因为人的欲望只有通过他人才能得到满足。随后，作者论述了理性，认为，在自我意识的阶段，主体虽然是向往自由的，但是却不能达到自由，因此，意识必须向最高的理性发展。在理性的阶段，意识已经返回到自身，并认识到自身。黑格尔指出“理性就是意识确知它自己既是一切实在这个确定性”，这个确定性所包含的真理是：“我即是我，我的对象和本质就是我。”

随后，他阐述社会意识，认为个体意识达到了理性的阶段后，只能说是个体初步达到了主体和客体的统一。但是，这并不是真正的统一。个体要让自己达到真正的主体和客体统一，应去接受社会意识检验。社会意识是一种客观的精神，为此，他考证了欧洲三个时期的意识形式。第一个时期是古代伦理世界，意识是真实的精神。黑格尔认为，那时人与神两条规律支配着古代世界，国家和家庭、人的规律和神的规律相互排斥，这种冲突构成了古代世界的悲剧性。第二个时期是近代世界，意识是自身异化的精神。在这里，自身异化了的精神达到了自己对立的顶峰，引致自由主体性的觉醒，精神恢复了元气，振奋了活力，产生了道德精神。第三个时期是以德国道德哲学为特征的时代，意识是对自身具有确定性精神。在这种精神中，绝对的自由从现实的王国过渡到了精神的王国。

最后，阐述绝对本质的意识。认为，人的意识、自我意识、理性以及社会意识范围都是很有限的，而宗教和绝对知识这两种意识形态范围才是无限的，可以使主观和客观达到最终和谐统一，因此是绝对意识。宗教发展经历了三个阶段：第一个阶段是自然宗教，精神就是自然物本身；第二个阶段是艺术宗教，精神表现在人的艺术作品中；第三个阶段是天启宗教，耶稣就是绝对的精神。绝对知识也是绝对意识的一种，其主体是人，特点是用概念来把握概念，与宗教有着区别和联系。作为科学的绝对知识就是精神在时间中形成的“关于它自身的真知识”。随着意识达到科学的阶段，整个现象学的辩证运动也达到了最后进程。

三、推荐版本

《精神现象学》，黑格尔著，贺麟、王玖兴译，商务印书馆，1979 年版。

第九节 | 《作为意志和表象的世界》（1819 年）

一、作者简介

叔本华（Heinrich Floris Schopenhauer，1788—1860），19 世纪著名的反理性主义

的德国哲学家，唯意志主义论的创始人。1814 年他以《充足理由律的四重根》在耶拿大学获得哲学博士学位。1822 年他在柏林大学讲授以意志为核心的哲学思想，目标直接对准当时在柏林大学的黑格尔，结果遭到辞退。1831 年起他定居于莱茵河畔的法兰克福，直到逝世。主要哲学著作有《作为意志和表象的世界》、《论自然意志》、《伦理学的两个根本问题》等。书中体现出的哲学思想为唯意志主义、反理性主义和虚无主义，其主要思想来源是康德、柏拉图和印度哲学。叔本华所开创的唯意志论的哲学思想在西方哲学史上的地位是极其重要和独特的。它不但批判了理性主义传统，更重要的是顺应了近现代西方哲学的转型潮流，直接启发了尼采哲学，并影响了柏格森的生命哲学、弗洛伊德的精神分析学说、萨特的存在主义哲学等多种现代西方哲学流派。

二、内容精要

《作为意志和表象的世界》共分为四篇，即世界作为表象初论、世界作为意志初论、世界作为表象再论以及世界作为意志再论。

在书中，叔本华提出“世界是我的表象”，把世界分成现象的世界和自在之物的世界。自在之物既是世界的本质，又是一种非理性的生存意志。他认为，作为直观认识的经验对象和作为理性认识的科学对象，都是受充足根据律支配的表象的世界。人们认识的一切事物，并不是事物的本身，而是事物呈现在人们意识中的表象，它们是相对于主体而存在的。由此，主体与客体分离便成为认识世界的基本形式。而且，主体和对象的分离是必要的，不过，这种分离并不意味着对象可以离开主体而存在。对象总是主体所意识到的对象，是经过主体意识加工过的对象。关于外在世界的实在性问题的争论实际上是毫无意义的，外在世界实在性的争论，就在于对根据律的误用。

叔本华提出他的整个哲学体系的核心命题即世界是意志。他认为意志是没有任何固定性质和特征的东西，它是一种自在之物，无法从任何理性或者是逻辑的范畴去说明这种自在之物，我们只能知道意志是什么，而不需要去追问意志是为什么。意志活动可以以身体活动的方式表现出来，但两者却不在因果关系之中。只要人们运用了反省思维，就能不再停留于现象世界，而可以超越现象达到“自在之物”。意志是无处不在的，但意志可见性、客体化的程度却有高低之分，即在不同的事物上体现为不同的级别。理念是意志的直接客体化，是在根据律的各种形态中被展开为各种千差万别的现象。

叔本华提出世界作为表象再论的命题。他认为，认识是意志客体化发展到一定阶段的产物，而通过这些东西所产生的表象也正是为意志服务的。世界原本只有盲目的意志，人的认识出现改变了一切。主体、客体、时间、空间、因果关系等等出现了，作为表象的世界也是到了此时才出现。对表象世界的认识都要服从根据律的认识，进行认识活动的我们是作为“个体”去认识世界的。而理念置身于一切根据律之外，上述对于根据律的服从便永久性地排除了我们对于理念进行认识的可能性。叔本华认为，艺术是这种观审的体现，因而其唯一的根据便是对理念的认识。只有艺术才是通过纯粹观审和直观体悟被得到的理念复制品，只有在艺术中，主体才是纯粹的，是摆脱意志束缚的、无痛苦的主体。

叔本华提出世界作为意志再论的命题。人的自由问题是他关注的核心，认为如果排除了人的自由，就根本谈不上人的真正自由。意志是一种无法遏制的盲目冲动和欲求。欲求的产生是因为不足和匮乏，并且这种不满足是无休止的。而且，意志现象越完善，痛苦感也就越大。一旦人获得了某种意义上的满足，空虚和无聊便会接踵而至。人生就是一场被欲望和冲动推动的战车，在不断的冲突、痛苦中前进。要想摆脱痛苦，就必须摆脱欲求，即摆脱意志的束缚，进而否定生命意志。他认为，对于艺术的直观观审是可以使主体摆脱意志的束缚。在“自失”状态中的人是纯粹的主体。但这种解脱却只是暂时性的，要想永久地脱离痛苦，唯一可行的道路就唯有禁欲。

最后，叔本华对他的整个哲学作了一番描述：世界的本质是意志。我们在世界中看到的一切现象都只是意志的客体性，是受根据律支配的表象世界。为了消除痛苦的生命意志，就必须学会自愿放弃。随着放弃，世界存在于其中的那一级一级的形式多样性被取消；随着意志取消，现象世界的那些普遍形式（如时间、空间）也随之取消，剩下的既无意志也无表象，只有“无”。

三、推荐版本

《作为意志和表象的世界》，叔本华著，石冲白译，商务印书馆，1982 年版。

第十节 |《实用主义》(1907 年)

一、作者简介

威廉·詹姆士（William James，1842—1910），美国哲学家、心理学家，实用主义哲学和心理学的代表人物。他出生于美国纽约，先后在美国和欧洲受过长期的多种专业教育，并在哈佛大学获得医学博士学位。他曾多次前往欧洲各地访问、考察，参加各种学术活动，并与雷诺维叶、柏格森、马赫等人有着广泛的学术交流。他先后出版了《心理学原理》、《实用主义》、《多元的宇宙》、《宗教经验之种种》、《真理的意义》等著作。

《实用主义》是詹姆士最主要的哲学著作，不但集中体现了詹姆士本人的思想，同时也是整个实用主义纲领性文献。本书是作者于 1906 年和 1907 年间将几次讲演稿汇集而成。麦吉尔认为《实用主义》是一部重要著作，它不仅对实用主义方法作了透彻清晰的阐述，而且还概述了詹姆士的实用主义真理观。

二、内容精要

《实用主义》一书共收集了8篇讲稿，具体论述的主要观点是：反对形而上学、实用主义的方法论和真理观等。

（一）反对形而上学

詹姆士声称，实用主义继承了近代经验论以及实证主义的反形而上学传统，把所有反对“绝对”、“物质”、“实体”等形而上学概念的哲学家都视为实用主义的思想先驱。他认为，传统形而上学是“无用”、“抽象”的同义词，形而上学的许多概念，都与实际生活格格不入，毫无意义。而且，它还是一种不近人情、不道德的哲学。然而，形而上学虽然无意义，但实用主义从实际效果出发，将形而上学概念带到生命的绿丛中，把它们的价值表现出来，使之成为有积极意义的东西。他认为，哲学家的思想和他们的气质密切相关，气质造成他们的偏见，比其他任何东西造成的偏见要强烈得多。“哲学史在极大程度上是人类几种气质冲突的历史”，柏拉图、洛克、黑格尔、斯宾塞都具有这种特殊气质。

（二）实用主义方法论

詹姆士说：“实用主义的范围是这样的——首先是一种方法，其次是关于真理是什么的发生论。”詹姆士坚信哲学有最宽广的前景，在人类事业中最崇高又最平凡。而这种方法绝对没有什么独特、新鲜之处，只在于解决形而上学的争端，对形而上学抽象原则从不感兴趣，一切从事实出发，这才是实用主义的方法论原则。为此，詹姆士提出，要判断一个概念是真是假，有无意义，就在于它引导你作出什么样的行动与引起什么样的实际效果。把事物的意义归结为人们所需要的实际效果，从效果来看待和解决哲学问题。

（三）实用主义是一种关于真理的理论

在詹姆士看来，实用主义除了作为一种方法之外，更重要的它还是一种真理的理论。他的真理观和他的方法论密切联系，是以追求实际效果为宗旨和出发点的。强调实用主义方法的意义，不过是真理必须具有的实际效果。他的真理观是：1. 真理是有效用的工具，掌握真理本身并不是目的，它不过是导向生活中的某种实际需要的手段；2. 对观念符合实在的独特理解；3. 真理是一个过程，因为真理是在人们的“经验过程中形成的”，并随着人们环境和利益的变化而随时变化，所以不可能有一劳永逸的永恒真理，主张真理要面对经验事实，面对未来，反对静止僵化的真理观；4. 真理需要有一种“信用制度”。

三、推荐版本

《实用主义》，威廉·詹姆士著，陈羽纶、孙瑞禾译，商务印书馆，1979年版。

第十一节 《悲剧的诞生》(1870—1871年)

一、作者简介

尼采(Friedrich Wilhelm Nietzsche,1844—1900),德国最著名的哲学家之一,终生倡导唯意志主义的哲学思想。罗森维格说他是“哲学家中第一个真正的人”。他出生在德国东部一个新教牧师家里,经常接触贵族阶层,幼年即接受了特权思想。早年他在莱比锡大学等学校学习,由于在语言文学方面的天赋和业师里奇尔对他的赏识,他大学还未毕业就被巴塞尔大学聘为副教授。普法战争后,他在周游欧洲各国求医期间,写下《悲剧的诞生》、《人性的,太人性的》、《查拉图斯特拉如是说》、《超出善恶》等著作。1889年,他因精神病被送进疯人院,后到魏玛休养。1895年他写作《权力意志》,但没有最后完成。

尼采强烈批判传统文化,积极反思现代生活,在叔本华意志论哲学的影响下,提出了“生命-权力意志”哲学,即“超人哲学”。尼采不仅是个文艺性的哲学家,还是一个重要的伦理学家和历史批评家。他具有一种贵族无政府主义式的价值观,一方面喜欢无情、战争和贵族的高傲;另一方面又爱好哲学、文学和艺术,尤其爱好音乐。他的经典名言是:“艺术是生命的最高使命和生命本来的形而上活动”,“只有作为一种审美现象,人生和世界才显得是有充足理由的”。

二、内容精要

《悲剧的诞生》是尼采第一部较为系统的哲学著作。该书以“致瓦格纳”为序言、“日神精神”和“酒神精神”为切入口,重新阐释古希腊文化,进而探讨艺术的起源、本质和功能乃至人生意义。该书的主要目的不在于对悲剧进行纯理论的探讨,而是从人生哲学的角度探讨悲剧与人生的关系,认为艺术不是对人生的解脱,而是对人生的征服。提倡一种审美的人生态度,建立起一种悲剧人生观。

(一)日神、酒神

尼采用日神阿波罗和酒神狄俄尼索斯象征人性中的两种原始本能,即“驱向幻觉”的本能和“驱向放纵”的本能。这两种本能,表现在自然的生理现象上就是“梦”和“醉”,而在审美和艺术领域则表现为迫使艺术家进行艺术创作的两种艺术力量。这两种本能又把艺术区分为“梦”的造型艺术与“醉”的非造型艺术两大类。

日神阿波罗是光明之神、造型之神。它把光辉洒向万物,使万物呈现出美的外观,具有美的形式,以明朗、清晰、确定的形体出现,成为“个体化原则”的光辉形象,这同时也以“壮丽的幻觉”、“美丽的面纱”遮住了事物的本来面目。因此,日神是美的外观的象征，而美的外观的本质就是幻觉，这幻觉实为梦境。尼采所谓“日神精神”就是以超然物外、冷静节制的态度，把宇宙和人生视为梦幻，只去玩赏梦幻的外观，要求一种宁静的愉快和解脱的精神。

酒神，象征情欲的放纵。它用酒使人在沉醉中忘掉自己，尽情放纵情欲，甚至蓄意毁掉个人，用一种神秘的统一或解脱，造成“个体”性原则的崩溃。酒神的本质可比拟为“醉”，醉的本质是力的提高和充溢之感。在酒神状态中，人与人重新团结了，人重新与大自然合一了。酒神状态，是“醉”中求“乐”的迷狂状态，是一种痛苦和狂喜交织的忘我自弃的状态。所谓“酒神精神”就是要人们以原始的本能放纵并化入忘我之境，在歌舞、酣醉与迷狂中忘记人生的苦难，求得人生的解脱。

（二）人类的艺术

人类的艺术就来源于日神和酒神的对立和冲突。尼采把艺术冲动归结为两种原始的生理本能，并由此引申出两类不同的艺术。“日神精神”产生出塑造美的形象的造型艺术（雕刻、绘画）和大部分文学（史诗、神话），“酒神精神”产生出令人迷醉的音乐和舞蹈，而二者的结合则产生悲剧。一切艺术家，或者是日神的“梦”的艺术家，或者是酒神的“醉”的艺术家，或者兼是这二者。尼采更重视“酒神精神”，认为酒神比日神更具有原始的本能，“日神不能离开酒神而存在”，酒神是希腊艺术以及全部艺术的基础。古希腊悲剧虽然是“日神精神”和“酒神精神”相结合的产物，但就起源来说，却来自酒神祭祀的合唱歌队。而古希腊悲剧的衰落则是由于欧里庇得斯按照苏格拉底精神，把理解看做是一切创造力和创作的真正根源，坚持“理解然后美”的原则，“把那些原始的全能的酒神因素从悲剧中排除出去，把悲剧完全和重新建立在非酒神的艺术风俗和世界观基础之上”所造成的恶果。他认为，在希腊悲剧发展到顶峰时，使它消亡的敌人也产生了，那就是以苏格拉底为代表的希腊启蒙哲学的批判精神，希腊悲剧在狄俄尼索斯和苏格拉底的对立中“归于毁灭”。但尼采预言，“酒神精神”必将重现，新的悲剧时代必将来临！

三、推荐版本

《悲剧的诞生》，尼采著，赵登荣等译，漓江出版社，2007年版。

第十二节 | 《西方哲学史》（1945年）

一、作者简介

伯兰特·罗素（Bertrand Russell，1872—1970），20世纪闻名世界的英国哲学家、数学家和社会活动家，分析哲学的主要创始人之一，同时也是哲学史上极具个性、极具传奇色彩的人。他生于英国威尔士特雷克。1920 年，他先后访问苏联和中国，并四次去美国讲学。20 世纪 30 年代，他先后在伦敦学院、牛津大学、芝加哥大学等校讲学。1940 年他重新在剑桥大学任教，被选为英国科学院名誉会员，并于 1950 年获诺贝尔文学奖。1955 年，他与爱因斯坦等科学家签署一个为争取和平而合作的宣言。罗素学识渊博，主要著作有《莱布尼茨的哲学》、《数学原理》、《哲学问题》、《数理哲学悖论》、《心的分析》、《幸福之路》、《西方哲学史》、《西方的智慧》等。

罗素一生著作较多，文笔优美，许多作品受到人们的喜爱。《西方哲学史》一书的特点是在学术评论中融入了作者自己的哲学思想，尽管该书是一本哲学史的著作，但实际上却是罗素阐发自己哲学观点的著作。玛吉认为罗素是当代哲学运动的鼻祖。

二、内容精要

在序言中，罗素阐述了写作这本哲学史的目的："我的目的是要揭示哲学乃是社会生活与政治生活的一个组成部分；它并不是卓越的个人所做出的孤立思考，而是曾经有各种体系盛行过的各种社会性格的产物与成因。"

在绪论中，罗素主要论述了两个问题。第一个问题即"何谓哲学"。他认为，哲学是某种介乎神学与科学之间的东西。哲学和神学一样，包含着人类对于那些迄今仍为确切知识所不能肯定的事物的思考。但是，它又像科学一样是诉之于人类理性而不是诉之于权威。神学是思考无法肯定的事物，科学是解决确切的知识，而哲学则是用理性而不是用权威来思考人类无法用确切知识加以肯定的事物，所以哲学的内容接近于神学，但方法则是科学的。第二个问题即"何谓哲学史"。他认为，既然哲学掌管的是科学与神学之间的领域，那么，哲学史就应当从公元前 6 世纪的米利都学派开始，并经历三个阶段：第一个阶段是"古代哲学"，从米利都学派开始到基督教的兴起和罗马的灭亡，哲学浸没于神学之中；第二个阶段是"天主教哲学"，从 11 世纪到 14 世纪，基本上是以天主教会为主的神学阶段，这一时期以各种混乱而结束，宗教改革就是这些混乱的最后结果；第三个阶段从 17 世纪至今，这一阶段的科学对哲学思想具有支配作用，但宗教仍然占重要地位。

《西方哲学史》的正文按照绪论的描述，分为"古代哲学"、"天主教哲学"、"近代哲学"三卷。"古代哲学"包括三篇：第一篇是"前苏格拉底哲学家"，其主要内容是论述苏格拉底之前希腊的哲学思想，如米利都学派等；第二篇是"苏格拉底、柏拉图、亚里士多德"，论述这三位哲学家的主要哲学思想；第三篇是"亚里士多德以后的古代哲学"，其主要内容论述的是斯多葛主义和犬儒主义等思想。"天主教哲学"包括两篇：第一篇是"教父"，论述的是基督教历史，特别论述了奥古斯丁的哲学思想；第二篇是"经院哲学家"，重点论述阿奎那的思想。"近代哲学"包括两篇：第一篇是"从文艺复兴到休谟"，论述这一阶段各个哲学家的主要思想和影响；第二篇是"从卢梭到现代"，介绍这一阶段各主要哲学家的思想和影响。

三、推荐版本

《西方哲学史》，伯兰特·罗素著，何兆武译，商务印书馆，1977 年版。

第十三节 |《疯癫与文明》(1960 年)

一、作者简介

福柯（Michel Foucault，1926—1984)，法国人，20 世纪最重要的哲学家、思想家和历史学家之一，“后结构主义”代表人物，他对人类知识历史所做的“考古学”研究，影响了当代社会科学的发展。他于 1961 年获博士学位，并写出《疯癫与文明》，以后陆续出版《词与物》、《知识考古学》、《规训与惩罚》、《性经验史》等重要著作。

《疯癫与文明》虽是福柯早期的代表作，但潜伏着他日后众多的主题种子，尤其是生存美学问题。生活作为一件艺术品，既是福柯在古希腊人那里发现和探讨的主题，同时又是他践行的理想。福柯对“疯癫”历史的考察，就力图表明制度化和道德化的阴郁、压制本性，疯癫遭到的正是制度化和道德化的双重束缚。本书最终敲响了西方社会禁闭的丧钟。

二、内容精要

《疯癫与文明》一书由序言、愚人船、大禁闭、疯人、激情与谵妄、疯癫诸像、医生与病人、大恐惧、新的划分、精神病院的诞生和结论组成。

福柯通过疯癫命运的变化对启蒙进行了批判，对理性进行了批判，对机构体制进行了批判，对精神病学也进行了批判。

福柯指出，疯癫与理性的对立和分裂不是天然的，而是近代社会产生的特殊现象。他将疯癫与理性的关系史追溯至中世纪对麻风病的排斥。在中世纪，疯癫并不与理性处于截然对立的位置。到文艺复兴时期，人们对待疯癫的态度还是暧昧的。而且，在故事和道德寓言中，在学术作品、造型艺术、文学和哲学中，疯癫都成为中心意象。疯癫是启示性的，人们正是借助疯癫，表达了对凶兆和秘密的直觉性领悟。人们只是将疯癫看做是最大的弱点，但没有危险，它是一个司空见惯的现象。

但在古典时期，人们把疯癫看成一种需要用禁闭来对付的破坏力量和威胁。福柯将 1656 年建立的巴黎总医院，作为古典时代对待疯癫的一个标志性记号。巴黎总医院不是一个医疗机构，而是一种“治安”手段，禁闭表现出的是伦理和道德维度。疯癫被禁闭，不是因为它的非理性，而是因为它的反劳作与非道德。禁闭所的出现，正是古典时期资产阶级美德憧憬的流露。在此，道德被视作理想、律令，禁闭正是用暴力压制那些反道德的社会因素，用劳动让他们的道德升华，重获拯救。而且，疯癫者被展示、被参观、被表演，疯癫丑闻成为公开的娱乐与注意的焦点，疯子被视作是动物而不是病人，疯子的发作被认为是动物兽性的狂吼，因而，驾驭疯癫只能靠纪律或残忍。

到了 18 世纪末，人们从政治和经济的角度对禁闭提出了批判，但批判并没有解除禁闭，反而使精神病院的禁闭进一步制度化。在精神病院里，医生借用科学面具使自己成为最重要的角色，对病人具有家长和法官的权威。福柯集中地分析了图克和皮内尔建立的精神病院。在图克的休养院里，被道德和宗教环境笼罩着，与邪恶完全隔离开来。为此，休养院强调“家庭”概念，疯人不过是家庭中的孩子，他应服从于家长的理性权威，而皮内尔认为，宗教刺激与引发的疯癫，是谵妄、幻觉、绝望、忧郁的根源。因此，在精神病院中，宗教不应成为生活的道德基础，而应成为医疗对象，一旦将宗教从疯人的头脑中过滤掉，疯人就可能返璞归真，情绪安定。因而，疯人院最终成为一个道德领域，美德统治了疯人院，它支配了疯癫的核心部位，它既是疯癫的真相，又是消除疯癫、越轨、罪恶的手段。图克和皮内尔的精神病院有一个共同点——对医务人员的神化。医生在疯人院内占据着主导地位，因为他们是作为司法和道德保证的化身，而不是作为一个医学知识权威来发挥作用的。

最后，福柯抨击了弗洛伊德的精神分析。他认为，精神分析“始终无缘进入非理性统治的领域”，相反，只有艺术才能包容疯癫和非理性行为，才能透露体验的直觉，领略万物的终结和开端。福柯在书中提到了他心目中反理性的疯癫英雄：荷尔德林、奈瓦尔、尼采、阿尔托。他将理性批判的任务交给了诗人和艺术家，正是通过他们，直觉、体验、欲望、审美以一种“以暴抗暴”的方式向理性反击。

三、推荐版本

《疯癫与文明》，福柯著，刘北成、杨元婴译，生活·读书·新知三联书店，2007 年版。

第十四节 《纯粹现象学通论》（1883 年）

一、作者简介

埃德蒙特·胡塞尔（E. Edmund Husserl，1859—1938），德国哲学家，1876—1878 年，在莱比锡大学学习天文学、数学、物理和哲学，1883 年，获得哲学博士学位。1893 年，胡塞尔与盖格尔、帮特尔、赖那赫、舍勒一起创办《哲学和现象研究年鉴》，并在第一期上发表了《纯粹现象学通论》。其主要著作有《纯粹现象学通论》、《逻辑研究》、《内在时间意识现象学》、《经验与判断》、《笛卡尔式的沉思》、《欧洲科学的危机和先验现象学》等。

本书是对纯粹现象学的总体介绍。胡塞尔思想的影响是多方面的，在欧洲大陆哲学和英美分析哲学方面都留下深刻印记。他对逻辑学、数学基本概念与原理的研究，常被分析哲学家在语义学和语用学的研究中讨论和吸纳。

二、内容精要

（一）本质和本质的认识

胡塞尔首先提出现象学意义上的“现象”概念。“现象”不是指掩盖本质的“表象”或“假象”，而是指一切在自觉中原初地向我们呈现的东西，一切在我们的意识中直接给予的东西，即所谓“纯粹意识”。他认为一切间接的知识都建立在直接的知识基础之上。一切经由概括、推论、比较而获得的知识基础是直接的给予，是一切可靠知识的最基本源泉，而哲学应成为严格的科学。接着，作者提出了现象学的基本原则：每一种原初给予的直观都是认识的合法源泉，一切在“直觉”中原初地向我们呈现的东西，就把它们当做自身给予的东西，而且也只在被给予的限度之内被理解。胡塞尔提出“本质”的概念，即事物基本的规定性。哲学要成为严格的科学，就必须研究本质及其联系。最后，作者提出了三种研究本质联系规律的科学——经验科学、理念科学和现象学，以及它们的关系——理念科学是经验科学基础，为经验科学提供论证根据；而现象学又是理念科学的基础，为理念科学提供论证的根据。

（二）现象学的基本考察

胡塞尔区分了“自然的态度”和“现象学的态度”，并阐述了现象学方法的内容和意义。他认为，“自然的态度”指意识活动是心理的活动，心理活动是大脑神经系统的活动，是一种经验的活动，因而，通过意识活动建构的一切观念及其观念间的规律，是经验观念的必然规律。“现象学的态度”是指“中止判断”，即表示对一切给予的东西打上可疑的记号。“中止判断”是现象学方法——本质还原和先验还原方法的必要环节。本质还原，是对事实状态的贴近描述，从事实状态回到它的本质结构；而先验还原，则是要把内在与超越最终还原为先验意识和先验主体，意识和存在同属于先验的领域。

（三）关于纯粹现象学的方法问题

胡塞尔运用本质还原的方法分析意识现象。指出，本质还原包括三个步骤：1. 在自由想象中创造例子和变更其规定性，旨在建立与本质认识相关的例子，使它们展现在意识的眼光面前；2. 在持续的相叠合中找到它们的统一联系，旨在找出它们之间的联系；3. 通过直观主动地确认差别之中的同一性，旨在确认差别之中的同一性。同时，他认为，意识行为是在内时间中存在的，但是意识内容并不是全部在内时间中存在的。实在的事物无非是一个连贯的、统一的知觉经验过程。不过，光凭某一个人的意识活动还是不能构成实在的事物的。

（四）理性和现实

胡塞尔讨论了如何运用现象学的方法构成本体论的概念体系。他认为，通过直觉所把握的是可能世界中的“本质”，通过自由想象变更产生出来的例子不是经验的例子，而是可能的例子。本质直觉以这些可能的例子为基础，因而是对“纯粹的可能性”的直觉。通过经验概括所获得的共相是经验的共相，通过本质直觉程序所获得的共相是可能性的共相。经验知识建立在“事物”、“属性”、“关系”、“事态”、“集合”、“秩序”等先验范畴的基础之上。“本质的本体论”分为“形式的本体论”和“实质的本体论”两个部分，它们安排、整理经验认识，预先决定哪些经验知识是可能的，哪些经验知识是不可能的。作者认为，现象学能够成为一切科学的基础。

三、推荐版本

《纯粹现象学通论》，埃德蒙特・胡塞尔著，李幼蒸译，商务印书馆，1996 年版。

第十五节 《交往行为理论》(1981 年)

一、作者简介

于尔根・哈贝马斯（Juergen Habermas，1929—　），法兰克福学派第二代最著名的代表人物，当代西方最有影响的思想家之一。他出生于德国杜塞尔多夫，先后在哥廷根、苏黎世和波恩大学学习哲学、心理学、文学和经济学。1955 年，他成为法兰克福学派成员，1964—1994 年，在法兰克福大学任哲学和社会学教授。

哈贝马斯著作颇丰，主要有《理论与实践》、《论历史唯物主义的重建》、《交往行为理论》、《道德意识与交往行为》、《现代性的哲学话题》、《后形而上学思维》和《包容他者》等。他曾获得“黑格尔奖”、“弗洛伊德奖”、“阿道尔诺奖”、美国社会科学院名誉法学博士称号、德国汉堡大学名誉博士称号等。

二、内容精要

全书的基本思想概括为三个方面：（1）提出一个超越意识哲学和个人主义的交往理性概念；（2）建立一个以生活世界和系统相互独立、相互影响的二元结构的社会观；（3）以此为基础勾画出一个批判性的现代性理论，重新把握从卢卡奇到阿道尔诺的异化和工具理性批判理论的意义，分析和解释现代性的病症和人类解放的新潜能。

（一）导论——交往理性及其意义

哈贝马斯指出，信念和行为的合理性总是哲学研究的主题。他认为，在现代条件下，理性追求必须放弃先验哲学的企图，转向对行为、知识和人的言说的合理性条件的界定。交往理论的研究方式是重建式科学，是通过反思揭示人类认知和实践的普遍合理性。交往理性是对人日常行为的理性重建。如果人在相互理解过程中满足交往行为的四个普遍的有效性要求（对客观世界的陈述是真实的；行为准则和人际关系是正当的；语言行为者的主观意图是真诚的；语言表达方式是正确和可以理解的），就进入主题相互和解之中。他认为，人类的自由，与相互谅解的经验和要求已经蕴涵在每一次成功的交谈之中。

（二）系统和生活世界的二元结构观

在第二部分中，作者试图建立一个系统和生活世界的二元结构观，并从三个层次来论证自己的观点。

1. 社会融合与系统融合。社会秩序的形成受制于两种既相互依赖又相互冲突的力量。从社会融合来理解，社会是一个通过交往过程再生产的生活世界；从系统融合出发来理解，社会是一个自我调节的系统。社会理论的基本问题，是如何以令人满意的方式把它们结合起来。但是长期以来，社会理论却陷入系统与生活世界相互对立的理论陷阱中。

2. 生活世界的合理化。作者从交往行为理论出发，对经典的社会学传统进行重建。他认为，现代的生活世界是一个由文化、社会和个人组成的复杂体系，每一系统都有其核心要求。任何一个领域的合理化都依赖其他领域的相应进化，同时也对其他领域的合理化起促进作用。通过对社会学的生活世界概念的重构，他为现代性的诊断提供了一个价值坐标。

3. 生活世界与系统的分离。现代社会的基本特征是系统与生活世界已经成为相互独立的社会领域，两者承担着不同的社会功能。系统与生活世界的分离既是生活世界合理化达到一定水平的结果，也是物质再生产的外在压力下社会进化的结果。借助帕森斯的媒体理论，他提出现代社会存在着三种相互作用的媒体——语言、金钱和权力。语言作为相互理解的中介，是生活世界再生产的媒体，通过它形成文化解释、社会协调和社会化机制。金钱和权力是非语言媒体，它作为系统自我驾驭的功能性指令，协调市场经济关系和行政系统内部关系。

（三）“生活世界的殖民化”与“文化的贫困化”

在第三部分中，作者指出了现代“生活世界的殖民化”与“文化的贫困化”两种弊端。系统和生活世界的分化本身并不是社会的异化，它只意味着现代社会出现了两种根本不同的社会融合机制。现代性的各种病态现象，不是现代性本身造成的，而是源于不合理的社会化模式。资本主义片面的合理化模式必然导致“生活世界殖民化”，表现为金钱、权力的系统侵入到本来应该由语言媒介调节的领域，使生活世界萎缩为系统控制的对象。生活世界的合理化是系统合理化的前提，金钱和权力在法律上的制度化依赖于生活世界的合理化，在此基础上才出现资本主义的市场经济和行政国家两大功能系统。然而，这两个功能反过来作用于生活世界，达到一定程度时，金钱化、官僚化过程就会渗透到文化再生产、社会融合和社会化的核心领域，出现“生活世界殖民化”。

作者认为，传统的宗教和形而上学世界观已经解体，现代文化已经分化为各种不同的相对独立的知识领域。文化的贫困化最终根源仍然是生活世界殖民化。

最后，作者提到了新的社会反抗运动。强调，晚期资本主义社会的病症本质上是由资本主义片面的合理化模式造成的，不是历史的必然结果。

三、推荐版本

《交往行为理论》，哈贝马斯著，曹卫东译，上海人民出版社，2005 年版。

第二章 | 人 类 学

人类学（Anthropology），是从生物和文化的角度对人类进行全面研究的学科群。此词由 anthropos 和 logos 组成，从字面上理解就是有关人类的知识学问，最早见于古希腊哲学家亚里士多德对具有高尚道德品质及行为的人的描述中。1501 年，德国学者亨德用这个词作为其研究人体解剖结构和生理著作的书名。因此，在 19 世纪以前，人类学这个词的用法相当于我们今天所说的体质人类学，尤其是指对人体解剖学和生理学的研究。进入 19 世纪后，欧洲许多学者开始对考古学化石遗骨的发现感兴趣，这些遗骨常伴有人工制品，而这些制品在现在的原始民族中仍在使用，所以学者们开始注意现在原始种族的体质类型和原始社会的文化的报道。这些情况最初由探险家、传教士、海员等带到欧洲，尔后人类学家也亲自到异文化中去搜集这方面材料。从此，人类学终止了仅仅关注人类解剖学和生理学的传统，而进一步从体质、文化、考古和语言诸方面对人类进行综合的研究。总之，19 世纪中叶以后，人类学发展成为主要发掘人类社会“原生形态”的一门学科。

人类学是以人作为直接研究的对象、并以其为基础和综合理解为目的的学科。如果把人作为动物的人和文化的人来区分的话，那就不可能全面地去理解人。人类学是以综合研究人体和文化（生活状态）来阐明人体和文化的关联为目的的。综上所述，人类学大致可区分为：（1）主要研究形态、遗传、生理等人体的人体人类学，亦称自然人类学；（2）以风俗、文化史、语言等文化为研究对象的文化人类学；（3）专门研究史前时期的人体和文化的史前人类学。

文化人类学，是从文化的角度研究人类种种行为的学科。它研究人类文化起源、发展变迁过程、世界上各民族各地区的文化差异，试图探索人类文化的性质及演变规律。广义的文化人类学，包括考古学、语言学和民族学；狭义的文化人类学，即指民族学，民族学是在民族志基础上进行文化比较研究的学科。文化人类学家所做的最具成就的工作，是对人类婚姻家庭、亲属关系、宗教巫术、原始艺术等方面的研究。在英国学术界倾向于将这部分内容称为社会人类学，有时又统称为社会文化人类学。

从语源学上讲，人类学是研究人的科学。这门学科试图依据人类的生物特征和文化特征，综合地研究人，并且特别强调人类的差异性以及种族和文化的概念。

第一节 | 《古代社会》(1891 年)

一、作者简介

摩尔根（Thoman Hunt Morgan，1877—1945），美国生物学家与遗传学家，创立染色体遗传理论，现代实验生物学奠基人。《古代社会》这本书是在摩尔根的著作《人类家族的血亲和姻亲制度》（1891 年版）的基础上，进一步发挥了家庭进化理论，并全面阐述了人类社会从低级发展到高级阶段的进化学说，尤其是“氏族”是原始社会基本组织单位的发现，找到了一把解开古代希腊、罗马和德意志历史上那些极为重要而尚未解决的哑谜的钥匙。这一点对于原始历史研究所具有的意义，正如达尔文的进化理论对于生物学、马克思的剩余价值理论对于政治经济学的意义一样。

二、内容精要

（一）各种发明和发现所体现的智力发展

概括叙述人类经济文化的发展。人类遵循大体一致的途径前进，从阶梯的底层开始，不断进步，登上文明门槛。摩尔根根据生活资料生产的发展，把原始时代分为蒙昧、野蛮两个时代，每个时代又各分为初级、中级、高级三个阶段，每个阶段以发明、发现为主要标志，阶级社会为文明时代。摩尔根实际上是以生产力的发展作为人类历史分期的基础，认为生产力是社会进步的决定性因素。

（二）政治观念的发展

摩尔根指出，人类社会有两种组织方式：原始时代是以氏族、部落为基础的氏族制度社会组织；文明时代的阶级社会是以地域和财产为基础的政治社会，即国家；认为这是人类历史发展的共同途径。他用大量资料详细地叙述氏族的发展过程，论证了原始时代氏族制度基本组织单位存在的普遍性，揭示了氏族的本质。他分析研究了北美易洛魁人的母系氏族制，世系和财产由女性继承，有一套包括氏族、胞族、部落、部落联盟的社会组织，按原始的民主制组成，各层组织都有自己的职能。氏族刚刚出现时人类处于群婚状态，只能按母方识别世系，因而最早的氏族必然是母系制。欧洲人初到美洲时，印第安人大多已组成母系氏族，部分为父系氏族，少数部落的氏族制已经解体。摩尔根又研究了古希腊和古罗马的父系氏族制，指出氏族是由母系制发展为父系制的。他以历史事实论证得出结论：氏族制度发展的结果必然出现私有财产和阶级。

（三）家族观念的发展

摩尔根从研究各民族的亲属制度入手，探讨了家庭婚姻的历史。他认为，亲属制度以婚姻、家庭形态为基础，马来亚式、土兰尼亚-加诺万尼亚式和雅利安式三种顺序发展的亲属制，反映了与此相应的婚姻、家庭发展的走向。人类自脱离了原始杂交状态之后，经历了赓续相连的婚姻家庭形态：血缘（婚）家庭、普那路亚（婚）家庭、对偶（婚）家庭、父权制家庭（特殊形态）和一夫一妻制家庭。普那路亚婚和级别婚都是氏族产生的根源，而氏族组织又使通婚群缩小从而形成对偶婚。摩尔根把家庭婚姻的发展阶段与社会经济的发展相联系，认为共产制的生活方式同血缘家庭、普那路亚家庭和对偶家庭相适应，一夫一妻制是由于私有财产的出现和继承财产的需要而确立的。摩尔根的家庭史研究，批判和推翻了主张家庭是社会的原始细胞、父权制家庭是最古老家庭的“父权论”。

（四）财产观念的发展

摩尔根论述了人类历史上存在的两种财产所有制，即公有制和私有制，以及前者向后者的转变。他指出，是私有财产导致奴隶制和国家的产生，资本主义社会之后的未来社会“将是古代氏族的自由、平等和博爱的复活，但却是在更高级形式上的复活”。

《古代社会》一书尚有不足之处，比较突出的是经济论证得不够。说明摩尔根并没有彻底掌握辩证唯物论和历史唯物论的理论武器，在一定程度上影响了研究结果。但是，迄今一百多年来，在世界范围内，关于原始时代，不知又发现了多少新材料，又有多少古代文物出土。摩尔根的某些假说、推测被动摇、被推翻。不过，他的基本观点和结论却永远屹立着。

三、推荐版本

《古代社会》，摩尔根著，杨东莼、马雍、马巨译，中央编译出版社，2007 年版。

第二节 | 《金枝》（1890 年）

一、作者简介

詹姆斯·乔治·弗雷泽（James George Frazer，1854—1941），出生于英格兰，是社会人类学家、神话学和比较宗教学的先驱。弗雷泽的主要研究领域包括神话和宗教，主要研究资料来源是浩如烟海的史料文献，以及来自世界各地的调查表。很显然，弗雷泽在人类学研究上的启蒙者是人类学开创者爱德华·伯内特·泰勒，以及泰勒名著《原始文化》（1871）。弗雷泽一生的研究尽在《金枝》一书中。

《金枝》第一版出版于 1890 年，包含两卷内容，到 1915 年第三版出版的时候，内容已经扩充到十二卷。《金枝》是现代人类学研究的奠基之作。自它问世以来，就受到来自各方的质疑，但它出色地经受了时间考验。时至今日，它仍是一部阐述巫术和宗教起源的权威之作。

二、内容精要

《金枝》的书名缘起于一个古老的地方习俗：一座神庙的祭司被称为“森林之王”，然而任何一个逃奴只要能够折取祭司日夜守护的一棵树上的一节树枝，就有资格与他决斗，就能杀死他，并取而代之。全书正是以这一戏剧性场面开篇的。而在这一风俗中充当重要角色的这截树枝，即所谓“金枝”。这个古老习俗的缘起与存在，疑点重重，为此，弗雷泽广为收集世界各民族原始信仰的丰富资料，运用历史比较法对之进行了系统梳理，从中细绎出一套严整的体系，对巫术的由来与发展作出了令人信服的说明，并对原始人的巫术思维方式进行了归纳。弗雷泽还借助其古典文学功底，在书中对世界各地的奇风异俗作了生动形象的描绘，加之众多耐人寻味的评论观点穿插其间，使全书处处闪烁着智慧光芒。

该书开篇描写了一个富于戏剧性的场面。气数已尽的祭司手握宝剑，蹑手蹑脚地进入位于意大利海岸的阿里恰的狄安娜丛林，在那里等候要来杀他并将接替他成为祭司的未知的对手。弗雷泽由此开始，带着读者进入一种具有“探险航行般的趣味和魅力的奇怪的陌生土地”。作者运用历史比较法，从世界各民族的原始信仰、灵魂观念、自然崇拜、巫术和禁忌等丰富资料中，揭示了人类的文化中集体行为的构成因素和意义。

作者在《金枝》中描写了接触交感的巫术原理。部落人相信可以对人身体的一部分施加魔法来伤害他。所以最庄严的试验总是以歃血为盟的形式出现，你中有我，我中有你，互相之间永远有彼此伤害的能力，所以不可能背叛。可以用来发誓的还有唾液，比如东非的瓦贾加人订立盟约时，常常是面前放一碗牛奶，诅咒之后，双方各饮一口，吐进对方口中。如遇紧急情况，来不及举行这种仪式，便各向对方口中吐一口唾沫，也同样保证誓约的履行。

《金枝》因其收集的材料几乎遍及全球，素有人类学百科全书之称。该书的启示是巨大的，继弗雷泽之后，从神话和仪式的角度研究文学与文化的方法蔚成风气，形成了所谓“剑桥学派”。和其他专著有所不同的是，《金枝》文笔清丽，义理明畅，将世界各地习俗娓娓道来，如数家珍，加上众多耐人寻味的观点和评论穿插其间，绝少呆滞和陈腐的气息，读来兴味盎然，令人不忍释卷。

三、推荐版本

《金枝》，詹姆斯·乔治·弗雷泽著，赵阳译，陕西师范大学出版总社有限公司，2010 年版。

第三节 《人类学与现代生活》(1928—1938 年)

一、作者简介

博厄斯（Boas，1858—1942)，美国人类学家，博厄斯学派的创始人，出生于德国，后加入美国国籍。他先后任克拉克大学人类学讲师，哥伦比亚大学体质人类学讲师、教授，美国自然历史博物馆民族学馆馆长，1907—1908 年当选为美国人类学会主席。博厄斯的主要思想观点有：尊重每个人的个性而不轻信权力机构的自由主义；要求对具体资料进行深入细致的检验，对理论归纳持高度怀疑态度的经验主义；要求用每个社会自身的标准来评价其制度的文化相对主义；承认人类学调查的所有主题都是诸多力量相互作用的产物的折中主义。博厄斯的主要著作有：《原始人的心理》、《人类学与现代生活》等。

二、内容精要

《人类学与现代生活》全书共分为 9 章。作者在该书中分别叙述了他对于人类学是什么样的科学、种族是否纯粹、种族的互相关系、平等、国家主义理论、优生学和犯罪学的根据、文化的固定性、文化和教育、现代文明与原始文化等问题的看法。他提倡应用人类学的观点、立场和方法研究现实生活中的各种问题，对它们加以重新估量，并提出了反种族主义和文化相对主义的观点。

（一）理论概述与研究方法

博厄斯的全部理论核心是“历史特殊论”，即以文化和个人的关系为本体，以经验论和实证论为方法，以文化相对主义为原则，来构建各个民族的文化史。他反对将世界文化的多样性纳入到进化论简单的“单一进化模式”中去，也反对传播论的简单攀附比较，力主对有限范围内的具体文化做详细精确的描述和记录。书中充分体现了博厄斯的文化相对主义观点。他在书中提到，对其他文化进行科学研究时，“要求被研究者不受以我们的文化为基础的任何评价的束缚。只有在每种文化自身的基础上能深入每种文化，只有深入研究每个民族的思想，并把在人类各个部分发现的文化价值列入我们总的客观研究的范围，客观的、科学的研究才有可能”。

进化论者认为，不同文化中的类似现象，是同一人类心智对类似环境的反映结果。在此基础上，进化论者着手构建人类历史的发展秩序，但是，如果同一现象并不总是由相同的原因引起，进化论便失去了逻辑基础。由此，博厄斯根据自己所收集的资料提出了一种与“比较方法”相对立的“历史方法”。他指出，“长期以来，比较方法与历史方法一直在争长论短，我们希望它们能尽快发现自己的合适地位和作用……虽然，比较方法一直被大加吹捧，但是，我相信这方法是徒劳无功毫无结果的”；而“历史方法”是“批判性的方法”，它“不仅建立在一般性的基础上，而且重视每一单个文化事例，在多数情况下，它更倾向于各自独立的起源，更倾向于传播”。

（二）种族和文化

博厄斯在美国充斥着“白人种族优越论”和“欧洲中心论”等种族主义思想的时候，开始了他在美国的人类学理论研究。他坚决主张研究每一个民族与每一个种族文化发展的历史，并明确地指出，衡量文化没有普遍绝对的评判标准，因为任何一个文化都有其存在的价值，每个文化的独特之处都不会相同，每个民族都有自己的尊严和价值观，各族文化没有优劣、高低之分；一切评价标准都是相对的。在书中，他首先驳斥了人类学界关于“白种人”天生优越的观点。他指出，那些认为落后民族或种族智力、身体素质不完整的看法，往往是以旅行家印象为基础的，而没有真正深刻了解这些民族的实际生活。实质上，一切人种的体质构造特征都是一样的，各族文化发展的水平不同并不是由于生物原因，而是由于社会原因和历史条件。“任何一个民族的文化只能理解为历史的产物，其特性决定于各民族的社会环境和地理环境”。

（三）优生与优育

本书驳斥了激进的优生观点，并运用经验论从人们的理性与情感方面说明了在没有统一的优生标准的前提下，任何优生的实践都是纸上谈兵，终止了大家对优生学的迷信，而又不完全排除和否定它。“优生的选择只能影响遗传的体形”。“激进的优生学家以一种纯理性主义的观点来研究生育问题，并假定人类进步的理想在于人类生活的彻底理性化”。但事实上，“无论现在还是从前，人类的行动仍受情感的左右”。“我们的行动上情感偏好的结果，与我们的理性知识大体相符，但不是由理性决定的”。从这个意义上来讲，博厄斯对于优生学的讨论，实际上是开启了现代优育学的大门。尤其是作者在“教育”一章中谈到的后天环境对个人成长的影响，实际上在探讨优育问题。这两个章节合并起来，可以认为是博厄斯视角下的人类学与现代生活之关系。而目前“优生优育”更是人类现代生活中不可忽视的一个重要问题。

（四）遗传与犯罪

这一个观点其实与前面问题是密切相关的，理解了博厄斯关于优生优育的观点，再来看他对“遗传与犯罪”的讨论，就会觉得这是顺理成章的。博厄斯认为，使一个人成为罪犯阶层中一员的条件是无限复杂的，而遗传更多的只是从生理学和解剖学角度对个体的体形有所影响，对于个体来讲，后天教育及环境对他的影响更大一些。

三、推荐版本

《人类学与现代生活》，博厄斯著，刘莎、谭晓勤、张卓宏译，华夏出版社，1999年版。

第四节 | 《科学的文化理论》(20世纪30年代后期)

一、作者简介

马林诺夫斯基（Malinowski，Bronislaw Kaspar，1884—1942），英国人类学家，功能学派创始人之一，生于波兰，卒于美国。他的《科学的文化理论》一书，是他的功能主义理论比较全面和系统的总结。他的学术思想，尤其是关于实地调查的方法论，对西方人类学和民族学产生了重大影响，他和另一位英国人类学家A. R. 拉德克利夫·布朗一起创立了英国功能学派。他去世后，美国人类学、民族学界专门设立了以他名字命名的马林诺夫斯基奖。

二、内容精要

作者在这部著作中比较系统地阐述了他的功能主义理论，对进化学派、历史学派和传播学派的观点都持反对态度，自称功能主义理论是最科学的。他主张把诸如经济、法律、教育、科学、巫术、宗教等人类的文化方面同人类的生物需要（包括派生的和综合的生物需要）联系起来，进行功能分析，认为这种方法能给实地工作者提供导游图，使他们能对各种文化现象作出满意的解答。最后，他还鼓吹功能主义为人类学家鉴别文化提供了唯一的有效准绳。

马林诺夫斯基认为，物质器具和社会思想只有在具有满足人类的生物需要和社会需要时，才能存留和传播，若失去这种功能，便会在历史上消失。原始文化中的宗教和巫术，对原始居民具有心理的和社会的需要，原始氏族和部落机构适应原始居民生活实际。因此他建议英国殖民当局采取保持原始居民机构的政策，通过原始居民的首领对原始居民实行长期统治。

（一）婚姻家庭是人类社会普遍存在的一种制度

学人对它的起源有不同说法：中石器时代、新石器时代、氏族生婚姻家庭、婚姻家庭生氏族、生于母权、生于父权、原生于公有制、次生于私有制，如此等等。既然说不清，就可以考察其功能。婚姻家庭有何功能？生儿育女和传宗接代。不结婚能否生育？当然可以，但要有个对象。到哪儿去找对象？到外面。什么是外面？多远算是外面？这就要靠亲属制度来确定。亲属制度有什么用？确定血亲，防止（母子、父女、兄妹、姐弟）乱伦。何必防止乱伦？因为“恶其不殖”或恐“其生不蕃”。这是进化论的解释。它有遗传学依据：血亲婚配会使双方有害等位基因叠加，在子代中组成有害的纯合子，形成有害的显性特质。但遗传学上的另一面道理也能成立：血亲婚配能保持有利的等位基因不被稀释，远缘婚配则可能携来有害等位基因。两相权衡，外婚与乱伦的利害相等。可见婚姻制度的功能不在于人们所说的“优势”，甚至不在于人们所相信的生育。换言之，人们所说的原因、所想的理由与人们所做的事情并不一致。

（二）亲属制度

亲属制度与称谓、母系从妻居与父系从夫居等现象。西方分类式亲属称谓，重视核心家庭而不区分父母双方的亲属，这与社会流动性高、男女财产权平等和社会的团体格局有关；中国分类式亲属制，与农耕社会稳定性高、男女地位有别和社会的差序格局有关。父系从夫居的制度，与居地人口密度较大、相邻群体围绕资源而出现的竞争和冲突频繁有关，它通过嫁出血亲群体中的女性而集中男性以保持本群体的最大优势。母系和从妻居的形成，则与邻近群体间围绕资源的竞争和冲突程度较低，或群体中的男子经常远离居地外出经商贸易、照顾畜群或对外征战有关，这种客观形势要求血缘群体内的妇女集中居住，以克服男子长期离家造成的困难。

本书是马林诺夫斯基对文化功能理论的总结，代表了学科史上最有才华和影响的一位人类学家对一个十分重要领域的成熟观点。

三、推荐版本

《科学的文化理论》，马林诺夫斯基著，黄建波等译，中央民族大学出版社，1999年版。

第五节 |《文化模式》(1934 年)

一、作者简介

本尼迪克特（Ruth Benedict，1887—1948），美国民族学家、女诗人，美国人类学历史学派开创人 F. 博厄斯的学生，也是他的学术继承人。1923 年她在哥伦比亚大学获博士学位，从 1936 年起任该校人类学系代理主任。在学术思想上与博厄斯有所不同。她与美国人类学家 M. 米德一起，结合心理学的研究，形成博厄斯学派中的一个支派，即“心理学派”或“民族心理学派”，又称“文化心理学派”、“种族心理学派”。

二、内容精要

（一）文化模式并不是脱离个人存在的

在本尼迪克特眼中，文化模式并不是脱离个人存在的。她认为：“人类行为方式有多种多样的可能，这种可能是无穷的。”但是一个部族和一种文化只能选择其中一部分行为方式为己所用，所有的行为方式构成了这个部族的价值观念。行为模式的选择包括对待财产、巫术、婚姻的态度，进一步说就是对待经济、政治、社会交往等方面的习俗、风俗，并逐渐演变成为各自部族的一种文化模式。作者描述了三个部族中各自的文化及文化模式差异，有的将巫术深信不疑，有的却采取不屑一顾的态度；有的对杀人者排除出自己的部族，有的却让杀人者顶替被害人的社会地位。总之，作者没有鄙视任何一种文化模式，而是秉着一种文化整体观和文化相对论的态度，包容各异的文化模式与部族中的不适应者。

（二）西方神话故事命名的典型文化模式

新墨西哥州普韦布洛人的日神阿波罗式模式。他们的思想观念遵循中庸之道，做任何事情都不过分，甚至对于婚姻他们都很随意。他们的巫术和男孩子的成年礼仪也没有过多的对身体的折磨而更趋向于平和。通过阿波罗式的文化，普韦布洛人达到了一种对个体个性的磨灭，人们不爱去贪图富贵，而是安于过平和生活。这种文化模式和中国传统文化模式有许多类似之处。

美拉尼西亚西北多布人的妄想狂式模式。美拉尼西亚西北地区最南面的一个民族多布人，生活在一个资源匮乏、土地贫瘠的地区上。他们诡秘、郁郁寡欢、过分正经又极重情欲。多布人害怕巫术，并常借助巫术攻击对方，礼仪极其繁杂。在这一地区，人与人之间的危险是最大的，每个人从与恶劣环境的冲突中看待人生。在他们的人际交往中，没有“信任”两字可言，每个人都与其他人为敌，人们互相偷盗、欺骗甚至杀人。对于多布人来说，生存就是一场你死我活的斗争，而怀疑和残忍就是他们在斗争中信得过的武器。这是一种我们现代社会所鄙视的文化模式。

温哥华岛上克瓦基特尔人的酒神狄俄尼索斯式模式。克瓦基特尔人偏爱人与人竞争，在散财宴上可以不顾一切地把积聚的财富拿去同其他部落首领比富，并乐此不疲，具有偏执狂似的权力欲望，富有进攻性。他们自夸自负地赞美自己是他们的文化中最富有特性的表现，他们所有动力都集中于显示优越感。他们演化成的种种风俗，在我们眼中被看成是变态，这种妄自尊大的偏执狂倾向在我们的社会中确是一种危险。作者最后还指出，对于克瓦基特尔人变态行为要用理解的心态对待。

（三）文化整合观点与文化的相对性

作者认为，社会的本质通过评价而使个体行为趋于同化，协调各种冲突因素，从而整合出文化形态。而个体在文化整合过程中可能产生不同反应，适应或不适应都是正常的现象，面对不适应的个体，我们要采取兼容并包的心态、海纳百川的胸怀，只有这样，个体文化才会有创新。我们一直强调的人文精神，在此书中显露无遗，人文精神表现为尊重人性、人生、人权，提倡关心人、爱护人，重视人的价值。

三、推荐版本

《文化模式》，本尼迪克特著，王炜等译，生活·读书·新知三联书店，1988 年版。

第六节 |《结构人类学》(1955 年)

一、作者简介

克洛德·列维·施特劳斯（Claude Levi-Strauss，1908—2009），法国著名的社会人类学家、哲学家，法兰西科学院院士，结构主义人类学创始人。他早年在巴黎大学主修哲学与法律，1934—1937 年在巴西圣保罗大学教授社会学，1959 年出任法兰西学院教授。作为 20 世纪最伟大的人类学家之一，他的影响波及人类学、语言学、哲学、历史学等诸多领域。主要著作有《结构人类学》、《神话学》、《野性的思维》等，被誉为 20 世纪法国最伟大的思想家之一。

二、内容精要

在《结构人类学》一书中，施特劳斯充分而系统地表达了他的结构主义观点，指出："在研究亲族问题时，人类学家发现自己的处境与结构语言学家很相像。亲族名称也和因素一样是意义的成分：与因素一样，它们也只是在组成一个系统时才有意义。"他认为，无论是神话传说还是亲属关系，它们与语言一样，都内藏着深层结构，这些深层结构都是人类心灵的一种无意识的机制。人类学与语言学一样，其任务不应是单纯地描述人类社会的外部现象，而应是通过结构分析，找出隐藏于这些现象中的深层结构。

本书对结构主义的方法论原则进行了深入的阐述。如在"无文字民族的宗教比较"一文中，施特劳斯提出了对神话进行结构分析的三条原则。而在回答对他的一种批评意见的"模型观念的意义及运用"一文中，施特劳斯强调了结构主义的分析方法应当从经验事实上升到逻辑的层面。另一方面，他又在"结构与形式"一文中划清了结构分析与形式主义的界限，指出形式主义把形式和内容对立起来，着意于从内容、素材中抽出形式，而把内容、素材当做剥夺了重要价值的残余；与之相反，结构主义则拒绝将具体事物与抽象事物相对立，内容、素材直接就在结构中，或者说，结构本身就是内容等等。这些论述对于第一卷来说都有了拓展，两卷一起为我们提供了一幅比较完整的结构主义理论的图景。

结构主义除了人文主义的特点外，更是直接面对自然；但是立体主义绘画却把自己化成一堆破碎的图画密码，成了一种第二手的对自然的解释，立体主义的风行实际上是与一种从复制品获得快感的虚假的欣赏口味有关。立体主义绘画理论以为，既然自然有其规律、艺术作品有其结构，那么追随这种规律、结构便可创作艺术作品。针对这种观点，施特劳斯指出："事先就对艺术成果作彻底全面的思考是不可能的。"立体主义的问题恰恰在于，经过他们分解、组合的自然是一个被篡改了的自然。施特劳斯郑重指出，艺术的前途在于重新接触自然。

施特劳斯对于立体主义绘画的不屑一顾是不加掩饰的，人们是否能接受他的这个观点，要看各人的理解。然而我们愿意在此指出一点，对一种社会生活中的现象发表看法，可以凭直觉，也可以依托于某种基础的社会科学理论。一般来说，有所正确依托的比起直觉的观点要理性和深刻一点。施特劳斯是从结构主义与立体主义绘画理论的区别，进而论说立体主义绘画及其理论的得失的。他的见解比起那些对立体主义绘画任意解说、甚至在它面前茫然失措的状况来说，更显得持之有据。我们指出这一点，恰恰是因为，在日常生活中，人们评说一种社会现象时，常常是凭直觉的，这只能是一种"意见"。当社会现象比较复杂，尤其是在新事物层出不穷的时代，缺乏深刻的社会科学基础理论，意见便汇成一片"嘈杂"。事实上，社会科学领域也有它的基础理论，它与自然科学的基础理论功效上有所不同，然而对于人类的社会进步来说却是同样重要。

三、推荐版本

《结构人类学》，克洛德·列维·施特劳斯著，谢维扬译，上海译文出版社，1995年版。

第七节 《人类的由来》(1871 年)

一、作者简介

查理·达尔文（Charles Robert Darwin，1809—1882），英国著名生物学家，博物学家，进化论的奠基人。他几乎穷尽毕生精力，在长达 50 年的时间里，研究生物进化和人类起源，创立了生物进化论学说。近百年来，生物进化论在现代生物学、哲学、社会学等领域广泛应用，对近代人们的思想和社会行为产生了深远的影响。

二、内容精要

本书是达尔文的主要著作之一，主要对人工选择作了系统的叙述，提出了性选择及人类起源理论。全书共分两大部分，三编二十一章。第一部分为人类的由来或起源，第二部分为性选择。

达尔文是 19 世纪英国学术上破旧立新的大师。他身患疾病，为探讨自然规律，苦学终身。尽管达尔文当时并没有把物种起源直接联系于人类，他只说了一句话：通过《物种起源》的发表，“人类的起源，人类历史的开端就会得到一线光明”。此书的出版，对上帝造人的宗教神话和靠神造论来支持的封建伦理却不啻发动了空前未有的严重挑战。当时保守势力的反扑、顽抗和社会思想界的巨大震动，使一贯注意不越自然科学领域雷池一步的达尔文也不能默然而息。他发奋收集充分的客观事实来揭发人类起源的奥秘。终于在 1871 年（《物种起源》出版后的 12 年），《人类的由来》这本巨著出版，用来阐明他以往已形成的观念，即对于物种起源的一般理论也完全适用于人这样一个自然的物种。他不仅证实了人的生物体是从某些结构上比较低级的形态演进来的，而且进一步认为人类的智力、人类社会道德和感情的心理基础等精神文明的特性，也是像人体结构的起源那样，可以追溯到较低等动物的阶段，为把人类归入科学研究领域奠定了基础。这是人类历史发展上的一个空前的突破。

对人类由来的研究，已有许多新的发现，本书中有些论点很可能已经过时，正如达尔文在第二版序言中说过的那样：“我作的许多结论中，今后将发现有若干点大概会是，乃至几乎可以肯定会是错了的。一个题目第一次有人承当下来，加以处理，这样的前途也是难以避免的。”这并不是白璧微瑕，人类对客观事物的认识总是这样逐步完善的，难能可贵的是，达尔文能适应时代的需要，提出新的问题，予以科学的探讨，而取得对基本规律不可撼摇的认识。一代科学巨匠和伟大思想家所留下的《人类的由来》一书，一个世纪来毫不减色地称得上是科学研究人类的起点。

达尔文每到一地总要进行认真的考察研究，采访当地的居民，有时请他们当向导，跋山涉水，采集矿物和动植物标本，挖掘生物化石，发现了许多没有记载的新物种。达尔文思考着一个问题：自然界的奇花异树，人类万物究竟是怎么产生的？他们为什么会千变万化？彼此之间有什么联系？这些问题逐渐使他对神创论和物种不变论产生了怀疑。

纵观人类对自身历史的研究过程，不难发现人类的由来、演化是很复杂的，其中还有很多问题和空白有待于通过发现新的材料、运用新的思想和方法加以解决和填补。

三、推荐版本

《人类的由来》，查理·达尔文著，潘光旦译，商务印书馆，1983年版。

第八节 |《人口原理》(1798年)

一、作者简介

托马斯·罗伯特·马尔萨斯（Thomas Robert Malthus，1766—1834），英国18世纪末19世纪初的资产阶级人口学家，庸俗政治经济学家，东印度学院的历史和政治经济学教授，英国教会的牧师。

二、内容精要

《人口原理》从1798年发行第一版，到1872年共发行了七版。这部著作因深刻反映了当时社会现实问题而引起人们的普遍关注。虽然生存斗争一直是人类最基本的活动，但对人口问题进行深入的理论探讨，则是因资产阶级产业革命所带来的相对人口过剩和其他社会问题的大量涌现而开始的。“马尔萨斯的窘境”成了人口问题的代名词。

《人口原理》从两个不变法则出发：1. 食物为人类生存所必需；2. 两性间的情欲是必然的。论证人口以几何级数增加，生活资料以算术级数增加，人口增长必然超过生活资料增长。人口自然法则要求二者保持平衡。因此，必然发生强大的“妨碍”，阻止人口的增加，这种“妨碍”就是贫穷与罪恶。

马尔萨斯声称：“通过动物界和植物界，大自然用它的最大方和最慷慨的手法广泛散布了生命的种子；可是它在为抚养它们所必需的空间和养料方面却比较吝惜。地球上所有的生命胚种，假使能自由发育的话，则在几千年里就能填满几百万个这样的世界。”马尔萨斯进而论述人口的增长何以被限制在规定的范围之内。他写道：“人一面受到同样强有力的本能的驱使去繁殖自己的族类，一面理性又打扰了他的行经，质问他，在无力供给子女以生活资料时，可不可以产生新生命到世上来？假如他听从自然的暗示，那么这种约束往往会产生罪恶。假如他不听，则人类将不断奋发繁殖以至超过生活资料所允许的范围。”于是，马尔萨斯发明了人口按几何级数增长，而生活资料按算术级数增长的规律，来证明他的看法。而在两千年里，其差数几乎无法计算了。

马尔萨斯提出的救治方法是人们应该运用他们的理智来加以抑制，不要生育过多儿女。他冷酷地断言，除非人口问题得到解决，一切改进穷人生活状况的企图都是徒劳的；因为即使穷人得到更多的食料，其唯一结果是生育更多的子女。马尔萨斯拒不承认所有的人都有生存的权利：“一人出生在早已被人占有的世界之上，如果他不能够从他享有正当要求的父母那里获得最小一份食料的权利……在大自然的伟大宴会上，也就没有为他而设的席位。她（大自然）告诉他必须滚开……假使这些客人起身给他席位，那么其他的闯入者也立即会出现来要求同样的照顾。来者不拒的传说，将使大厅上挤满了无数的申请者，宴会的秩序与和谐将被破坏，以往盛行的丰裕将变成稀少；而宾客的幸福将遭下列情景的残毁，即在大厅的每一角落笼罩着不幸的残状并挤满着依人为生者，以及那些被传说告诉他们指望获得食料但无法达到目的的而正在发怒的喧哗之徒。”同时，马尔萨斯还认为，人口成倍数增长，而投入到土地上，却只能按算术级数增加产量。他的全部人口论建立在这样的假定之上：当使用于土地的劳动量增加时，收获的农产品报酬必将递减。

三、推荐版本

《人口原理》，托马斯·罗伯特·马尔萨斯著，朱泱译，商务印书馆，1992 年版。

第三章｜宗教学

宗教学（Religious Studies），是认识宗教现象和本质、揭示宗教产生和发展规律的科学。宗教学本质上是以宗教为独立研究对象的社会科学，是通过宗教现象研究宗教的起源、演化、性质、规律、作用的人文社会学科。宗教学研究的范围包括宗教的本质与要素、宗教的思想与观念、宗教的体验与情感、宗教的行为与活动、宗教的组织与制度、宗教的起源与发展，以及宗教与其他社会意识或文化形态的关系等。

宗教学的分支学科众多，如宗教史学、比较宗教学、宗教现象学、宗教社会学、宗教人类学、宗教心理学、宗教民俗学、宗教语言学、宗教社会调查、宗教考古学、宗教文献学、宗教地理学、宗教哲学、宗教神学、宗教生态学、宗教批评学、宗教文学、宗教音乐、宗教美术和宗教建筑等。

艺术和宗教学的关系十分密切。宗教的许多活动离不开艺术，需要借用艺术的表现形式来呈现。各种宗教的传播也导致各地区各民族艺术的交流，从而促进艺术的发展。而艺术作为宗教的宣传手段，对于宗教的广泛传播和宗教的发展发挥了巨大作用。宗教艺术作为宗教学的分支学科之一，是宗教与艺术的结合，是宗教思想和情感的艺术表现。

第一节 |《太平经》（东汉）

一、作者简介

《太平经》又名《太平清领书》，是中国道教初期的重要经典，西汉末至东汉顺帝时由多人逐渐增益而成书。原书分甲乙丙丁戊己庚辛壬癸 10 部，每部 17 卷，共 170 卷。今《道藏》本仅残存 57 卷，另有唐人闾丘方远节录的《太平经钞》10 卷，敦煌遗书《太平经目录》一卷。近人王明据有关资料辑校补遗，撰成《太平经合校》一书，大体可见原书旧貌。此经采用的是问答体形式，即真人（弟子）问，神人（天师）答。其杂采先秦阴阳五行家、神仙家、道家、墨家及儒家之学说，内容纷繁芜杂，大抵以奉天法道，顺应阴阳五行为宗旨，广述治世之道，伦理之则，以及长寿成仙、治病养生、通神占验之术。其说虽受汉代谶纬神学影响，宣扬灾异祥瑞、善恶报应观念，但亦自成体系，以顺天地之法、治政修身、达于天下太平为主旨。有代表下层民众反对统治者恃强凌弱、主张自食其力、周穷救急的思想，成为太平道尊奉的经典。后世道教各派教义，亦受此书影响。它是中国道教思想史上有价值的资料。

二、内容精要

（一）构筑早期道教的神学思想体系

书中提出了神仙不死、身中神、求长生等观念，最高神名大太平君。又有一师四辅，即太师彭君、上相方诸宫青童君、上保太丹宫南极元君、上傅白山宫太素真君和上宰西域宫总真王君。其余公卿有司仙真圣品大夫官等361人，从属3万6千人，部领36万，人民则十百千万亿倍等等。

（二）为帝王治太平提出一套统治术

书中以阴阳五行说为理论依据，以“无为而无不为”的黄老学术为治国方针。认为天人一体，人的一切能够影响天道，人治不得，天必降以灾祸，小则损伤疾病，大则灭国亡家，均与治道有关。书中提倡儒家的伦理道德，表示对明君清官的拥护和向往。还以神的权威，劝诫、警告昏君和贪官污吏，谴责他们的贪婪、不劳而获和残暴。要求平等，反对过度剥削，提出一种以建立人人劳动、周济贫穷的平等社会为目标的太平思想。

（三）教徒的修养方法

书中提出教徒主要修养方法是“守一之道”。认为守一既久，可使“形化为神”。并提出了辟谷、食气、服药、养性、返神、房中、针灸、占卜、堪舆、禁忌等诸般方术。

（四）浓厚的劝善思想

书中提出了“承负”的善恶观。认为先人犯有过失，积累日多，由后辈子孙负其过，前人为“承”，后人为“负”。如果为善，则前人积福，后人受荫。这是对“一家三代”的祸福根源而言，与佛教的“三世因果”并不相同。推而广之，认为天地人三统共生，如果人类作恶太多，则天地必降灾异，殃及后人。正是因为有这种天道所决定的承负，因此劝人为子孙着想而行善积德，并方信修正道，可以断除承负而度成仙。

三、推荐版本

《太平经合校》，王明编，中华书局，1960年版。

第二节 |《抱朴子内篇》(317年)

一、作者简介

葛洪（284—344），字稚川，自号抱朴子，丹阳句容（今江苏句容县）人，出身于仕宦之家，早年跟随郑隐学道，学得炼丹诸术。后来师从南海太守上党鲍玄，继承其师道法、医术。因平守石冰起义的功绩，赐爵关内侯，历任州主簿、司徒掾、咨议参军等职。后因年事渐离，欲炼丹祈长寿，求为勾漏县令，乃往罗浮山炼丹著述至终。

葛洪不但创建了道教思想的体系，首次提出“玄”的概念作为道教思想体系的核心，而且是东晋以前神仙方术的集大成者。《抱朴子内篇》是体现其道教思想的代表著作。

二、内容精要

《抱朴子内篇》是对战国至汉代神仙思想和炼丹养生方术所作的系统总结，不仅是一部重要的承前启后的道教经典，而且在中国科技史上，对炼丹术和古化学，以及医学、药物学、养生学等贡献也十分卓越。

（一）“玄”即宇宙的本原

葛洪认为世上一切都是“玄”产生的，即“玄者，自然之始祖，而万殊之大宗也”。并对“玄”进行描述，是一个极其微妙、极其深邃、至高而又至广、至刚而又至柔、亦方亦圆、忽有忽无、来无影、去无踪、变幻莫测、缥缈无际而又无所不在、无所不能的东西。宇宙的形成、事物的变化，都是“玄”造成的，它先于一切事物而存在，是一切事物的操纵者。这个超自然的神秘主义的宇宙本体“玄”，构成了葛洪神仙道教思想体系的理论基础。

（二）神仙之道就是“玄道”

葛洪认为世俗声色享乐只会损人寿命，世间的荣华富贵也如过眼烟云，转瞬即逝。只有“玄之所在”，才会“其乐无穷”。故人们要想永享自由自在、快乐惬意的神仙式生活，就必须修玄道。得了玄道，就可以逍遥自在地徜徉于人间天上，无忧无虑，怡然自得。怎样才能修得“玄道”呢？葛洪认为要靠思守一，这样将道教哲学的本体论与具体的修炼方法结合起来。并将抽象的“一”人格化为神，居在体内，这样，“守一”就是“思见身中诸神”，或意守三丹田，成为一种仙道长生的内修方法。

（三）神仙道教的主要目的是成仙长生

葛洪以古今种种神仙传说为例，运用形而上学方法极力论证神仙的存在和成仙的可能，认为神仙与凡人不同，是超出一般之外的个别，是脱离普遍的特殊，凡人有生有死，而神仙是长生不死的。在论述了神仙的存在和成仙的可能之后，他详细地介绍了各种长生之道，大体可分为外修与内养两个方面，外修主要是服用丹药，内养主要是行气保精。

（四）长生成仙以忠孝和顺仁信为本

葛洪在书中强调只靠外修内养等方术并不能长生成仙，还要积善行功，以忠孝和顺仁信为本。即“欲求仙者，要当以忠孝和顺仁信为本，若德行不修，而但务方术，皆不得长生也”。这样，儒家的那一套忠孝仁恕信义和顺等封建伦理思想，便与道教的长生成仙思想糅合在一起，使道教适应封建统治者的需要，为维护封建统治秩序而服务。

三、推荐版本

《抱朴子内篇校释》（增订本），王明著，中华书局，1985 年版。

第三节 | 《阿含经》（公元前 3 世纪—公元前 1 世纪）

一、作者简介

《阿含经》是原始佛教的基本经典。由于释迦牟尼在世时只是口头说法，并无文字记载，全凭弟子耳闻记忆，很难完全一致。所以在佛陀涅槃后一年，他的 500 名弟子进行了所谓第一次结集（会诵）。会诵时，由比较有权威的弟子把大家召集在一起，分别背诵所闻，共同审定甄别，予以统一进行系统的整理，作为“正法”的依据。经过第一次结集所整理的教理部分，就是《阿含经》的主要内容。所谓“阿含”，有“集结教说的经典”之义，意译“法归”。阿育王时期举行第二次结集，四部《阿含经》正式集成。部派佛教时期，阿含经陆续得到系统整理，约公元前 1 世纪写成文字。一般佛教文献里都将它看成声闻乘三藏中的经藏。按经文篇幅长短，北传佛教分为《长阿含经》、《中阿含经》、《杂阿含经》和《增一阿含经》四部。南传佛教分为《长部经典》、《中部经典》、《相应部经典》、《增支部经典》和《小部经典》等五部。南北两传内容虽不尽相同，但大体上教理一致，细节方面的共同点也非常之多，故知为同源。

二、内容精要

（一）三（四）法印是判定佛教真伪的标志

释迦牟尼立足于现实人生观察宇宙，得出了“诸行无常”、“诸法无我”、“涅槃寂静”（“一切皆苦”）等三（四）法印，以用来印证各种说法是否正确。印定其说，即是佛说，否则即是魔说。“诸行无常”是说宇宙人生都不过是刹那生灭的现象，无一事一物不时刻都在流动变化当中，没有恒常不变的存在。“诸法无我”就是一切存在没有固有的本性，即没有常一主宰的实体。佛教强调“无我”的目的，在于使人们能够脱离爱欲。心中无爱欲，便无所贪求，便无痛苦，无变易，从而进入一种不生不死不变不易大休大息的永恒境界。“涅槃寂静”是佛教全部修习所要达到的最高理想，一般指熄灭生死轮回的一种精神境界，是对“生死”诸苦及其根源“烦恼”的最彻底的断灭，是谓解脱。

（二）十二因缘是佛教的人生观

佛教认为人生痛苦的直接原因是有“生”，生是苦的开端，生命是受苦的实体。由此，佛教从人生过程的角度，把人生划分为十二个环节：无明、行、识、名色、六处(六入)、触、受、爱、取、有、生、老死。这十二个环节系统地阐明了人生变化无常，以对佛理的无知即“无明”为起始，辗转感果，互为条件，最后归结为痛苦人生的必然结果——老死。由老死又到无明，再依次循环，生死流转，痛苦不已。在早期佛教时期，释迦牟尼把十二因缘和业力轮回思想联系、统一起来，用业力轮回说来说明众生的不同命运。

（三）四谛是全部佛教教义的总纲

这是释迦牟尼深悟无常之苦以求解脱之道的四种真理。苦谛：指人生一切皆苦。有所谓八苦：生、老、病、死、求不得、爱别离、怨憎会与五受阴。人生在世，就是一个痛苦的过程，一切皆苦，苦海无边。集谛：说明产生苦的原因。即执著于无穷的爱欲。灭谛：说明佛教的目的是消灭苦。只有消灭爱欲，才能消灭苦因，断绝苦果，避免轮回，从而达到不生不灭的“涅槃”境界。道谛：说明消灭爱欲达到“涅槃”境界的途径是修道。破除惑业，使不生果报，达到完全的精神解脱。

（四）八正道是人生解脱的途径

佛教主张“自业自得”，每个人都能够为自己克服一切杂念，达到完全的精神解脱，进入涅槃。其正确的方法或途径是：正见（正确的见解）、正思（正确的思维）、正语（正确的语言）、正业（正确的行动）、正命（正确的生活）、正勤（正确的努力）、正念（正确的信念）和正定（正确的禅定）。佛教认为，按此修行可由凡入圣，从迷界此岸达到悟界的彼岸。

三、推荐版本

《长阿含经》(全一册)，陈永革译；《中阿含经》（全三册)，（东晋）僧伽提婆译；《杂阿含经》(全三册)，（南朝宋）求那跋陀罗译；《增一阿含经》（全二册)，（前秦）昙摩难提译。中国佛教文化研究所编，宗教文化出版社，1999 年版。

第四节 | 《坛经》(7 世纪末)

一、作者简介

慧能（638—713)，俗姓卢，生于广东新州。24 岁拜禅宗五祖弘忍大师，以“菩提本无树，明镜亦非台；本来无一物，何处惹尘埃”作为开悟偈，成为中国禅宗第六祖。慧能秘密受法后，为躲避迫害，在民间隐循16年后，才公开出来传法，力主“直指人心，见性成佛”地顿悟法门，大兴禅学。后在南华寺传教说法长达37年之久。于唐先天二年，在曹溪入定二十余天，和四众告别，说偈坐脱。留下我国历史上第一尊金刚不坏肉身，目前仍供奉于广东韶关的南化寺。其言行被弟子法海汇编成书，这就是被奉为禅宗宗经的《六祖大师法宝坛经》，简称《坛经》。

二、内容精要

《坛经》约成书于7世纪末，共分为十品：行由品、般若品、疑问品、定慧品、坐禅品、忏悔品、机缘品、顿渐品、护法品、嘱咐品。内容丰富，文字通俗。以语录体形式系统地阐述了慧能独创性的佛教学说，这一学说构成了中国禅宗的理论体系，其核心思想是“见性成佛”。《坛经》是中国僧人著述中唯一一部被称作“经”的经典性著作，它的问世如同一面旗帜，标志着真正意义的中国禅宗的形成。

（一）“自性般若”的思想

慧能认为般若是人的智慧的心性，也就是佛所具有的那样的觉性，即“自性”，这是每个人都有的，关键是迷和悟。如果心中常思恶念，就是自性迷；如果心念常思善，智慧即生，就是不离自性，即“悟”，所以“凡夫即佛，烦恼即菩提；前念迷即凡夫，后念悟即佛”。

（二）“定慧不二”的思想

慧能认为定就是禅定，而慧则是由禅定而产生的智慧。慧能把定和慧的关系比作灯和光，它们是无法割裂的一体，定和慧也是无法割裂的一体。以往的修行者往往把定和慧割裂开来，只讲禅定而不重视或不讲智慧。这种修行所造成的结果就是心和行的脱离。慧能认为这种修行只有心怀善意，口出善言，“内外一种”，这才是“定慧即等”的真正修行。

（三）“无念为宗，无相为体，无住为本”的思想

无念、无住、无相，都强调一点，即在尘境上不起思念。慧能认为禅定并不是枯坐修净，而是要求修行者在自然无为的日常生活当中，远离内外执著，不生爱憎取舍之心，这样就可以消灭无明妄念，“见性成佛道”，因为人人都有佛性，人人都能成佛，佛性就是人性。

（四）“坐禅原不著心，亦不著净，亦不言不动”的思想。

慧能认为，“不著心”就是坐禅时不要求专注一心，因为心本来就是虚妄不实的，是观想不到的；“不著净”就是坐禅时也不要求静虑思净，因为“人性本净”，如果一定要观想净，就必然要产生一种虚妄的净性，反而使自己不能认识本来清净的心性；“不言不动”是说坐禅也不要求身体不动。坐禅就是一切自由自在，无障无碍。在外，

对于一切尘世的万事万物不产生思念就是坐；在内，能自识本性，使内心不乱就是禅。所谓禅定就是远离世间万事万物，保持内心的平静，就是自净其心，自见本性，自成佛道。

（五）“无相戒”的思想

戒，是对佛教修行者不应该做什么的行为规范，每一个佛教修行者都要受戒。而慧能有其独特的对戒的解释，他认为戒就是自己归依自身中本有的心性。只要从自己的心性中消除一切不善良的思念，同时也消除一切不善良的行为，这就是受“无相戒”。慧能十分强调一切众生本来具有清净无染的佛性和般若智慧，这是一切皈依和修行的基础。通过修行摆脱各种虚妄心念的干扰，使原本具有的智慧显现出来。在这个意义上，“一念心开”，就可以直接进入佛陀的境界，实现“顿悟”。另外，修行不一定非要出家为僧，在家也可以完成“自净其意”的修行。

三、推荐版本

《坛经校释》，（唐）慧能著，郭明校释，中华书局，1983 年版。

第五节 | 《新旧约全书》（公元前 6 世纪）

一、作者简介

《新旧约全书》是基督教的经典。《旧约全书》原是犹太教的经典，是犹太教的祭司们经过巴比伦之囚，重返巴勒斯坦恢复圣殿后，为巩固神权统治、强化一神的犹太教信仰，于公元前 6 世纪着手编订的经典。基督教形成后接受它为自己经典的一部分，但基督教认为，旧约是耶和华上帝通过摩西与以色列人之间订立的，共 39 卷，按其内容可分为律法书（即摩西五经）5 卷、历史书 10 卷、先知书 16 卷和圣录 8 卷。《新约全书》是基督教自己的经典，是通过耶稣基督与信者订立的，共 27 卷，按其内容可分为福音书 4 卷、使徒书信 21 卷、使徒行传 1 卷及启示录 1 卷。基督教会认为，《新旧约全书》中记述的都是上帝的启示，是信仰的总纲、处世的规范、永恒的真理。故把它译成汉语时，取其“神圣典范”、“天经地义”之意，译为《圣经》。《圣经》不仅是一部宗教经典，记录了犹太教和基督教的起源及早期发展，并成为整个基督教教义的基础；而且也是一部政治、历史、宗教、哲学、文艺、社会、伦理、法律等方面的巨著。在西方基督教国家，《圣经》是一部家喻户晓、老幼皆知的书，它的影响渗透到社会的每个角落。

二、内容精要

（一）“三位一体”的上帝

基督教认为世界和宇宙存在一种超自然和超社会的神秘力量，即上帝。他是至高无上、全知全能、无所不在、创天地万物的唯一真神，是宇宙的最高主宰。但上帝有三个位格，即圣父、圣子、圣灵三个部分。圣父在天，名为耶和华，是从犹太教的教义继承而来，被认为是至高无上、主宰一切的神秘力量。圣子耶稣基督，受圣父的派遣降临尘世，以自己的流血牺牲拯救世人的苦难。圣灵是上帝与人的中介，启发人的智慧和信仰，使人弃恶从善。这三个位格并非独立的三个神，而是同一本体，三者构成上帝的统一整体。

（二）原祖原罪

基督教认为人类起源于一个共同的祖先，即亚当和夏娃。他们最初住在伊甸乐园，过着无忧无虑的生活。后因夏娃受魔鬼的引诱，违反了上帝的命令，偷吃上帝禁食的智慧果而懂得了羞耻与生儿育女，因此触怒了上帝，被逐出乐园，降罚到尘世，繁衍子孙，成为人类的原祖。基督教成为罗马国教后，神学家奥古斯丁创立了原罪说，把当时奴隶社会的丑恶与劳动人民的苦难，说成是由于人类原祖亚当和夏娃犯了罪，这种罪具有继承性，因此人生来就有罪，只有信仰基督，参加教会，经过洗礼，才能赦免。

（三）基督救赎

基督教认为人世间充满罪恶，世人都有原罪和自身之罪，因而不能自己拯救自己。在这种情况下，上帝大发慈悲，派遣其独生子耶稣降临世间，充当救世主，创立基督教，拯救人类。耶稣基督为了赎世人的罪，甘愿牺牲于十字架上，以自己的血洗净世人的罪。所以，人们若欲灵魂得救，就要信仰、祈求耶稣基督。

（四）灵魂不灭与世界末日

基督教认为人的肉体是短暂的，而灵魂则长存；现实世界有限，死后生活永存，世界末日迟早会到来。人死后灵魂将根据生前的表现受到审判，善者升天堂，恶者下地狱。

三、推荐版本

《新旧约全书》，中国基督教协会，1989 年版。

第六节 | 《古兰经》(610—632 年)

一、作者简介

《古兰经》是伊斯兰教的基本经典。穆斯林认为《古兰经》是安拉的语言；经文是安拉通过大天使哲布勒伊来“降示”给穆罕默德，再由穆罕默德在 23 年（610—632 年）的传教过程中以安拉“启示”的名义陆续颁布的言论集。全经共 30 卷，114 章，分麦加篇章和麦地那篇章。麦加篇章以宗教说教为主，宣扬天国火狱、世界末日、死后复活、末日审判、真主独一、顺从、忍让、行善、施舍和宿命等。麦地那篇章以立法为主，确定各种制度和律例。它是伊斯兰教信仰和教义的最高准则，是伊斯兰教法的渊源和立法的首要依据，是穆斯林社会生活、宗教生活和道德行为的准绳，也是伊斯兰教各学科和各派别学说赖以建立的理论基础。《古兰经》是阿拉伯有史以来第一部用阿拉伯文书写的典籍，其文体是一种非常绝妙的韵体文，具有独特优美的风格。《古兰经》在阿拉伯-伊斯兰文化史上具有重要影响和地位。

二、内容精要

(一) 六个基本信仰

穆斯林的教义学者称伊斯兰教的宗教信仰为“伊曼”、“伊玛尼”。它包括信真主（信仰真主安拉为唯一的神，它成为伊斯兰教信仰的核心）、信天使（信仰供安拉差使的天使，他们在安拉的左右，虽受安拉派遣从事种种活动，但不具有神性，其中由天使哲布勒伊来负责向穆罕默德传递安拉的启示）、信使者（信仰安拉向人间派遣的使者，其中穆罕默德是安拉的最后一位使者）、信经典（信仰安拉降给使者们的经典，包括《古兰经》)、信末日（信仰安拉在世界末日时对人的审判，届时人将死后复活并接受末日审判，善者升天堂，恶者进地狱）、信前定（信仰人的命运是由安拉安排，在出生前已经定好，个人无法选择）。其中以信真主、信末日、信使者和信经典为伊斯兰教教义学思想的核心。

(二) 五项宗教功课

《古兰经》在维护信仰独一安拉的基础上，规定了五项宗教义务“五功”：念功，这是穆斯林心存安拉和非穆斯林立誓皈依的一种方式，它的信条是“除真主外，别无神灵；穆罕默德是安拉的使者”；拜功，每个穆斯林必须在规定的时间面向麦加进行礼拜，其包括每日礼拜 5 次，每 7 日聚礼 1 次，每年大会礼 2 次；斋功，成年穆斯林在伊斯兰教历 9 月白昼戒饮食、戒房事一个月；课功，根据个人经营的商业、农业、牧业或其他收入确定课税税率；朝功，每个穆斯林，不分性别，只要有条件，一生中应朝觐麦加一次。此外，为保卫伊斯兰社会及其发展而对非穆斯林地区进行“圣战”也是穆斯林的一项义务。

（三）伦理道德

麦加时期的启示，提出了孝敬双亲、主持公正、接济亲属、怜恤孤贫、释放奴隶、慷慨助人、称量公平，反对浪费、狂妄骄傲，禁止淫乱，禁止高利贷，禁止虐杀女婴、杀害他人及无故杀人等一系列伦理道德方面的主张。后来又根据新的情况提出诸如恕人、诚实、友爱、命人行善、止人作恶、加强团结以及礼貌规范等属于个人品德修养的内容，逐渐形成为调整伊斯兰社会内部关系的重要准则。

（四）教法律例

《古兰经》肯定了一些古代阿拉伯社会的习惯法和仲裁惯例，对借贷、财产继承、家庭婚姻等民事方面和偷盗、奸淫、污蔑、叛乱等刑事犯罪都做了明确的处罚规定。

三、推荐版本

《古兰经》，马坚译，中国社会科学出版社，2003 年版。

第七节 |《宗教的起源与发展》（1878 年）

一、作者简介

弗雷德里赫·麦克斯·缪勒（Friedrich Max Muller，1832—1900），生于德国德绍，成年后在莱比锡大学学习古典文学、哲学和比较语言学。后来他对印度宗教和语言产生了浓厚的兴趣，并组织翻译梵文本印度宗教经典《梨俱吠陀》。他一生大部分时间在英国度过，曾任英国牛津大学比较语言学教授。通晓语言学、印度学、人类学、神话学等各科知识，率先使用“宗教学”一词，成为西方宗教学的创始人。他富有哲理的名言是：“只知道一种宗教者，对宗教一无所知。”他以其比较研究的基本方法而创立了现代西方比较宗教学体系。

二、内容精要

《宗教的起源与发展》一书是缪勒开创宗教学的重要代表著作之一。他在对宗教的产生及其发展所进行的探究中，基本上以印度宗教为例，具体分析了自然宗教、物质宗教、人类宗教、神智或心理宗教的基本特征和演变过程。缪勒在书中以其独有的理论特色和不可否认的魅力，为近现代人文学科领域对宗教的全新探讨和科学认识，以及宗教学的理论建设开辟了道路。

（一）宗教学的使命是“揭示宗教是什么”

缪勒明确指出，宗教学的使命——它的根本性质，就是要“揭示宗教是什么，它在人的心灵中有何基础，在其历史成长过程里遵循什么规律”。他借助语言学的经验，建构了宗教学的科学框架。他所理解的“宗教学”由四个层次组成，即：第一层是材料层次，它应该囊括全世界各民族的宗教史实和现象；第二层是分类整理，按材料的血缘关系、对象关系、语言关系等分成不同的群落；第三层是比较宗教学；第四层是理论宗教学。其中比较宗教学和理论宗教学的基本任务就是揭示宗教的本质和起源，揭示宗教产生、发展的必然性和规律。

（二）理解宗教必须树立客观的科学研究态度

缪勒针对当时欧洲中心论和基督教思想、护教主义思想无孔不入的情况，旗帜鲜明地主张把信仰主义和护教主义从科学的宗教研究中驱逐出去，与传统宗教的神学研究划清界限，明确强调理解宗教必须树立客观的科学研究态度。

（三）比较的研究方法是宗教学研究中最有价值的方法

“只知道一种宗教者，对宗教一无所知”。这是缪勒的名言。缪勒十分重视比较的研究方法，认为这种方法是从现象研究转入本质和规律研究的中介。通过比较，理论概括有了最广泛的依据，同时也能站在高一层的理论跳板上获得更高深的认识。

（四）宗教起源于无限观念

缪勒认为，宗教起源于无限观念，这种观念是原始人类在对有限自然现象感知的基础上形成起来的。早期人类对这些观念的把握和命名，导致了不同信仰对象和崇拜形式的产生，推动了宗教的发展。缪勒力图从宗教的最原始形态出发寻找其客观自然基础的尝试，为宗教学研究提供了相当重要的方法论。

（五）宗教产生、发展沿着三条基本线索展开

缪勒认为，宗教产生和发展是沿着三条基本线索展开的，即从自然对象中形成物质宗教，从人类自身中形成人类宗教，然后在心理宗教中合流。同时，缪勒认为，原始语言在人们命名无限过程中的作用，决定了神的观念产生。缪勒描述了神灵观念发展是从单一神教到多神教，最后演变为唯一神教；并认为，当宗教观念发展到唯一神教时，似乎就走到了尽头，但人类思想的发展并没有就此止步，而是冲破宗教的藩篱，进入哲学思维的境界。

三、推荐版本

《宗教的起源与发展》，麦克斯·缪勒著，金泽译，上海人民出版社，1989 年版。

第八节 | 《原始思维》(1922 年)

一、作者简介

列维·布留尔（Levy-Beuhl，Lucien，1857—1939），法国社会学家、哲学家、民族学家，犹太人，生于巴黎。他 1879 年毕业于巴黎高等师范学校，1884 年取得博士学位，曾任巴黎大学教授和民族志研究所所长，“社会学年鉴派”的主要成员之一，以研究原始思维而著名。布留尔是最早认为原始思维具有意义和价值的西方学者，其开创性的探讨深化了人们对原始宗教的认识。他一生致力于原始思维方式的研究，其研究成果收录于《原始思维》。

二、内容精要

《原始思维》由三部分构成，即《低级社会中的智力机能》、《原始人的心灵》、《原始人的灵魂》。其中在第一本书中提出了布留尔的全部理论原理，第二、第三两本书只是用更多的材料来对第一本书中提出的理论作补充论述。这些著作材料丰富，论述缜密，很具有说服力。书中对原始思维进行了深入研究，并揭示出原始人思维的最基本规律，这对人们深入认识原始宗教产生深远影响。

（一）原始人的思维是具体的思维

布留尔认为，“原始人”的思维是具体的思维，即“不知道”也不用抽象概念的思维。这种思维只拥有许许多多世代相传的神秘性质的“集体表象”，“集体表象”之间的关联不受逻辑思维的任何规律所支配，它们是靠“存在物与客体之间的神秘的互渗”来彼此关联的。尤其是，这种思维完全不关心矛盾（它不追究矛盾，也不回避矛盾，它可以允许同一实体在同一时间存在于两个或几个地方，允许单数与复数同一、部分与整体同一，等等）。所以，从表象关联的性质上看，布留尔又把这种思维叫做“原逻辑的”思维。总起来说，“原始人”的思维就是以受“互渗律”支配的“集体表象”为基础的、神秘的、原逻辑的思维，这也是布留尔给“原始人”的思维下的定义。

（二）人类思维的机能是相同的

虽然布留尔把人类的思维分为“地中海文明”所属民族的思维与不属于“地中海文明”民族的思维两大类型，但又肯定人类思维的机能相同，不同的只是思维的结构或类型。20 年后，他在《作者给俄文版的序》中又说：“在人类中间，不存在为铜墙铁壁所隔开的两种思维形式——一种是原逻辑思维，另一种是逻辑思维。但是，在同一社会里，常常在同一意识中存在着不同的思维结构。”这又显然是指的全人类，其中也包括“地中海文明”。

（三）原始人有时也运用逻辑思维

布留尔还含糊地表示，在涉及生产和生活方面的事物时，“原始人”是运用逻辑思维的。只是在涉及认识问题上，特别是涉及“因果律”和“矛盾律”时则是运用原逻辑思维，集中地表现在寻求神秘原因上。

三、推荐版本

《原始思维》，列维·布留尔著，丁由译，商务印书馆，1997 年版。

第九节 《图腾与禁忌》(1913 年)

一、作者简介

西格蒙德·弗洛伊德（Sigmund Freud，1856—1939），犹太人，生于奥地利弗赖贝格市，在他四岁时，全家迁居到维也纳。1881 年他在维也纳大学获得医学博士学位，后自办精神治疗诊所，并主持创建了国际心理分析学会。弗洛伊德对心理学的最大贡献是对人类无意识过程的揭示。他创造了精神分析理论，并试图用精神分析方法来说明宗教起源问题，以推动宗教心理研究。他的这一研究成果收录于《图腾与禁忌》。

二、内容精要

该书由四个篇章构成，即《乱伦畏惧》、《塔布与矛盾情感》、《泛灵论、巫术与思想全能》、《图腾崇拜在童年期的再现》。该书的特色在于将精神分析学的观点和发现，用来探讨宗教现象的心理起因问题，并为研究社会人类学及民俗学与精神分析学之间架起一座沟通的桥梁。

（一）触犯图腾禁忌在原始民族里被视为最大的罪恶

弗洛伊德通过考察澳洲土著人的图腾崇拜，认为对图腾禁制的破坏，如屠杀图腾动物或同图腾信仰的人相互通婚，在原始民族里被视为最大的罪恶。全族的人都将激烈地参与报复，有如在处置一件对公众的危险或威胁。

（二）图腾代代相传不因婚姻而转变

弗洛伊德认为，图腾代代相传不因婚姻而转变。例如，在母系传袭的情形下，一个属于袋鼠图腾的男人与一个属于火鸡图腾的女子结婚，其所生的子女，不论男女一律都属于火鸡图腾。在图腾禁忌中，弗洛伊德还分析了群体婚和外婚制，他发现了一个极具研究价值和有趣的现象——它们都严厉防止乱伦存在。例如，在美拉尼西亚，一个男孩和他母亲、姐妹间的交往，有着种种限制。在里皮斯岛的新海布里地族，男孩达到某一年龄后便不可再居住于家中，而必须迁入营舍内生活。在野外兄妹不期而遇时，他必须跑开或躲起来。男孩若在路上认出其姐妹的足迹，他便不再顺着那条路走，女孩亦然。这种回避始自成年仪式后，而持续终生。从而，弗洛伊德认为原始民族对乱伦关系极度恐惧，因此，他们对乱伦的禁制也特别严厉。

（三）禁忌不过是人类心理的创造物

弗洛伊德发现强迫性心理症同原始民族禁忌有着相同的特性——矛盾情感。他指出，虽然有禁忌的约束，但原始的、想从事禁忌事物的欲望依然存在。结果，原始民族对禁忌事物必然采取一种矛盾的态度。在潜意识中，他们极力想去触犯它，却又怕这样做；他们恐惧，正是因为他们想这样做，之所以没有这样做，只是由于恐惧战胜了欲望罢了。正如心理病人一样，这些欲望潜藏在部落中每一个人的潜意识里。可见，禁忌是针对人类某些强烈的欲望而由外力强迫介入的原始禁制。

（四）灵魂的观念是整个精灵说体系最原始的核心

弗洛伊德认为，在人类的岁月中产生三种对自然的解释：精灵说，宗教说，科学说。而灵魂的观念是整个精灵说体系最原始的核心，此说相信无生命等物皆有灵魂。由精灵说又产生了两种控制他物的理论：巫术和魔法。巫术在本质上是以对待人的方式来影响灵魂，使他们息怒或服从命令。魔法则采取一种与日常生活心理不同的特殊方法影响灵魂，并不顾及灵魂的存在。

（五）宗教起源从图腾开始

弗洛伊德认为在宗教中，人与神的关系，本质上是儿子与父亲的关系，是一个象征性的体现。神是父亲高大的形象，是楷模转化而来的形象，是任何一个人在儿童时期甚至在整个人生的软弱时期都要依靠的那个形象。神是父亲人格的梦幻式象征。儿子对父亲即是俄狄浦斯情结（儿子的仇父恋母情结，儿子的弑父情结），这种情结所带来的罪恶感，导致宗教的产生。另外，在宗教中，人对神的态度就是儿子对父亲又恨又爱的转化与升华。敬畏与饶恕并存，这是人对自己俄狄浦斯情结在宗教中的解决。而父母对儿子从小赏罚的迁移，就变为神的训导。他认为，神是人类历史上关于父亲的晚期象征，图腾则是人类历史上关于父亲的早期替代物。弗洛伊德在分析人类文化史的时候，把精神分析学的成果用在对图腾现象的解释上，使我们对宗教起源有了一个特别有价值的思路。

三、推荐版本

《图腾与禁忌》，西格蒙德·弗洛伊德著，赵立玮译，上海人民出版社，2005 年版。

第十节 |《神话思维》(1925 年)

一、作者简介

恩斯特·卡西尔（Ernst Cassirer，1874—1945)，生于德国一个犹太商人家庭，1896 年获马堡大学哲学博士学位。他先后在柏林大学和汉堡大学任教，并任汉堡大学教授、校长，在此期间创立了他的“文化哲学”体系。1933 年希特勒在德国上台，卡西尔愤然辞去汉堡大学校长职务，开始了他的流亡生活，1945 年死于美国哥伦比亚大学的教席。卡西尔一生著述繁富，研究范围几乎涉及当代西方哲学的各个领域，是西方学术界公认的 20 世纪以来最重要的哲学家之一。

二、内容精要

《神话思维》是卡西尔对宗教研究的主要成就。该书共分四部分，即作为思维形式的神话、作为直觉形式的神话、作为生命形式的神话和神话意识的辩证法。在导言中，卡西尔对神话在哲学中的地位、神话的现实性等问题作了论述，是全书的总论。该著作观点新颖，论述严谨。作者成功地使神话研究突破了心理学和心理主义的藩篱，强调神话思维包含着所有其他思维形式的最初模式，从而开创了原始思维研究的新局面。

（一）神话是一种符号形式

卡西尔认为，在所有的文化形态中——神话和语言、艺术形式以及关于世界相互关系的理论、概念的形式——符号都发挥着积极的、创造性的力量。他认为，神话的每一种源头，尤其是每一种巫术世界观，都渗透了对符号客观性质和客观力量的信念；并认为神话、语言、艺术是个递进过程，而符号形式也是个递进过程，其中神话在符号形式中处于基础地位。

（二）神话思维是一种有别于抽象思维的具象性思维

卡西尔认为，神话思维缺乏观念范畴，而且为了理解纯粹的意义，神话思维必须把自身变换成有形的物质或存在。同时，他认为空间直观是原始神话意识的基本要素，还有时间直观和“人身”直观。神话思维的基本形式就是“精神内容的物质化”。它是一种感性直观和经验直觉的思维方式。值得注意的是，卡西尔并不认为神话意识这种具象思维缺乏逻辑性，而认为它与现代理性思维是性质相似但方式有别，两者各具有自己的逻辑性。

（三）神话思维是一种情感性思维

卡西尔认为，神话思维的逻辑性是建立在人的情感基础上的。正是“情感的统一性”而非概念的统一性，使神话和原始宗教具有了“条理性”，从而成为神话思维“最强烈最深刻的推动力之一”。所以他提出“一切思想，一切感性直观以及知觉都依存于一种原始的情感基础”。

（四）神话思维是一种“生命一体化”的“交感”思维

卡西尔认为，原始人的生命观是综合的，而不是分析的。在原始人那里，生命并没有被划分为类或亚类，一切生命和生命的总体被看成是一个“不中断的连续整体”。同时，卡西尔还认为原始人的生活既不是纯理论的也不是纯实践的，他们的自然观是“交感”的。神话思维的一个普遍预设，就是所有的生命形式都有亲族关系。“生命一体化”是原始人的世界观。

（五）神话思维中蕴涵着辩证法

卡西尔认为，神话的发展需要某些确定的外在条件，神话的进步不仅意味着其较早阶段某些基本特征、某些精神确定性的发展和完成，而且也是它们的否定和全部祛除。这种辩证法不仅表现在神话内容的转变中，而且还表现在其占支配地位的“内在形式”中。神话结构本身就决定了其形式必然不断创新。神话只在想象的世界中才能表现自身，但同时，由于神话意识的进展，逐渐地把这种表现看作不完全适用于它自己的表现方向的某种“外在的”东西。神话在自身的循环中有了突破和分裂，所以神话思维本身包含着辩证的否定和发展自身的内容。

三、推荐版本

《神话思维》，恩斯特・卡西尔著，黄龙保、周振选译，中国社会科学出版社，1992 年版。

第十一节　《巫术、科学、宗教与神话》（1925—1926 年）

一、作者简介

马林诺夫斯基（Malinowski，1884—1942），英国人类学家，功能学派创始人之一，生于波兰，卒于美国。1908 年他以全奥地利最优等成绩获得物理学和数学博士学位。后到莱比锡奥斯特瓦尔德理化实验室从事研究，受到德国心理学家 W. 冯特的影响。1914—1938 年，在英国博物馆和伦敦大学工作，其间他到大洋洲新几内亚和澳大利亚土著民族中进行实地调查，并成为伦敦大学新建的人类学系的第一位教授。1939 年他在美国耶鲁大学任教，并被聘为该校终身教授。他的学术思想尤其是关于实地调查的方法论，对西方人类学和民族学产生了重大影响。

二、内容精要

《巫术，科学，宗教与神话》是马林诺夫斯基经典著作之一。其内容分上下两编，上编共分五章，即初民及其宗教、以理智胜环境、生命死亡与归宿、原始教仪的公共性与部落性、巫术与信力，不仅回答了巫术、科学和宗教的含义，还阐述了这三者之间的区别和联系。下编也分五章，即神话在生活里面的地位、关于起源的神话、死的神话与生的轮转、巫术的神话和结言，着重探讨了神话的本质及其与巫术的关系。书中既阐述了前人的理论成果，更有自己亲历的实地调查资料，论述具体细致，很具说服力，从而使该书在理论上具有创新和超越性的贡献。

（一）巫术、宗教与科学具有不同的文化功能

马林诺夫斯基认为，在原始社会，巫术、宗教与科学具有不同的文化功能：科学在于使人能利用自然力；宗教在于启示给人以真理；巫术则在于给人自信力，使人的乐观仪式化，提高胜利的信仰。

（二）巫术与宗教既相同又有不同点

马林诺夫斯基认为，巫术与宗教既是行为状态，又是信仰系统；既是社会现象，又是个人经验。它们都起自感情紧张的情况之下，也就是在这种情况下而有功能；都严格地根据传统，都存在于奇迹的氛围中，都存在于奇迹能力可以随时表现的过程中；都被禁忌与规条所包围，以使它们的行动不与世俗相同。但两者也有不同点：在神圣领域内，巫术是实用的技术，所有的动作只是达到目的的手段，而且是受限定的，里面的信仰极其简单，是术士个体的事，且有吉有凶；宗教则是包括一套行为本身便是目的的行为，里面的信仰和神话多而复杂，是部落全体的事，且很少善恶的对比。

（三）巫术与科学存在的根据不同

马林诺夫斯基认为，巫术是用来达到目的的，也受理论和原则的支配。科学所根据的是日常生活中以观察为基础且为理智所固定的正常的普遍经验。巫术所根据的则是情绪状态的特殊经验；在这种经验之中，人所观察的不是自然，而是自己；真理启示的不是理智，而是感情在人类机体上所起的作用。科学属于世俗的领域，巫术乃占据了神圣领域的半幅版图。

（四）神话在原始文化中有不可或缺的功用

马林诺夫斯基在书中批评了历史派神话学将一切神话都看做是历史的观点，他注重从神话对于社会功能的角度探究其存在的意义与价值。他认为，神话在原始文化中有不可或缺的功用。那就是将信仰表现出来，提高了而加以制定；给道德以保障而加以执行；证明仪式的功效而有实用的规律以指导人群，所以神话乃是人类文明中一项重要的成分；不是闲话，而是吃苦的积极力量；不是理智的解说或艺术的想象，而是

原始信仰与道德智慧上实用的特许证书。

三、推荐版本

《巫术，科学，宗教与神话》，马林诺夫斯基著，李安宅编译，上海文艺出版社，1987 年版。

第十二节 《中国民间宗教简史》（1992 年）

一、作者简介

马西沙（1943—　），出生于陕西省延安。1964—1969 年就读于北京大学中文系，1973—1979 年在北京语言学院任教，1979—1982 年在中国人民大学清史研究所读研究生，获历史学硕士学位，1982 年至今在中国社会科学院世界宗教研究所从事研究工作。马西沙对中国民间宗教有着深入的研究，著有多部关于中国民间宗教方面的专著，《中国民间宗教简史》是其中的一部。

二、内容精要

该书共分 9 章，上起汉末、魏曹，下迄清末，历时近两千载，对影响深远的弥勒教、摩尼教、白莲教、无为教、闻香教、斋教、黄天教、八卦教、三一教等 13 支民间宗教，从历史沿革、组织结构、经典教义等方面进行深入的介绍与探讨。尤其是对明清时期的民间宗教，作者引用了大量官书、档案等第一手资料，经过认真、细密的考证，力图接近历史的原貌。

（一）佛教的弥勒救世思想对中国民间宗教影响最大

马西沙认为：佛教对中国民间宗教影响最大的是它的救世思想，特别是弥勒救世思想。弥勒救世思想是大乘佛教普度尘世众生思想的一种，但它更具有强烈的现实性。这种思想发其端者是南北朝时期的弥勒大乘教，后来这种信仰与道教教义发生融合，形成了宋、元以后三佛应劫救世思想体系，在黄天教、闻香教、八卦教、一贯道等大教派中成为一种天道观和救世观。从晋代下迄近代，这种观念在下层社会流行、蔓延，它激起了无数人的宗教感情，呼唤起一次次底层世界的民众运动，冲击了封建时代的统治秩序，改变了专制制度下的世道人心，形成了一种喷发涌动的思想巨流。

（二）明清时代民间宗教不应统称为白莲教

中外学术界关于中国民间宗教有一流行观点，即将明清时代民间宗教统称为白莲教。马西沙认为，这种观点不符合历史。明清时代民间宗教有着多种形态，多是受到道教内丹道的启迪与滋养，以修炼内丹为宗旨，这与白莲教崇尚弥勒教信仰的本质迥异。如黄天教、弘阳教、龙天教、长生教、圆顿教、一炷香教、八卦教、青莲教、金丹教、一贯道等。明清时代还有一类民间宗教，如三一教、刘门教和黄崖教，它们都是由知识分子的学术团社转化而成的民间教派，更不属于白莲教。此外，有些学者把一些由民间宗教发动的农民起义，也一言以蔽之为白莲教起义。马西沙认为这也缺乏历史依据。事实是明清时代一些冠以“白莲教”之名的教派多信仰弥勒救世思想，这些“白莲教”已完全不具备宋元时代白莲教的基本特征。

（三）宝卷是明清各类大民间教派经典的载体形式

马西沙认为，最初的宝卷是佛教徒向世人说法的通俗经文，或带有浓厚宗教色彩的世俗故事的蓝本。明代初叶，宝卷形式开始为民间宗教所利用，以宣扬教义为宗旨。明中叶以后，为数众多的民间宗教家纷纷撰经写卷，皆冠以宝卷名目。无为教的五部六册宝卷即起源于那个时代。从此宝卷几乎成为民间宗教经书的代称。

（四）儒、道、释的结合也是民间宗教对儒学倡导的结果

马西沙认为，儒学成为统治思想，固然有统治阶级的倡导，同时也是民间社会接纳的结果，其中包括民间宗教广泛的倡导。正是这种倡导使儒、道结合，或儒、道、释结合成为一种占统治地位并覆盖整个社会的思潮。在这一过程中，儒家道德伦理成为整个民族的道德伦理，也成为众多民间宗教教派的道德伦理和教义的核心内容。民间宗教三一教的基本教义就是三教合一思想。儒、道、释三教之源本同，三教之道本一。孔学为入世之道，道家为出世入世之道，释家为出世之道。三者缺一不可，但要以孔学为根基。所以，该教主张率道、释二教以归儒尊孔。

三、推荐版本

《中国民间宗教简史》，马西沙著，上海人民出版社，2005 年版。

第十三节　《马克思、恩格斯、列宁宗教问题著作选编及讲解》（2002 年）

一、作者简介

国家宗教事务局是国务院主管宗教事务的直属机构。它在依法保护公民宗教信仰自由，保护宗教团体和宗教活动场所的合法权利，保护宗教教职人员履行正常的教务活动，保护信教群众正常的宗教活动等方面做出了不懈的努力。宗教干部培训中心是

其直属机构，主要职责是贯彻执行党的宗教信仰自由方针政策，承担培训全国宗教工作干部、分管宗教工作的党政领导干部、全国性宗教团体部室以上负责人、全国重点寺庙负责人的工作。

二、内容精要

《马克思、恩格斯、列宁宗教问题著作选编及讲解》共收录了《〈黑格尔法哲学批判〉导言》、《关于费尔巴哈的提纲》、《反杜林论》（节选）、《社会主义从空想到科学的发展》、《路德维希·费尔巴哈和德国古典哲学的终结》（节选）、《论原始基督教的历史》、《社会主义和宗教》、《论工人政党对宗教的态度》、《论战斗唯物主义的意义》等 9 篇马克思、恩格斯、列宁关于宗教问题的著作。全书力求忠于原著，全面准确而又深入浅出地反映原著的基本内容，并吸收了理论界的一些研究成果，为学习原著提供了一个辅助手段。

（一）揭示宗教的本质

恩格斯在《反杜林论》一文中指出，一切宗教都不过是支配着人们日常生活的外部力量在人们头脑中的幻想的反映，在这种反映中，人间的力量采取了超人间力量的形式。这一论断比马克思有关宗教本质的论断更为科学地揭示出宗教自身所特有的、与其他社会意识形式区别开来的本质规定性。

（二）阐明宗教的社会根源

马克思在《关于费尔巴哈的提纲》一文中指出，宗教产生的根源不能只在人本身中去寻找，必须以人构成的世俗世界的自我分裂和自我矛盾来说明。也就是说，人要从客观存在的现存社会的阶级矛盾、阶级对立中去寻找宗教的根源。在这里，马克思发展了《〈黑格尔法哲学批判〉导言》的思想，进一步把宗教的根源问题同阶级矛盾、同社会的经济关系中的矛盾联系起来，从对宗教的批判进到对现实社会的批判，从理论的批判进到革命的实践。这是马克思科学宗教观与以费尔巴哈为代表的旧唯物主义宗教观的根本区别。

（三）论述宗教在阶级社会中的社会作用

马克思在《〈黑格尔法哲学批判〉导言》一文中主要从三方面加以论述。第一，宗教从各方面论证剥削制度社会的合理性。它不仅从理论上为剥削制度社会辩护，在伦理上认为这样的社会是道德的，而且为颠倒的世界提供感情上的安慰，为它罩上了一轮灵光圈，把剥削社会美化为是上帝的安排，使之具有神圣不可侵犯的性质。第二，宗教许诺给人民的是幻想的幸福，是为人民身上的枷锁装饰的虚幻的花朵。第三，宗教是现实苦难的表现，又是对现实苦难的抗议。所以，马克思说："宗教是人民的鸦片"。意即人民信仰宗教就如同吸食鸦片以后能使人兴奋、精神上获得一定满足的幻觉一样，这种幻觉的麻醉作用，只能解除一时的痛苦，而不能从根本上消除人们的现实苦难。这正是宗教所特有的对人民的精神麻醉作用。

（四）分析宗教的起源、发展与消亡的客观规律

恩格斯在《路德维希·费尔巴哈和德国古典哲学的终结》一文中指出，宗教是在最原始的时代从人们关于自己本身的自然和周围的外部自然的错误的、最原始的观念中产生的。宗教产生以后，就作为社会意识和上层建筑，随着社会性质的变化而不断改变自己的性质，随着社会形态的变化而不断改变自己的形态。并认为，宗教的起源和发展归根结底是依赖于社会的物质生活条件的变化，根植于社会经济关系的变化，同时也和当时各种宗教意识形态的结合分不开。关于宗教的消亡问题，恩格斯在《反杜林论》一书中认为只有社会发展到共产主义社会的高级阶段，才能具备宗教消亡的基本条件。因为那时，人们大体上进入了自由王国，人们完全可以把握自己的命运，成为自由的人，支配人们的异己力量基本上不存在了。这和马克思的思想是完全一致的。

（五）表明工人阶级政党对宗教的态度

列宁在《论工人政党对宗教的态度》一文中首先指出工人阶级的整个世界观是以科学社会主义，即马克思主义为基础的绝对无神论的世界观。但马克思主义对待宗教的策略是十分严谨的，思想上与宗教划清界限，决不意味着政治上、行动上向宗教徒宣战。在什么时候强调无神论宣传，在什么时候又特别强调同宗教的斗争要服从工人阶级政党经济、政治上的总任务，要从实际出发，决不能毫无条件地、抽象地提出同宗教斗争这个问题。

三、推荐版本

《马克思、恩格斯、列宁宗教问题著作选编及讲解》，国家宗教事务局、宗教干部培训中心编，宗教文化出版社，2002 年版。

第四章 | 伦 理 学

伦理学（Moral Philosophy），关注的是道德的本质、起源和发展、道德水平同物质生活水平之间的关系、道德的最高原则和道德评价的标准、道德规范体系、道德的教育和修养、人生的意义、人的价值和生活态度等问题。对道德与经济利益、物质生活的关系，个人利益与整体利益的关系问题的不同回答，形成不同的伦理学派别。当代伦理学形成了各种流派和理论，如：分析伦理学、现象伦理学、实用主义伦理学、存在主义伦理学、精神分析伦理学、人格主义伦理学、人本主义伦理学、新行为主义心理伦理学等。

第一节 《理想国》（公元前 374 年）

一、作者简介

柏拉图（Plato，公元前 427 年—公元前 347 年），古希腊哲学巨擘，出生于雅典贵族家庭，师从苏格拉底，后因苏格拉底案受牵连，被迫逃亡，游历四方。约公元前 395 年，柏拉图返回故乡雅典，开始独立的学术研究和讲学，直至去世。柏拉图是西方哲学史中第一位有完整著作传世的哲学家。主要著作有《申辩篇》、《伊安篇》、《吕思篇》、《克拉底鲁篇》、《国家篇》、《智者篇》、《政治家篇》、《提迈欧篇》和《法律篇》等。

二、内容精要

《理想国》是柏拉图思想成熟时期的一部对话录。撰著于约公元前 374 年，集中了作者政治、道德和教育的主要观点，影响深远。表现出一种浪漫的理想主义色彩，是近代“乌托邦”思想的源头。书中论述的理想国家形态成为后世国家制度、政治统治的模本。

“正义”，是《理想国》的中心论题。他把正义分为城邦正义和个人正义，并从古希腊四德开始探讨城邦正义，认为完美的理想国应具备明智、勇敢、节制和正义的品德。一个明智的城邦，需要明智的统治者，并在政治事务上深谋远虑；一个勇敢的城邦，拥有在战场上无所畏惧和毫不退缩的卫国者；一个节制的城邦，使其各个阶层人的欲望都得到控制。城邦的正义，就是统治者、卫国者、谋生者这三个阶层的人各行其是而互不干涉。柏拉图认为，个人正义的实质，是情感和欲望服从理智的统率，保证心灵的健康、和谐。

关于正义与幸福的关系，作者探讨了“正义者幸福还是非正义者幸福”的问题。柏拉图借助苏格拉底与特拉叙马库斯对正义与幸福的关系的辩论来表明自己的观点。他认为，没有什么城邦比暴君统治的城邦更不幸，也没有什么城邦比贤王统治的城邦更幸福；没有什么人比暴君型的个人更不幸，也没有什么人比贤王型的个人更幸福。

相拉图进行了三种论证。(1) 描述了暴君政体的城邦与暴君型个人的痛苦处境。其特征是：整体上受奴役，完全不能自主，永远贫穷，充满恐惧、痛苦、忧患、悲伤。(2) 评定了爱智者、好胜者、逐利者各自幸福的等级。认为爱智者的快乐是最真实的快乐，爱智者的生活是最幸福的生活；处在第二位的是好胜者激情的快乐；最后的是逐利者欲望的快乐。(3) 通过分析表明，满足欲望和激情所造成的快乐都只是快乐的影像，而满足理智所导致的快乐才是真正的快乐。

柏拉图还用数学运算方法定量分析比较了两类极端者的幸福。其结论为：暴君过着最痛苦的生活，而贤王过着最快乐的生活。最后，着眼于来世复论主题，论证了一番灵魂不朽之后，认为人们将因保持正义和德性而在前生后世获得各种各样的报酬。正义者将为神灵所爱，而非正义者将为神灵所憎。并告诫世人：为人当正义。

柏拉图以“灵魂是不朽的，它能够忍受一切极端的恶和善。我们应当永远坚持走向上的路，始终追求智慧和正义，这样我们就可以亲近我们自身和神灵，无论在今生期间还是当我们领取前世奖赏之时；我们都可以一路平安，无论在此间此地还是在灵魂的千年旅程中”这段忠告结束全文。

三、推荐版本

《理想国》，柏拉图著，郭斌和、张竹明译，商务印书馆，1986 年版。

第二节 《尼各马科伦理学》（公元前 335—前 323 年）

一、作者简介

亚里士多德（Aristotle，公元前 384 年—公元前 322 年），《尼各马科伦理学》是亚里士多德三部伦理学论著中最重要、内容最丰富、理论最成熟的一部论著，也是西方哲学史上第一部影响巨大的伦理学专著。本书结构紧凑，层次分明，分析细致，思虑周详，逻辑严密，但语言略显晦涩，修辞略显稚拙，趣味性稍差，阅读阻力甚大。

二、内容精要

本文共有 10 卷，其主要论题是：幸福、伦理德性、正义、理智德性、自制、友谊、快乐。

第一卷的论题是幸福，包括幸福的本质、幸福与外在善的关系、幸福的由来、机遇对幸福的影响等。作者指出，幸福具有终极的和自足的特点，幸福的本质就是合乎德性的某种心灵活动，心灵善是最充分、最重要的幸福。幸福可以来自神恩、机遇或努力，通过学习和培养德性，所获得的幸福是最神圣的东西。他强调幸福决不在消遣中，而在合乎德性的活动中；一个人愈是高尚，他的活动就愈严肃和愈优良，而活动愈优良，就愈幸福；幸福的生活包含着严肃、艰辛的行动，而非包含于娱乐之中；完满的幸福就是合乎德性的思辨活动。作者断言神最宠幸那些活动合乎理智和悉心照顾理智的人，最宠幸那些最热爱和最尊崇理智的人。

第二至六卷中，作者论述了伦理德性的来源、本质、特点和作用。他认为没有一种德性会自然地出现，我们能够凭本性获取德性，由习惯达到完善。人的德性是一种使人变得优秀并出色地发挥其功能的品质，是一种决定我们的情感和行动的品质。作者以当时主要的伦理德性为例，解说了他的德性本质观。接着，他又分析了伦理德性的两个特点：第一个特点是自愿性，德性和邪恶存在于自愿的行动而不是非自愿的行动中。第二个特点是抉择性，抉择是德性最本己的特点。他认为特定的行动产生德性，而德性又引起我们采取同样的行动，这些行动以正确的理性所预设的方式并合乎德性本身。智慧造成幸福，它是德性整体的一部分，拥有它和实现它就使我们幸福。最后，他归纳了理智德性与伦理德性的相辅相成的关系。没有明智，我们不可能充分地善良，而没有德性我们不可能充分地明智。没有明智或德性，抉择都会失误。

第五卷中，作者主要是论正义。作者认为正义是整个德性，而不是其一部分；正义就是合法和公平，非正义就是非法和不公；正义是法律的根据，而法律是正义的源泉。作者强调正义的和非正义的行动都必须是自愿的，自愿的行动应同时具备两个条件：一是行动取决于行动者而非出于机遇或强制；二是行动者知情而非对行动的对象、手段和目的的无知。他意识到，法律是普遍的，而普遍的规则在某些场合中是不适用的，因此法律难免有失误和疏忽，这就需要理性来补充正义，形成对法律正义的纠正——不仅纠正法律所造成的缺陷，还要纠正法律的悖理性所造成的错误。

三、推荐版本

《尼各马科伦理学》，亚里士多德著，苗力田译，中国社会科学出版社，1999 年版。

第三节 |《道德原理研究》(1751 年)

一、作者简介

休谟（David Hume，1711—1776），休谟的整个道德理论，在他的有生之年影响不大。后因他的伦理思想得到边沁和密尔的继承、发挥，并得出“当与不当的尺度就是最大多数人的最大幸福”原则，使休谟的感觉主义、情感主义、自然主义的道德观在其身后的众多思潮中都留下了深刻的印记。

二、内容精要

《道德原理研究》是休谟对道德的集中论述。全书在论述道德的总原则之后，分别讨论仁慈、公正、政治、社会、功利、对自己有用的品质、直接令自己愉悦的品质和直接使他人愉悦的品质，以及论道德情感、论自爱、论公正等问题。

休谟所提出的道德总原则，基于他的经验主义认识论。主张一切经验知识无不来源于印象，认定情感源于原始的苦乐感觉。认为一切道德善恶之分和结论在根本上取决于人心内在的、自然的“道德感”。强调这种“道德感”绝不是纯粹感性的，相反，其中少不了理性的因素。理性服务于情感，从而指导意志，但理性在指导意志方面并不能反对情感。作者认为，情感的本性是最原始的印象或由此派生的反省印象，理性则是作为印象的复本之观念，因此二者在本源上是一致的。但是，人性的缺陷、情感的无常及相互冲突也是不可否认的经验事实。因此作者明确承认，情感与理性的冲突的解决办法是诉诸自然的普遍的同情原则。

在社会伦理方面，休谟肯定仁慈包括和蔼、温厚、宽容、感恩、友谊、慷慨，这既是人类普遍赞许的善良意志，又是人的本性可以获得的品格。公正和平等乃是人类社会处于既不非常富足也不十分贫困的中间状态时的社会德性，是一切市民社会必不可少的财产权观念的必然产物。因此，公正就源于它对公众的有用性，从而便产生了它的优点和道德义务。休谟断言，自然的本能情感便是区分财产权，是为了社会的幸福和安宁。但是，并非人人都具有充分的心理力量来恪守社会利益，并抵制眼前的快乐和好处的引诱，为此，需要政府、社会来规范。人们对社会德性的赞美全在其功利性，在于对公众的有用性。凡是危害社会和他人的行为都为人所不齿，会引起人们厌恶的感情。休谟批评了由人的自爱推出人人自私的理论，他既不否认人有自私的一面，又强调人性对社会公德的普遍赞同。

在个人的品质方面，凡是有害于本人的东西，如懒惰、马虎、邋遢、固执、粗鲁、轻信等，都总是被视为缺陷并受到责备，决不会有人赞之为德性。作者承认没有哪种品质是绝对应受责备的或绝对值得赞扬的。最后，休谟强调，同情或道德感无疑是自然的，是人的禀赋，是身体的自然构造，人人原本一律，乃至其更深的原因不必追溯也不可追溯。个人品德就在于它有利于个人或公众，其恶就在于它有害个人或公众，这是普遍的“自然的必然”。

三、推荐版本

《道德原理研究》，休谟著，周晓亮译，沈阳出版社，2001 年版。

第四节 《伦理学方法》(1855年后)

一、作者简介

亨利·西季威克 (Sidgnick，1838—1900)，19世纪英国著名伦理学家，出生于约克郡斯基普顿镇，1855年进入剑桥大学学习，毕业后留校任教。西季威克品德高尚，待人谦和，学术思想严谨，颇受当时英国学界敬重。其主要著作有《伦理学方法》、《政治经济学原理》、《伦理学史纲要》、《政治学原理》、《实践伦理学论文集》，《哲学的范围和联系》、《欧洲政体的发展》和《康德哲学与其他哲学讲演集》等。

《伦理学方法》是西季威克最重要的著作，自问世后，在短短30余年内出了第七版，成为19世纪末20世纪初英语世界中影响巨大的道德哲学文献，为道德哲学研究者的必读书。

二、内容精要

总论中，西季威克从界定伦理学范围和内容出发，思考了伦理学与政治学的关系，分析了“应当”这个术语在用于道德判断时的内涵，阐述了快乐和欲望的各自所指及其关系，对“自由意志”作出了自己独到的理解，确立了伦理学的原则和方法，辨析了利己主义的多种含义，概括了直觉主义作为伦理学方法的多层含义，最后阐明了“善”的内容。

第二编中，作者概述了利己主义目的和基本方法。对经验的快乐主义、客观的快乐主义、幸福与义务、演绎的快乐主义等方法一一进行阐述，论述了它们作为伦理学方法的内涵和意义，并对有关的常识判断或反对意见进行了驳斥。作者认为，对利己主义者来说，行为的合理目的是最大幸福或最大快乐，驳斥了把快乐等同于“一种我们试图引入并保留在意识中的感觉”和把苦乐等同于“动机力量”的观点，认为这些看法不符合人们共有的经验判断。“快乐是终极善”意味着：除了能感觉的个人在感觉到它时领悟为值得欲求的那种感觉之外，没有什么东西是最终值得欲求的。人们一直认为能够以经验根据来证明一个人的义务行为，总能给他带来最大的幸福。

第三编是全书中最重要的部分。作者以直觉主义的基本内涵为基点，考察了德性和义务，智慧和自制，仁慈、公正、法律和允诺，义务分类、诚实、其他社会义务与德性，有关自身的德性、勇敢、谦卑等，论述了作为道德判断的行为动机、哲学的直觉主义、终极善等问题。作者指出，德性的行为既包括超出行为者能力的值得赞许的行为，也包括义务的行为。智慧是指对手段、目的的正确判断，是一种德性，它包含着抑制欲望和恐惧的自制。公正是指人们在行为和社会关系中实现的品质。守诺的责任是相对于受诺者的，并且可以由受诺人取消的；守诺的责任不能超越优先的责任。

作者认为，道德准则足以担当实践的向导，但不可能被提高为科学的公理。正当行为实践上的决定作用依赖于终极善的决定作用。如果生命的某种品质是最终值得欲求的品质，必然会被视为是终极善。

第四编中，西季威克考察了功利主义的含义，功利主义同其他公认准则的关系，功利主义与常识道德的关系及功利主义的方法，直觉主义、利己主义和功利主义三种方法的相互关系；指出了功利主义与常识道德观之间的对立的表面性，以及基本的道德对立只存在于这两者与利己主义之间。

三、推荐版本

《伦理学方法》，西季威克著，廖申白译，中国社会科学出版社，1993年版。

第五节 |《伦理学体系》(1889年)

一、作者简介

弗里德利希·包尔生（Friedrich Paulsen，1846—1908），德国著名哲学家、教育学家，一生主要是在柏林大学从事教学和著述活动。主要著作有《哲学导论》、《哲学史》、《教育学》、《教育史》、《伦理学体系》等。《伦理学体系》建立了一套相当完整的伦理学体系，是西方传统伦理学体系化的一个可资借鉴的历史标本。

二、内容精要

关于伦理学的性质和职能。作者认为伦理学是一门实践的科学，并且居于各种实践科学之首。伦理学的职能就是“展示人生必须以何种方式度过，以实现它的目标或目的”。伦理学的方法不从概念来演绎和论证命题，而是发现存在于事实之间的联系。

关于人生观和道德哲学的历史纲要。包尔生在考察了西方人生观和道德哲学的发展以及各种道德文明总趋势的源头后，认为道德和人生理论的历史可以划分为三个主要时期：第一个时期是古代世界发展及其转换期，古代世界的人生观是自然主义，人性在文明生活中的完善是绝对的目标；第二个时期是基督教发展期，基督教的人生观是超自然主义的；第三个时期是近代发展期。对应这三个时期，也有三种道德哲学体系：古希腊伦理学从追求和行动的事实出发，提出什么是最终目标和怎样达到它的问题；基督教伦理学以道德判断的事实作为它的出发点；近代伦理学作为一个整体与古希腊伦理学联系更紧密。

关于善恶论和伦理学的基本概念。作者围绕“我们凭什么来确定善、恶，并进而确定什么是至善”问题，阐述了自己的思想。区分善恶的根据问题，伦理学史上长期以来一直存在着目的论与形式论的对立。目的论根据行为和意志，对行为者及其周围人的生活自然产生的效果来说明善恶的区别，认为有助于推进人类福利的即为善，反之，倾向于扰乱和毁灭人的幸福的行为即为恶。形式论则坚持善恶的概念是意志自身的绝对性质而无须涉及行为的效果和目的。包尔生试图调和两者的对立，认为在道德判断中应当把对人的判断和对事的判断区别开来。

关于伦理学的基本概念和原则。包尔生把良心定义为“对风俗的意识或风俗在个人意识中的存在”，认为良心的内容随着风俗变化而变化，批判了纯粹利己主义和纯粹利他主义。他认为对他人的义务与对自己的义务并不相互排斥，个人的幸福与集体的幸福非常紧密地交织在一起。对德性与幸福的关系，他认为，幸运可能发展了人性中一些令人厌恶的品性，而不幸却锻炼了意志，使人们联合、友好、公正和富有耐心，如果没有不幸和苦难，也不可能成就最高的道德完善。真正的幸福是所谓幸运与不幸的适当混合。

包尔生在如何培养德性问题上，一方面强调个体的心理经验，另一方面强调环境的作用。他认为，“全部道德文化的主要目的是塑造和培养理性意志使之成为全部行动的调节原则”。德性（即自我控制）是通过独立于短暂易逝的情感之外的理性意志，并调节着我们的行为，是全部道德德性的基本条件，是全部人类价值的基本前提，是人类本性的基本特征。

三、推荐版本

《伦理学体系》，弗里德利希·包尔生著，何怀宏译，中国社会科学出版社，1988年版。

第六节 |《新教伦理与资本主义精神》（1920年）

一、作者简介

马克斯·韦伯（Max Weber，1864—1920），著名社会学家、政治经济学家和伦理学家，生于德国埃尔富特，18岁考入海德堡大学学习，1889年获博士学位，并先后在柏林、海德堡和慕尼黑等大学担任教授。1903年，他与松巴特合作创办《社会科学与社会政策》杂志。主要著作有《经济与社会》、《儒教与道教》和《新教伦理与资本主义精神》等。

作者提出了著名的韦伯命题——新教伦理孕育了“资产阶级的经济伦理”，“哺育了近代经济人”，使资本主义精神得以确立和发展，从而造就了欧洲近代的理性主义和资本主义文明。韦伯的新教伦理是资本主义文明形成的内在精神原因的学说，本质上是德国唯心主义哲学传统的继承和发展。韦伯的独特之处在于论证了新教伦理与资本主义精神的契合关系。

二、内容精要

本书由导论、“问题”和“禁欲主义新教诸分支的实践伦理观”组成。导论简明扼要地说明了作者的研究目的和基本着眼点。阅读本书，首先要弄清韦伯命题和资本主义精神，然后才是宗教禁欲主义和天职观念。

（一）宗教的影响是造成东西方文化发展差距的主要原因

韦伯关注的两个问题。(1) 为什么近代资本主义文明最初发生在西欧，而未发生在其他地方？资本主义文明的合理性因素究竟何在？韦伯认为，对这个问题的回答不能只从欧洲的经济、政治和社会演变中去寻求答案。他将其归结为 16、17 世纪欧洲宗教改革所产生的新教伦理，特别是加尔文教的入世禁欲主义。入世禁欲主义及其所造成的经济理性主义，正是西方近代文明产生的伦理动因和精神基础。(2) 为什么一个具有普遍历史意义的特殊的理性主义文化，仅仅只在西方发生，特别是在西欧发生？为此韦伯从世界五大宗教中寻求反证，得出了这些宗教由于缺乏类似新教的那种天职观和入世禁欲主义，落在神秘主义和出世禁欲主义的伦理层面上，故无法产生现代资本主义的经济行为、形成类似西欧资本主义那样的文明。

（二）资本主义精神是近代欧洲所独具的价值体系

韦伯对资本主义精神的阐释，是从富兰克林的文章引证分析开始的。他认为富兰克林所说的“时间就是金钱，信用就是金钱”的格言正是典型的资本主义精神；体现资本主义精神的实质不在于对金钱的追求，而在于将赚钱与天职观念联系起来，由此合乎理性地使用资本和按照资本主义方式合乎理性地组织劳动；资本主义精神是一种合理的谋利和尊重伦理的生活态度，一种将赚钱视为天职但又不是为了个人享受的观念或精神气质。

（三）资本主义精神的产生是与新教伦理分不开的

韦伯对新教诸派伦理——路德宗、加尔文宗、虔信派、循道宗、浸礼宗的历史进行了考察，指出，大相径庭的教义基础也可以与相近的伦理准则相贯通。新教伦理作为新教诸教派的共同伦理，包含着许多方面的内容。(1) 天职观念，这是所有新教教派的核心教义，即上帝应许的唯一生活方式，不是要人们以苦修的禁欲主义超越世俗道德，而是要每个人完成自己在世俗生活中应尽的职责和义务。(2) 预定论，认为上帝不是为了人类而存在的，相反人类的存在完全是为了上帝。尘世中的每一个人只有一种生存意义，即服务于上帝的荣耀和最高权威。韦伯指出，由于其极端的非人性，必然给人们的生活带来前所未有的孤独感。(3) 禁欲主义，韦伯指出加尔文教把限制个人消费或享乐同合理谋利的行为结合起来，产生的结果必然是“节省的禁欲导致了资本的积累”。除以上所述之外，还有勤劳观念、善功观念、良心观念、平等观念等，它们一并构成新教伦理的完整体系。

韦伯把新教伦理与资本主义精神贯通起来所作的一体化思考，有着历史考察与理论论证两大路径，是历史分析与理论分析或历史与逻辑的有机统一。它们的关系概括为：(1) 新教伦理的“预定论”及“恩宠说”塑造了资产阶级的典型人格；(2) 新教伦理的“天职观”造就了资本主义务实求真、发奋图强的精神或生活态度；(3) 新教伦理的“入世禁欲主义”推动了资本主义生活方式的发展。新教伦理在重视一个人的天职观念或职业责任感的同时，更强调一种肉体方面和物质方面的享乐都要受到严格而系统地控制的生活方式。

最后，韦伯得出一个总体性的结论：现代资本主义精神以及全部现代文化的一个根本要素，即以天职思想为基础的理性主义行为，正是从基督新教的禁欲主义中产生出来的。

三、推荐版本

《新教伦理与资本主义精神》，马克斯·韦伯著，于晓译，三联书店，1987年出版。

第七节 | 《存在与时间》(1927年)

一、作者简介

马丁·海德格尔 (Martin Heidegger，1889—1976)，是20世纪最重要的哲学家之一，是存在主义哲学的主要代表，德国哲学界最有创见的思想家。他出生于德国的梅斯基尔布，1922年被任命为马堡大学的特别教授；1928年回到弗赖堡继承胡塞尔的哲学讲席，推进“现象学运动”。主要著作有《存在与时间》、《现象学的基本问题》、《什么是形而上学》、《论真理的本质》、《尼采》、《艺术作品的本源》和《哲学的终结与思的任务》等。《存在与时间》一书奠定了海德格尔作为西方现代哲学大家的地位。他对生存状态的描述，对于当代伦理学研究具有巨大的启发意义，为伦理学的研究提供了十分宽广的视野和深刻的方法论指导。

二、内容精要

海德格尔在导论中论述了许多哲学的基本问题，提出自己“现象学”的研究方法。他认为“一种世界观的哲学是完全不可能的，真正的哲学与世界观毫无关系”。存在是一个普遍的概念，是一个不可定义的概念，存在就是存在者的存在。他还提出“此在”的概念，认为“此在”是时间的观点，时间是为一切存在的境域。“此在”是时间，也是一种存在。

在第一篇中，作者指出：“这里所分析的存在者总是我们自己。这种存在者的存在总是我们存在。”因此，对于“此在”这样的存在者来说，其基本的问题就是它自己的存在，因为每个人的存在向来都是属于“我的”。“此在”的存在样式就在于它去存在，存在者的存在必须通过它自己的“生存”来理解。“此在”的本质就在于它的“生存”，在于它的超越性。“在世存在”是“此在”之存在的基本机制。“此在”具有非本真的和本真的两种存在模式。

在第二篇中，作者探讨“此在与时间”的问题，分析了“死亡、良知和决断”。认为死亡是人的存在的最固有的可能性，而且，死亡是肯定无疑的。由于人把死亡看作只是在将来才会发生的，与现在无关，所以就把死亡贬低为微不足道的事。因而，这就掩盖了一个基本事实，即死亡在每一个瞬间都是可能的，同时也遮蔽了人的基本的存在样式——向死存在。只有面向死亡而在世，“此在”才达到它的最高的本真性。“此在”从自身的潜能中见证这种现象，便是“良知的呼唤”。良知的呼唤实际上是“此在”向自己的呼唤，并且以沉默的方式向自己呼唤，被呼唤的并不是什么在内容方面被规定了的东西，而是唤醒“此在”去成为最本己的自身。“这种缄默的、时刻准备的、向着最本己的罪责存在的自身筹划，我们称之为决断。”决断就是让自己被唤向前、唤向最本己的罪责存在。关于时间的问题，作者认为历史性是建立在时间性之上的。人的时间性并不是因为他处于时间之流中，而是因为时间性构成他最为内在的本质核心。同样，人是历史的，也不是因为他被编入历史的“客观”过程中；相反，客观的历史之所以可能，是因为“此在”本身是由历史性构成的。

海德格尔描绘了一幅图景：人是一种未被问及就被抛到这个世界上来的——即有限的、在生死之间的、被置于无法说明状态中的、在最深的根底里充满了烦和畏的微不足道的受造物。这个受造物与周围环境发生照料的关系，与他的同类发生照顾的关系，与他自己发生忧虑的关系，并通过反复地占有既往的东西而把握住自己的历史。然而，人的最内在核心就是时间性。时间性是一种在其中能够对人的此在获得真正理解的媒介和视阈。

三、推荐版本

《存在与时间》，马丁·海德格尔著，陈嘉映译，三联书店，2006年版。

第八节 | 《文明及其缺憾》(1930年)

一、作者简介

西格蒙德·弗洛伊德（Sigmund Freud，1856—1939），精神分析学创始人、弗洛伊德主义的缔造者。将精神分析学的原则、观点用作解释个人、历史和文化现象，从而使精神分析学发展成为一种哲学人类学体系，并广泛渗透到其他社会科学领域，在西方成为一种具有世界影响力的思潮。其主要著作有《歇斯底里研究》、《释梦》、《性论三讲》、《精神分析的起源与发展》、《图腾与禁忌》、《精神分析引论》、《文明及其缺憾》和《精神分析引论新编》等。

二、内容精要

本书集中阐述了作者的文明观，讨论的中心主题是人类文明和人性本能的关系及其发展。作者认为文明意味着对人性的压抑，但并不否认文明是人类进步的标志和尺度，而仅仅指明它同人性本能之间实际的对抗关系，以期创造出更适合人性的文明。

在第一部分内容中，作者认为人生的目的是追求幸福，获取幸福的方式是多种多样的。由于人类发展中一部分态度或本能冲动保持不变，而另一部分却向前发展了，所以“在精神生活中，过去的保留是一条规律而不是例外”。从人们本身的行为表现看，人生目的无疑是追求幸福，但从本质上讲，人的幸福只能是一种暂时现象，人更容易体验到痛苦。作者还列举和分析了十几种追求幸福的方式，其中肯定三种方式：一是借助于本能的升华，从内部的心理方面寻找满足，从而独立于外部世界；二是利用可转移性，但不脱离外部世界，而是通过与外部世界感情上的联系而获得幸福；三是对美的欣赏、享受。最后得出结论：人绝对达不到快乐原则所要求的幸福，但我们仍然要努力去追求幸福；通向幸福的道路多种多样，每个人都要寻找适合于自己的获得幸福的特定方式；这里起决定作用的是个人的心理特性，与外部环境没有关系，任何极端的选择都要受到惩罚，决不可以把所有的满足都寄托在一个抱负上。

在第二部分内容中，作者认为文明标志着人类的进步，但却是对人性的压抑，文明就是“所有使我们的生活不同于我们的动物祖先的生活之成就和规则的总和”。作者列举了文明的四种具体形态：（1）一切有助于人类改造地球使之效劳于人类生活的活动与资源；（2）美、清洁和秩序；（3）较高级的精神活动；（4）社会制度和行为规范等。作者还从两个方面来论述文明对人性的压抑。第一方面，文明同个人的幸福的关系。人在自然面前是一种弱势群体，靠个体的力量简直不能生存，必须联合起来进行劳动以改造自然才能活下去。但是，人们的联合是以克服个人擅自行动为前提，要求“团结一致”，人类才有可能共同生活。因此，文明产生的必然性就表明它是以牺牲个人自由为代价的。第二方面，文明对待性本能的态度。文明产生的内部根据是爱的力量，但文明与爱之间有着不可避免的裂痕，表现为：（1）家庭与个人所属的更大的集体之间的冲突；（2）妇女与文明的对立关系；（3）文明形成的禁忌、法律和风俗必然意味着对性本能的限制和压抑。最后，作者认为文明发展还要以对进攻本能的压抑为基础。

最后两章主要讨论“文明是如何具体实施对人性的压抑，使得人的行为朝向它的目的和要求”的问题。作者回答道：“文明让个人的进攻性转向内部，即在个人心中建立一个力量，它以良心的形式监视着个人的进攻愿望，个人只要做了坏事或仅仅萌生做坏事的欲念，它就通过内疚感来让人产生一种对惩罚的需要，并自己惩罚自己。”“良心是超我的一个功能，内疚感则是严厉的超我和受制于它的自我之间的紧张关系。”内疚感的产生有一个外部影响的动机，是个人“对丧失爱的惧怕”，坏事就是“使个人受到失去爱的威胁的事物”。弗洛伊德委婉地借他人之口说，文明对人类并无太大价值，“整个努力不值得这样劳民伤财”。

三、推荐版本

《文明及其缺憾》，西格蒙德·弗洛伊德著，傅雅芳译，安徽文艺出版社，1987 年出版。

第九节 ｜《儿童的道德判断》（1932 年）

一、作者简介

让·皮亚杰（Jean Piaget，1896—1980），出生于瑞士纳沙特尔，杰出的心理学家、生物学家和哲学家，发生认识论创始人。他先后任瑞士心理学会主席、法语国家心理科学联合会主席、第 14 届国际心理科学联合会主席。长期担任联合国教科文组织领导下的国际教育局局长和联合国教科文组织助理总干事之职。为了致力于研究发生认识论，他于 1955 年在日内瓦创建“国际发生认识论中心”，集各国许多专家、学者研究发生认识论，对其概念、知识形成过程和发展进行多学科的深入研究。主要著作有：《儿童的语言和思想》、《儿童的判断和推理》、《儿童的道德判断》、《儿童智慧的起源》、《儿童符号的形成》、《智慧心理学》、《逻辑学与心理学》、《从儿童到青年逻辑思想的发展》、《儿童逻辑的早期形成》和《发生认识论导论》等。

二、内容精要

（一）游戏的规则

皮亚杰认为，儿童的游戏构成了一种最好的社会制度。他对儿童道德判断的研究就从儿童如何尊重规则开始。发现规则的实践可以分成四个连续的阶段：第一阶段是具有纯粹运动性质和个人性质的阶段；第二阶段是自我中心阶段；第三阶段是刚出现的协作阶段；第四阶段是规则编集成典的阶段。并对规则的意识形成进行了分析，认为儿童在服从命令的时候，也在不知不觉中全部吸收了这些对规则的感情和思想。

（二）成人的约束和道德实在论

皮亚杰通过对儿童关于责任和一般道德价值的观念的研究，探讨单方面的尊重或道德约束所造成的结果。发现年幼儿童的道德判断往往根据一个人的行为后果，而不是他的意图来判断责任的大小。提出了“客观责任”的概念，即指儿童对行为作出判断时主要是依据行为的实质后果，而不考虑行为者的主观动机。为此，作者设计了三套问题，让儿童根据问题的内容作出判断。结果表明，随着儿童年龄的增长，客观责任观逐渐被主观责任观所取代。皮亚杰认为，在儿童道德判断的演变中，存在有成人式的约束和相互协作两个不同的过程。儿童随年龄而变化，对说谎的意识也表现出了在互惠方向上明确的进步，单方面尊重让位于相互尊敬。同时，皮亚杰还论述了道德实在论，即指儿童不得不把责任和责任的价值看成是自在的、不受内心支配的。他发现在道德思维中存在“有效的道德思维”和“理论的或言语的道德思维”两种不同的活动。而儿童的道德思维既可以隶属于从单方面尊重中产生的那些规则，也可以隶属于基于相互尊重的那些原则。儿童道德的约束同智慧的约束有着密切的关系，儿童只是严格地从字面上理解他从外部接受的规则与他们对成人强加于他们的态度是极其相似的。道德实在论的产生，似乎是儿童自发的思想和成人所施加的约束结果。

（三）协作和公正概念的发展

皮亚杰通过对儿童“公正”观念发展的研究发现，儿童随着年龄的增长逐渐从他律过渡到自律的过程。他设计了几种不同类型的惩罚问题对儿童进行询问，结果表明，随着年龄的增长，儿童关于惩罚所做的判断有着一定的变化。接着，他又设计了三组情境故事来考察儿童对惩罚公正性的判断。结果表明，儿童在惩罚的领域内比在平等公正的领域内更快地发现了成人的错误。在探讨集体的责任和“内在的”公正的问题上，作者认为儿童的年龄越小，他们对抵罪惩罚的可靠性和普遍性信念就越坚定。而且，只要协作性道德达到支配约束性道德的程度，那么，这种信念将在其他价值之前消退。最后，皮亚杰讨论了关于儿童之间的公正以及公正与协作的关系，认为儿童之间的惩罚几乎不可能建立在权威的基础之上，它们属于“回报的”惩罚，这些惩罚增进了儿童之间对团结和平的欲求，因而是“公正的”。公正和团结的发展是互相关联的，是随着儿童的心理年龄而变化的。

（四）儿童的两种道德以及社会关系的类型

皮亚杰讨论儿童的两种道德观以及社会关系的类型问题。他将自己在道德心理学方面的研究成果应用于道德社会学问题的讨论中，通过评述涂尔干的责任论和权威论、情操发生论和关于儿童良心自主的教育理论，从道德社会学的角度来说明儿童的两种道德观——权威的道德和互敬的道德。

三、推荐版本

《儿童的道德判断》，让·皮亚杰著，傅统先译，山东教育出版社，1984 年版。

第十节 |《正义论》(1971年)

一、作者简介

约翰·罗尔斯(John Rawls，1921—2002)，当代著名哲学家、伦理学家。出生于美国马里兰州巴尔的摩市，1950年获博士学位，先后在普林斯顿大学、康奈尔大学、麻省理工学院和哈佛大学任教。主要著作有《正义论》和《政治自由主义》。

二、内容精要

(一)“理论”篇

作者提出“作为公平的正义”的理论。认为正义是社会制度的首要价值，具有保障平等的公民自由和权利、解决个人利益之间的冲突、推进所有参加者的利益的合作体系、构成组织良好社会的重要作用。他提出了正义的两个原则：一个原则是平等自由原则；另一个原则是差别原则和机会公平原则。这两个原则有着两个优先规则：即自由的优先性和正义对效率、福利的优先性。

(二)“制度”篇

作者通过描述一个满足正义原则的社会基本结构和考察正义原则所产生的义务和职责来说明两个正义原则的内容。首先，作者指出满足正义原则的社会基本结构之主要制度是立宪民主制，这是实现政治正义的根本。在此制度中，正义原则的运用有四个阶段的序列：(1)各方在原初状态中选择正义原则；(2)立宪阶段；(3)立法阶段；(4)运用法规。自由的定义问题充其量只具有辅助的作用，重要的是自由的实质问题。第二个正义原则，说明一种在现代国家背景下满足它的要求的制度安排，目的在于弄清两个正义原则是怎样被当做评价经济、政策及其背景制度的标准的。分配份额的正义依赖于要被制定的社会最低受惠值的水平。对于义务和职责的概念，他认为义务和职责是适用于个人的道德原则，是从正义原则中产生的，是正当观念的主要部分。

(三)“目的”篇

作者论证正义论的目的，在于考察作为公平的正义是否可行。首先，他提出需要一种综合性的善理论，并将善理论分为两种：一种是善的弱理论，用来解释原初状态中人们对于基本善的合理偏爱和选择正义原则的合理性，以此说明正义优先于善；另一种是善的强理论，从已经确立的正义原则出发来规定、解释道德价值概念和道德善。他认为，一个组织良好的社会是一个有利于发展成员们的善的社会，并由一个公开的正义观念有效地调节着的社会。对于正义的善，他认为，在一个组织良好的社会中，一个人的合理生活计划支持和肯定着他的正义感，一个人行为的自律源于对自己的理解和接受。而且，幸福是合理生活计划的成功实现。正义与善不是对立的，人们按照正义观点去选择、行动的调节性欲望本身就从属于他们的善，正义与善的一致正是决定着稳定性或控制不稳定倾向的关键因素。

三、推荐版本

《正义论》，约翰·罗尔斯著，何怀宏译，中国社会科学出版社，2001 年出版。

第十一节 | 《无政府、国家与乌托邦》(1974 年)

一、作者简介

罗伯特·诺齐克（Nosich，1938— ），当代美国著名哲学家、伦理学家。1963 年获普林斯顿大学博士学位，并留校任教，1965 年转入哈佛大学任教，1967 年起任该校哲学系教授。主要著作有《无政府、国家与乌托邦》和《哲学的解释》。

二、内容精要

在第一篇中，作者对最弱意义国家的起源进行探讨。他认为必须从自然状态、无政府状态开始，如果能够展示国家优于并改善了最好的自然状态，就能证明国家是正当的。人们在最好的自然状态中，由于判断不当和对个人权利的私自强行，导致了种种不便，因此，一些人联合起来，形成相互保护性的社团。作者提出了“超弱意义的国家”概念，认为它是私人的保护性社团向最弱意义国家的过渡。“最弱意义国家”就是在它的基础之上通过税收或再分配，为所有人提供保护的支配性保护机构，功能仅限于保护它所有的公民免遭暴力、偷窃、欺骗之害，并强制实行契约等。从最弱意义国家的必要性角度，诺齐克展开了从私人的保护性机构到超弱意义国家的转换、再到最弱意义国家的转换的道德合法性的论证，以强调道德上的合法性。

在国家篇中，诺齐克认为最弱意义国家是功能最多的国家。任何比它更有权力、管事更多、功能更多的国家，都会侵犯人们的权利，在道德上都不是合法的或可证明的。他提出了“持有正义”的概念，其核心是“资格理论”。这一理论认为，持有正义与资格理论是历史的，持有是否正义依赖于它是如何演变过来的。由目的原则，或模式化的持有正义原则，赞成的任何模式都将转变为它的反面，并可导致四个严重问题：一是它侵犯个人的自由；二是它变成了彻底的个人主义；三是它确定了对人们及其行为和劳动产物的部分所有权；四是它违反了道德边际约束。在批评、否定模式化原则的基础上，诺齐克集中讨论了持有正义理论与罗尔斯正义论的主要分歧。这些主要分歧是：1. 关于社会合作与正义的关系；2. 关于差别原则对社会合作的意义；3. 关于分配原则的产生；4. 关于自然资质对分配的影响。作者认为，把平等与自尊联系起来是有道理的，嫉妒也隐藏在平等要求背后。

在乌托邦篇中，作者认为乌托邦理论家们的关于乌托邦社会的所有条件是矛盾的，而他们所讨论的主题，不是满足了所有人愿望的最完善的乌托邦，而是最弱意义国家，是所有可能世界中最好的世界。他通过三条思路来论证他的乌托邦结构的可行性。第一条思路从人是有差别的事实开始。在乌托邦中，并不存在一个所有人都能在其中生活得最好的社会，人们自由地联合起来，各自追求和实行自己认为好的生活观念，任何人都不可能把自己的乌托邦观念强加于他人。因此，乌托邦社会是一种人们在其中可进行各种乌托邦试验、可自由地做自己事情的环境。第二条思路是使所有的善机会相等，允许各种共同体作为选择对象出现，让每个人都能选择最符合自己价值观的共同体。第三条思路是建立在人们是复杂的这一事实基础上。乌托邦结构的运行，不可能达到一个所有人都能在其中生活得最好的社会，而只是发现最好社会性质的最好手段。正是各种特殊共同体实现了许多人的不同理想，这一乌托邦结构才有生气、活力。最终，不侵犯个人权利的国家，才是能最好地实现许多人的特殊理想的可欲求的国家。

三、推荐版本

《无政府、国家与乌托邦》，罗伯特·诺齐克著，何怀宏等译，中国社会科学出版社，1991 年版。

第十二节 | 《自私的基因》（1976 年）

一、作者简介

理查德·道金斯（Clinton Richard Dawkins，1941—　），当代著名的进化生物学家和行为生态学家，出生于肯尼亚一位英国农学家的家庭，获得英国牛津大学动物学博士学位。道金斯的著述一向思想新颖、文笔优美、通俗易懂，其风格乃是以科普形式阐发自己的研究成果和学术思想。主要著作有《自私的基因》、《盲钟表匠》和《流出伊甸园的河》。

二、内容精要

全书共 13 章，大致可分为七个部分。开篇，作者就表明基因本身就是自然选择的基本单元，个体和群体都是基因行为工具的观点。

第二部分，为了探讨基因自私性的起源，作者拟定了一个包括“适者生存”在内的宇宙论——即稳定者存在。生命起源的关键步骤是在“原始营养汤”中产生出稳定的复制者。复制者是宇宙进化的一个新阶层，具有与生俱来的自私性。随着竞争激烈程度的增加，成功的复制必定要捕获更为复杂的结构并与之协调一致。原始复制者终于从无机盐演替为 DNA。基因是 DNA 的一小部分，是高度群居性的群体——染色体。基因为了达到自身的目的，通过性的途径来实现不停地变换群体。基因的唯一特性是稳定性，唯其如此才被选择为遗传单位。生物的多样性也正是基因自私性的产物：等位基因的竞争导致等位基因数量的增加，造成群体中的个体差异；非等位基因间的竞争导致染色体的差异，从而导致种群的分化。

第三部分，作者认为生物个体最初作为基因的贮存器而存在，作为一个保护屏障，使基因能够抵御其竞争对手所发动的化学战及意外的分子轰炸。动物的行为对基因具有一定的自主性，它归根结底由基因决定。基因对未来的发展具有预见性，它把应付环境的各种策略都贮存在自己的软件中，指导胚胎与成体的发育。基因对动物行为的预见具有风险性，它通过控制动物的单个行为来适应环境。基因的自私性并不意味着个体间缺乏利他性合作，恰恰相反，基因为了实现自身的自私性，大大地发展了利他性。利他性往往建立在个体间的沟通上，求爱、避害、求助等都是沟通方式。

第四部分中，作者认为当食物或配偶短缺时，同类个体会互相残杀。这种行为被称为“生物进化的稳定性策略”。它一旦被自然选择确定，就会稳定下来，成为各个种群的行为模式，偏离者将被淘汰。而且，在利他行为中，动物对近亲和无亲缘关系的同类会有所区分，对近亲的利他性远远大于对非亲个体的利他性。动物的群居行为是一种“人人为我，我为人人”的相互利他行为。从生态稳定性的角度看，生育与抚养的混合策略在进化上是能够稳定的，单纯抚养的个体会被精于生育的个体所取代。父母对儿女的偏爱乃是亲代投资不均等的结果。

第五部分探讨人类文化行为时，作者先造了“拟子”一词，意义接近于“复制”。人类文化的传承乃是因为学习、记忆和模仿的结果。如同基因，“拟子”也是自私的，它只关心自己的繁殖和传播，但不像基因那样存在等位竞争，它较类似于早期的“复制者”，自由地流转于思想或文化库中。“拟子”竞争的关键因素是时间和容量。持续的时间较长，占有的容量空间较大，就可以在竞争性中获胜。虽然“拟子”与基因有着多方面的可比性，但对人类文化的进化和生物进化的辩护却是没有充足理由的。生物进化与文化进化毕竟是两种不同的进化，“拟子”只是说明了文化的进化模式，而不是文化的内容。更为重要的是，人类具有独特的预期意识和目的，而基因却没有。

三、推荐版本

《自私的基因》，理查德·道金斯著，卢允中译，吉林人民出版社，1998 年版。

第十三节 |《德性之后》(1981 年)

一、作者简介

阿拉斯代尔·麦金太尔（Alasdair Chalmers MacIntyre，1929— ），当代英国著名的道德哲学家，德性伦理学的主要代表人物，出生于苏格兰格拉斯哥。他先后在英国的曼彻斯特、牛津、利兹和美国的普林斯顿、艾色克斯、波士顿等大学任教。主要哲学论著有《马克思主义与基督教》、《对时代自我形象的批判》、《德性之后》、《三种对立的道德探索观点：百科全书、谱系学和传统》和《第一原理、终极目的与当代哲学问题》等。

《德性之后》出版后，立即被西方思想界认作是对当代道德哲学所进行的最重要和最富有争议的批判。麦金太尔突出贡献在于他研究道德问题的独特理论视角，融合了社会学、心理学、文学、宗教学、历史学等知识，进行总的社会背景分析，用健全的理性反对极端的唯理性论和唯情感论，抨击教条主义和相对主义，强调对社会的责任，从而把道德从观念的领域拉回到社会现实。

二、内容精要

本书分为三部分：当代道德危机及其根源、西方传统的德性理论和新德性论。

书中，作者表明的一个基本观点是：我们处在一个无法解决争执和无法摆脱困境的道德危机时代。首先，以现实生活中三个富有代表性的例子——关于现代战争的争论、关于人工流产的争论和关于教育权利及医疗权利的争论来论证自己的观点。作者指出在这些争论中，双方谁也无法说服对方，是因为他们所使用的概念之间存在着一种不可通约性。当代的道德分歧中没有别的，有的只是对抗着的意志。当代所有的道德争论成了纯粹断言与反断言的尖声叫喊过程，道德处于严重的无序状态之中。接着，作者剖析了造成这一危机的现实和历史的原因。他认为，现实的原因在于情感主义，而历史的原因则要到自启蒙运动以来为道德进行合理性证明的运动中去寻找。当代道德状况可归结为一个主义——情感主义。情感主义的特点是以自身为道德评价的标准，对任何事物都可以从自我采取的观点出发，并自由选择他想成为的人及生活方式。这种没有任何社会规定性的自我，是当代道德问题的现实根源。他对西方道德传统进行了深刻的反思：现代社会所存在道德危机的历史根源，在于启蒙运动以来对道德合理性论证的失败，在于现代道德研究的非历史主义倾向——摒弃传统，拘泥于外在规范。启蒙运动以来证明道德的方案并没有真正实现，原因就在于它摒弃了亚里士多德的传统。针对当代的道德无序状况和道德危机，作者以文化拯救者的姿态给自己提出的任务是：（1）重述亚里士多德主义的传统道德；（2）建立自己的德性理论，并恢复亚里士多德的传统道德在现代社会中的生命力。

作者考察了中世纪、亚里士多德、雅典及英雄社会等各时期的德性理论，其目的就是要在这一整体历史背景中去把握亚里士多德德性论的真义。他认为，英雄社会的德性与社会结构是紧密相连的；英雄社会的德性理论是保持一个自由人在他的角色中的那些性质和活动中所要求的品性。中世纪的西方道德是“一个始终处于跟亚里士多德对话的关系中的传统”。因此，中世纪运用修正，扩展了亚里士多德观点的多样性，并真正推进了传统。

重述了西方的道德传统之后，作者指出，许多传统德性的观点各不相容，缺乏一个核心的德性概念，因此，有必要从中理出一个新的、统一的作为核心的德性概念来。麦金太尔提出了自己的德性论。(1) 从实践的角度来界定其德性概念。他认为德性只有依据实践才能获得其意义。实践通过任何一种有着社会稳定性的人类协作方式，在追求达到这种协作活动本身的卓越过程中，实现其内在利益。(2) 从个人与整体的关系角度来界定其德性概念。认为现代个人生活的整体性已然丧失——每个人的生活都被不同的角色分割成许多片段而散布于不同的领域之中。在每一领域中都有准则和行为模式，个人只要遵循这些准则和行为模式就能成为有道德的人。(3) 引入传统概念来限定其德性概念。作者进一步认为，传统的传承还须通过德性的践行才能得以实现，德性本身也是传统的承载者。当代西方文化是以个人主义和官僚主义占支配地位的文化，在这种文化中，德性成了边缘性的概念。现代的德性不再是对整体“善”的追求，而沦落成了现实外的利益工具。功利和权利取代了以往德性概念在社会生活中的中心位置。基于此，现代社会正处在德性之后的时期。

三、推荐版本

《德性之后》，阿拉斯代尔·麦金太尔著，龚群等译，中国社会科学出版社，1995年版。

第五章 | 教 育 学

教育学（Education），是研究教育现象和教育问题，从而揭示教育规律的一门社会科学。教育学的研究任务就是通过研究形成教育的一系列概念，揭示教育的基本规律，阐明教育的诸多问题，建立教育学的理论体系。教育学研究范围包括：教育的一般原理、教育论、课程论、教学论和学校管理理论等部分，随着教育理论与实践的发展，教育学的研究领域不断拓展，教育学的分支学科不断衍生。教育学史上的流派众多，如：泛智教育思想、绅士教育思想、自然教育思想、主智主义教育思想、幼儿园教育思想、实用主义教育思想、要素主义教育思想、永恒主义教育思想、存在主义教育思想、结构主义教育思想、终生教育思想、“个体全面和谐发展”教育思想等。

艺术和教育学的关系十分密切。历史上，大量的艺术论著包含着丰富的教育学思想，教育学也非常重视艺术的作用，如西欧的“四艺”、中国的“六艺”。今天把两者结合起来，能更好地研究属于各自领域的现象、创造活动及其规律。

第一节 |《大教学论》（1632 年）

一、作者简介

夸美纽斯（Comenius，1592—1670），捷克著名教育理论家和实践家，资产阶级教育理论的奠基者之一，泛智教育思想的代表人物。1592 年出生于一个磨坊主家庭，12 岁时，他父母双亡，在兄弟会和亲友的资助下进入拉丁学校学习。中学毕业后他进入德国赫波恩学院神学系学习，后来又转到海德堡大学。在此期间，夸美纽斯阅读了许多思想家的著作，结交了具有先进思想的改革家。1614 年他回到祖国，在自己的母校普雷拉乌拉丁文法学校任教，后开始担任神职。“三十年战争”期间逃离捷克，从此一直流亡国外，从事学校教育改革、研究工作。曾担任过匈牙利政府的教育顾问并创办一所泛智学校。1670 年去世，主要著作有《母育学校》、《世界图解》、《大教学论》。

二、内容精要

夸美纽斯说：“这本《大教学论》的主要目的是在：寻找一种教学的方法，使得教师因此可以少教，但是学生可以多学；使得学校因此可以减少喧嚣、厌烦和无益的劳动，多具闲暇、快乐和坚实的进步……”在该书中，夸美纽斯倡导泛智教育，主张教育应遵循自然，强调教育在社会发展中的作用，论述了教育在人的发展中的作用、教育的最佳年龄、教学原则及教育制度等。《大教学论》为历代教育家所瞩目。书中所提出班级授课制是教育史上的进步之举，所提出的直观教学等一系列教学原则一直沿用至今。由于时代的限制，本书也有其局限性。如：过分强调“适应自然原则”、坚持基督教的基本信条等，使得本书具有神秘的宗教神学色彩。

（一）教育的目的和教育、学校在人的发展中的作用

作者认为，教育的目的，就是要从知识、道德、虔信、艺术和身体等方面去发展人。学校的产生为少年儿童接受教育创造了必要的条件，建议一切城镇乡村的男女儿童，不分富贵贫贱，都应该进学校。他坚信人受教育而能获得发展的可能性，驳斥"智力迟钝"儿童不宜学习的论调。

（二）设立新学校的基本原理

夸美纽斯所提倡的新教育体系主要有以下内容：（1）所有青年都能受到教育；（2）他们能学到一切可以使人有智慧、有德行、能虔信的科目；（3）教育是生活的预备，能在成年以前完成；（4）实施教育不用严酷或强迫方法，而用温和、轻快、自然的方法；（5）这种教育应是真实的、彻底的；（6）教育是轻松的，课堂教学每天只有4小时，一个教师可以同时教几百个学生，而所受的辛苦只有教一个学生的十分之一。作者提出了教学五项原则：延长生命的原则；精简科目，使知识能够更快地获得的原则；抓住机会，使知识一定能被获得的原则；开发心智，使知识容易获得的原则；使判断力变锐利，使知识能够彻底地被获得的原则。

（三）教学理论

夸美纽斯指出，良好的学校组织主要在于工作与休息分配得当，有赖于读书、松缓、紧张的间隙与娱乐的分配。为此，夸美纽斯着重对教学的便易性、彻底性和迅速性原则进行了阐述，提出了许多宝贵的建议。如：废除强制灌输的方法，多方激发儿童学习的自觉性和主动性；教学应从观察开始，运用直观方法；教学内容的安排要由易到难，由简到繁，由近及远，从一般到特殊，务使先学的为后学的扫清道路；依据学生的智力特点安排课程；加强练习、实践以巩固知识；实行班级授课制，制订详细的教学计划；等等。

（四）各科具体教学法

作者认为，讲授科学必须遵守下列规则：（1）向学生讲授所有应该知道的事物；（2）所教的内容能在日常生活中应用；（3）要通过事物的原因去教；（4）先教事物的一般原则，后教事物的细节；（5）一切事物都必须按照适当的顺序去教授；（6）要强调事物之间的区别，使学生得到的知识更清晰和明白。艺术的教学必须强调模仿、练习和不断地实践。语文教学要注意掌握语法规则、同事物的学习相联系、多实践运用这三个问题。在道德教育方法上，他提出了以下建议：（1）主要的德行，如持重、节制、坚忍与正直应当首先培植；（2）持重应当从接受良好的教导，从学习事物间的真正区别和那些事物的相对价值去获得；（3）节制应当在儿童的饮食、睡眠与起床、工作与游戏等方面去培养；（4）坚忍应当从自我克制中学习；（5）德行应该在邪恶尚未占住心灵之前早早就教；（6）德行是由经常做正当的事情学来的。

（五）统一的学校制度以及各级学校的基本方案

夸美纽斯认为，人从诞生到 24 岁是青春岁月，是培养才智的时期。这 24 年的时间可分为四个阶段：婴儿期、儿童期、少年期和青年期，每期六年，相应地建立符合其年龄特点的学校。对 1～6 岁的幼儿由母亲进行学前教育，对 6～12 岁的儿童进行初等教育，对 12～18 岁的少年进行中等教育，对 18～24 岁青年中的“智者”进行高等教育。

三、推荐版本

《大教学论》，夸美纽斯著，傅任敢译，教育科学出版社，1999 年版。

第二节 |《林哈德和葛笃德》（1781—1787 年）

一、作者简介

裴斯泰洛齐（Pestalozzi，1746—1827），要素教育思想的主要代表人物。生于瑞士苏黎世一个医生家庭。5 岁丧父，幼时目睹了农民和手工业者的生活艰难，萌生出“长大后一定要帮助穷人”的愿望。在卡罗林学院学习时，他受到卢梭的《爱弥儿》、《社会契约论》思想的深刻影响，强化了他的民主主义思想倾向。因参加进步学生团体组织活动，他受到当局迫害而被迫辍学。1768 年他筹办“新庄”示范性农场，进行改善农民生活的实验；1774 年创办“贫儿之家”；1799 年创办施坦兹孤儿院；1800 年与友人在布格多夫城创设了一所寄宿制中学，进行教学方法的改革，1804 年该校迁往伊佛东后，成为名震全欧的学校。1827 年裴斯泰洛齐在故乡与世长辞。主要教育著作有：《隐者夜话》、《林哈德和葛笃德》、《论教学方法》、《葛笃德怎样教育她的孩子们》和《天鹅之歌》等。

二、内容精要

本书通过女主人公葛笃德的言行以及她对儿童教育的活动、县长亚尔纳对教育的关心和支持、坡那镇学校校长格吕菲对教育的改革与探索等描写，表达了裴斯泰洛齐的教育理想。其意义在于充分体现了作者教育思想的人民性，提出并论证了教育与手工业、农业生产相结合的思想，突破了封建旧教育脱离社会生产的传统，把教育引导到联系社会的道路上来。这一思想具有重大历史意义，也为他赢得了国际声誉。

（一）教育的目的在于全面、和谐地发展人的一切天赋和能力

裴斯泰洛齐要求教育者对于儿童所产生的影响必须跟儿童的本性一致。因此，教育的主要原则就是要遵循自然，按照人发展的自然顺序和规律，使其得到发展。

（二）要素教育理论

裴斯泰洛齐认为教育过程必须从一些最简单的知识开始，再逐渐转到复杂的知识。关于体育，作者认为儿童身体发展的最简单的要素是各种关节的活动。因此体育应通过在日常生活中完成最简单的动作，这种循序渐进的练习既可发展身体，又能训练劳动精神、学习劳动技能。关于德育，裴斯泰洛齐认为儿童的道德教育最简单的要素是儿童对母亲的爱，所以道德教育的主要任务，就是要发展儿童的爱心——从爱双亲到爱兄弟姐妹，进而爱周围一切的人，然后爱全人类，并意识到自己是整个人类的一员。关于智育，裴斯泰洛齐认为智育的最简单要素是“数目”、“形状”、“名称”，相应任务是“计算”、“测量”、“语言”三项。智育应使儿童的认识“从模糊混乱到较为确定，从确定到清楚，再从清楚到十分明晰”，并特别强调“必须集中地提高智力，而不仅是广泛地增加观念”。

（三）关于教学

裴斯泰洛齐提出教育性教学的观点，指出学校的教学必须成为教育的手段。在教学内容上，裴斯泰洛齐主张学习本族语、数学、历史、地理、音乐等课程，并以能促进手工业、农业生产的发展与繁荣为导向。在教学方法上，裴斯泰洛齐的做法有不少特点。(1) 实践性，主张儿童在“劳作”中学。(2) 从简单到复杂，即按照“字母—名词—含义”的顺序逐渐深入。(3) 注意发展智力，主张发展儿童的判断和推理能力。(4) 重视练习，主张通过反复练习使学生熟练地掌握数字的计算方法。

（四）教育与手工业、农业生产相结合

具体做法是：儿童在学校里要从事纺织；学校要有一块耕地使儿童能在他的小畦地里耕作；学校还有自己的养畜业让儿童学习养护动物知识；学生还要学习对亚麻和羊毛进行加工，熟识乡村里最好的农场和手工业作坊。还要对儿童进行生活所必需的其他知识教育。

三、推荐版本

《林哈德和葛笃德》（上下卷），裴斯泰洛齐著，北京编译社译，人民教育出版社，1984 年版。

第三节 | 《教育漫话》(1693 年)

一、作者简介

约翰·洛克（John Locke，1632—1704），英国教育家，绅士教育思想的集大成者。他 1632 年出生于英格兰一个乡村律师家庭，幼时受过严格的家庭教育。1646 年进入威斯敏斯特中学接受古典主义教育。1652 年进入牛津大学基督教会学院学习，1656 年毕业后留校，先后担任过希腊文、修辞学和伦理学等科目的教师。1665 年被任命为英驻德公使馆秘书，翌年归国后，结识了辉格党领袖沙夫茨别利伯爵，担任其家庭教师和医生，这段家庭教师的经历对洛克教育思想的形成十分重要。洛克也因与伯爵关系密切遭到迫害而亡命海外，1688 年洛克由荷兰重返故土，1704 年 10 月 28 日去世。其主要著作有：《政府论》、《人类理解论》、《教育漫话》。

二、内容精要

《教育漫话》原为洛克与其友人爱德华·葛拉克讨论教育问题的通信，后于 1693 年汇集成书出版，主要论述了教育对人的发展的作用、绅士教育的培养目标等。书中全面提出了一个以实用科目为基础的课程体系，对后来各国（特别是英国）资产阶级的教育实践和教育理论的发展产生重要影响。

（一）教育的作用、目的和途径

在遗传、环境和教育在人的发展中的作用问题上，洛克坚持“白板论”，认为儿童的天性就像没有痕迹的白板或柔软的蜡块，教育者可以随心所欲地涂写和塑造。使儿童受到良好的教育，这不仅是父母的责任，而且对于国家的幸福和繁荣具有重要意义，良好的教育便是使儿童成长为绅士，这是教育的目的。什么是绅士？绅士必须是“有德行、有用、能干的人才”，必须具备“德行、智慧、礼仪和学问”等四种品质。在绅士培养的途径上，洛克坚决主张绅士的培养决不能通过学校教育，而只能通过良好的家庭教育来进行。他极力主张，凡是有经济能力请得起家庭教师的家庭，应不惜重金聘请具有良好的品格、丰富的社会实际经验和良好的文化素养的人作为家庭教师，以便取得良好的教育效果。

（二）绅士教育的内容与方法

洛克将绅士教育的内容划分为体育、智育和德育三个方面，并把着眼于实际的锻炼法分别贯彻在三育之中。(1) 体育。洛克认为：“我们要能工作，要有幸福，必须先有健康；我们要能忍耐劳苦，要能出人头地，也必须先有强健的身体。”怎样才算是

"强健的身体"，即"身体强健的主要标准在能忍耐劳苦"。因此，洛克坚决反对上流社会对儿童的娇生惯养，主张身体锻炼自幼小开始。(2) 德育。洛克把良好的道德品质视作绅士人格的灵魂，德行形成的关键在于以理性导引生活，以理智克制欲望。在道德教育方法上，提出要及早实践、及早管教、榜样示范、以理说服、奖惩得宜。(3) 智育。在洛克看来，绅士必须具有多方面的知识和学问，但是，学问同德行相比却居次要地位，德育必在智育之上。洛克对智育功能的理解是多方面的，智育既应有助于儿童思维能力的培养，也应有助于绅士品格的形成，还要有助于对日常生活中的实用知识的掌握，因此，洛克提出了一个范围广泛的课程体系。在教学方法上，洛克主张教学必须注意启发儿童的求知欲望，重视发展儿童热爱求知的习惯；注意培养儿童的好奇心；注意培养和保持儿童的注意力；注意由易到难、从简及繁、循序渐进、盈科而进的教学原则。

三、推荐版本

《教育漫话》，约翰·洛克著，傅任敢译，人民教育出版社，1985 年版。

第四节 ｜ 《爱弥儿》(1762 年)

一、作者简介

卢梭 (Rousseau，1712—1778)，法国教育家、自然主义教育思想的代表人物。1712 年，卢梭出生于瑞士日内瓦一个钟表匠的家庭，聪颖早慧，幼年已阅读一些文学和历史书籍，但从未受过学校教育，12 岁开始谋生，从事过多种职业。1742 年他到巴黎后结识了一批启蒙运动思想家，思想上产生了飞跃并积极参加启蒙运动，1756 年因厌倦城市生活，隐居巴黎乡村，埋头著书。主要著作有《论人类不平等的起源和基础》、《社会契约论》、《爱弥儿》、《新爱洛伊丝》、《忏悔录》等。

二、内容精要

《爱弥儿》一书的副标题为"论教育"。作者主张顺乎天性，让人的本性避免受社会偏见和恶习的影响而得到自然的发展。他提出按年龄特征分阶段进行教育的思想，这在教育史上是一个重大进步，对后来资产阶级教育学的发展，特别是对教育心理学的发展，提供了极其可贵的启示。

(一) 自然教育主旨及婴儿期教育

卢梭主张通过自然教育来实现"回归自然"的目的，指出："自造物主之手的东西，都是好的，而一到人的手里，就全变坏了。”教育必须跟着自然走。卢梭认为，婴儿期教育在他出生时就开始了，主张婴儿期的教育应以身体的养护和锻炼为主，通过合理的饮食、衣着、睡眠和游戏，养成健康的体魄，为儿童打下一生幸福的基础。

（二）幼儿期的教育

卢梭称这一时期是幼儿“理智睡眠期”。其心理特征为“在理性发达的年龄以前，儿童所接受的只是感觉印象，不是观念”。指出儿童由于没有观念，便不能有真正的判断和记忆，“他们的知识全属于感觉领域，并未入于理解的范围。”因此，感觉教育才是这一时期的主要内容。

（三）少年期的教育

卢梭认为人从十三岁到十五岁时属于少年期，是人一生中能力最强的时期。卢梭说：“在十二三岁时，儿童能力增长之速远远超过他的需要”，“这是他一生中最可珍贵的时期”。卢梭指出，人在幼儿期由于受过感官教育，他的感觉能力和感觉经验都已获得基础，因而少年时期是理性发展的时期，“我们领导儿童通过感觉领域而达到理性的边界了。”人在青年时期已有理性发展的条件和要求，所以它是进行知识教育的时期。

（四）青年期的教育

这一阶段的特征有二。首先，是情欲发动的时期。卢梭形容道：“正像先有海波的咆哮，然后暴风雨随之而来，青年的正在成长的情欲的声息，也便宣告这狂暴变化的到临。”其次，是人们开始意识到社会关系的时期。卢梭说：“人的正当的研究是他和环境的关系。当他只能由物理的性质来说明他的环境时，他应当就他和事物的关系来研究自己；这是青年期应做的事。当他开始明了道德的性质时，他应当就他和别人的关系来研究自己，这是他终身应做的事情。”基于青春期这两种特征，卢梭主张青春期教育应以道德教育和宗教教育为主。

三、推荐版本

《爱弥儿——论教育》（上下卷），卢梭著，李平沤译，人民教育出版社，1985 年版。

第五节 《民主主义与教育》（1916 年）

一、作者简介

杜威（J. Dewey，1859—1952），美国教育家、实用主义教育思想的代表人物，1859 年 10 月 20 日生于佛蒙特州柏林顿市。年青的杜威在新开发中部地区目睹了开拓者的积极生活，对他的经验主义、实用主义哲学思想的形成产生了很大影响。1884 年杜威以《康德心理学》一文获得博士学位，在密执安大学任教直到 1894 年，在此期间他因中等师资的培训工作而对教育开始产生兴趣。在美国心理学家詹姆斯 1890 年版的《心理学原理》影响下，杜威萌发了通过教育实验把哲学、教育学、心理学结合起来研究的想法。1894 年他到芝加哥大学哲学、教育学、心理学系任教，两年后开办了一所实验学校，即后来的“杜威学校”。有关教育学的主要著作有：《我的教育信条》、《学校与社会》、《儿童与课程》、《民主主义与教育》、《经验与教育》。

二、内容精要

《民主主义与教育》一书副标题为《教育哲学概论》。杜威在前言中明确指出这本书“试图发现和阐述民主主义社会所含的种种观念，以及把这种观念应用于教育事业的问题”。这是杜威 20 年来哲学、心理学、教育学等方面的理论探索和实验求证的产物，是广度与深度、抽象与具体、理论与实用较完满的结合，但仍多有不精确、可疑，有待研讨的观点。

（一）生活即教育

杜威认为：“教育在广义上是沟通和传递过程，是社会生活之必需。”“一切沟通都有教育性”。而且“社会的生活与沟通完全相同”。因此“一切真正的社会生活也都有教育性”。

（二）教育是社会的职能，学校是特殊的环境

杜威认为，教育本质上是社会的职能，并不是学校固有的职能。学校是个特殊的环境，因此，应把学校弄成“简易的基本的社会”的环境，排除掉无价值的因素，以使它成为“改良行为的媒介”，创造一个更全面、更好、更平衡（人人都有机会）的环境，以便青年不受“狭隘环境”的限制。

（三）教育即生长（成长）

“教育即生长”。(1)“因为生长是生活的特征，教育即是不断生长，在它自身以外，没有别的目的”。(2)“教育过程就是一个不断改组、不断改造和不断转化的过程。”教育的价值在于它能否创造持续不断的生长欲望，能否供给方法。(3) 生长的能力，一是有赖于自己的可塑性，二是依靠别人的帮助。

（四）教育即改造

杜威给教育下了一个专门定义：“教育即是经验的改造或改组”。其根本特点是：“把目的（即结果）与过程视为一件事”。“一切教育存在于这种经验之中”。他还强调，经验的改造不但是个人的，也是社会的，教育不但能发展儿童与青年，而且能发展将来的社会。

（五）教育本身没有目的

在民主社会里，教育的目的，既是使人能持续不断地成长，也是不断地改造社会的习惯与制度。普遍的目的，不过是展望的、观察个别问题的着眼点，是人们靠它观察现有的环境，度量将来可能的结果。

（六）兴趣是有目的行动的动力，兴趣和训练是相联系的

兴趣（爱好、关心、动机等）表示个人的选择态度，个人对某对象所持的态度。兴趣是有目的行动的动力，从人的兴趣可以估量其推进某种工作的积极性。兴趣与生长是一种过程，兴趣有开始的阶段和完成的阶段，中间阶段需要意志、努力。兴趣与训练是彼此相连的，不是彼此对立的。

（七）从经验中学习（“做中学”）

从经验中学习，是要把所做的事与所发生的影响联系起来。所以教师应把学生的“身体活动”和“精神活动”结合起来，在功课上把用心和用感官、在知识学习上把“思维”和“直接用实物的作业”结合起来。“反思的经验”有五个步骤，简单地表述为：疑难、问题、假说、推论、验证。杜威进而提出：“教学法的要素和反思的要素是相同的。”

三、推荐版本

《民主主义与教育》，杜威著，王承绪译，人民教育出版社，1990 年版。

第六节 《教育与新人》（1934 年）

一、作者简介

巴格莱（William Chandler Bagley，1874—1946），美国教育家，要素主义教育的提倡者与主要代表之一，生于密歇根州底特律市，先后接受过农业、科学、心理学、教育学等专业的高等教育，1900 年获博士学位。他曾在小学、师范学校、教师培训中心任教师，担任过学监、副校长、校长等职。1908 年他被聘为伊利诺斯大学教育学院教授，1917 年被聘为哥伦比亚大学师范学院教授，直至 1940 年退休。1937 年巴格莱起草的《要素主义者促进美国教育的纲领》第一次系统阐述了要素主义者的主张，成为人们了解要素主义的窗口。其主要教育学著作有《教育过程》、《教育价值》和《教育与新人》等。

二、内容精要

《教育与新人》是美国要素主义思想的奠基之作，巴格莱也因此以美国要素主义思想流派的创始人而载入史册。该书主要论述社会与教育、教育的作用、学习的本质、种类以及个体差异性、教学法之演变、教育的功能、教师的角色等问题。

（一）教育价值观

巴格莱认为社会进化是“积累和精化知识的过程”。“人，一方面是物质的有机体遗传的产物；另一方面是社会遗传的产物。”这种“社会遗传”的核心是“共同文化因素的遗传”。巴格莱在其社会进化观和人性观的基础上，提出了他的教育价值观，认为影响社会进化的基本因素是教育，“教育被视为一种基本因素，由于这种因素的存在，知识才可能进步、积累和精炼”。

（二）知识的功能

1. 工具性功能。巴格莱认为，从实用的角度“把知识是否有用作为一种标准来判断知识的价值，是把知识作为一个工具看待的，而这个工具又是直接的、有意识的、明显的、可被应用的”。在把单一的工具性原则作为判断知识用途的时候，他认为会出现一种偏向，“即只考虑知识的狭窄的效用，依据这种简单的推理，常常导致一种结论，即事实的知识和原理的知识如果不能明显地用来解决问题，就不应该作为合理的教育课程”。

2. 背景性功能。巴格莱认为：“事实上，一个人学习到的知识，无论他是通过自己的经验直接学来的，还是通过别人的经验间接学来的，其中只有一小部分可以被直接地有意识地明显地用来解决问题。另外的学习内容对一个人的生活也有潜在影响。全面地看问题，知识是构成人们意识背景的重要组成部分，这种意识背景将赋予人的意识印象一定的含义。”因此，他确认：“知识具有高于和超越我们所设计的‘工具’的价值。”

3. 训练智力功能。巴格莱认为：“已经有人明确地论证了某些类型的学习为智力训练创造了可能。50 年以来人们已逐渐认识到掌握比较严谨的教学科目内容能提高学生学习其他内容材料的能力。”“科学课程能锻炼人们的思维，使思维更稳固精确，使思维成为一种工具，人们利用思维工具掌握任何种类的材料……”

（三）课程理论

巴格莱认为人类的文化在发展变化的同时，存在着相对稳定的、不变的“人类文化中和民族文化中的共同要素”。主要包括共同思想、共同理解、共同准则，以及共同精神。因此，应把“文化的共同要素”作为学校教育课程的标准，并把作为课程内容的“共同要素”具体划分为四个方面：（1）学习习惯和基本技能；（2）知识——包括观念、概念、含义、事实、原理、理论假说；（3）理想或情感化的准则；（4）态度——包括理论观点、顿悟、兴趣、忠诚等。巴格莱提出以“共同文化的要素”为课程内容的标准的同时，还大力提倡全国统一课程。

（四）教师的作用和功能

巴格莱从社会进化的角度，对教师在教育过程中的主导地位，予以充分的肯定。他认为："教师是精神遗产信赖的继承人，每一代人都接受并吸收了精神遗产才使人类不断向更高级水平进步。""教师个人指导，可能是取得学习实质性进步的最基本因素。"他把教师的功能具体分为六种：（1）教师在设计教学和活动教学过程中具有指导功能；（2）口头讲授使学生卓有成效地掌握母语的功能；（3）鼓励学生有生活热情和加深对生活意义的理解功能；（4）发现和培养学生特别"天赋"的功能；（5）用"人格因素"来影响学生的功能；（6）教育和训练学生心理健康的功能。

三、推荐版本

《教育与新人》，巴格莱著，袁桂林译，人民教育出版社，1996 年版。

第七节 | 《美国高等教育》（1936 年）

一、作者简介

赫钦斯（Robert Maynard Hutchins，1899—1977），美国教育家，永恒主义教育思想最具有影响力的代表人物。1899 年 1 月 17 日出生于美国纽约一个神学教授家庭。1921 年和 1925 年先后在耶鲁大学获得文学学士和法学学士学位，并留校任教，历任法学教授、法学院院长等职。1929 年他应聘担任芝加哥大学校长，推行"芝加哥计划"，对这所大学进行改革；同时推行"名著教育计划"，并专门设立了"西方名著编纂咨询委员会"。1937 年他担任马里兰州圣约翰学院的兼职董事，帮助该学院实施以名著教育为主的教育计划。1951 年，赫钦斯担任福特基金会副主席，为了资助教育研究与实验工作，他提议成立"教育促进基金会"，1954 年担任合众国基金会主席。其主要教育著作有：《美国高等教育》、《为自由而教育》、《民主社会中教育的冲突》、《乌托邦大学》等。1952 年他与阿德勒合作编辑出版的 54 卷《西方名著丛书》，是永恒主义教育思想对古典文化传播做出的卓越贡献。

二、内容精要

《美国高等教育》本书为赫钦斯的代表作。作者在书中提出的许多观点，如高等教育中职业化倾向、学科间的孤立主义现象、学习经典名著的价值和意义、大学应强调学生的思维训练等等，至今仍有很强的现实意义。

（一）外部环境

赫钦斯认为美国的高等教育深受混乱的困扰。原因一，是追逐金钱。“当一所学校为谋取金钱而决定采取一些行动，它必定会丧失其精神，同时也得不到金钱。这很可悲，但却是千真万确的”。原因二，是混乱的民主概念。“这影响到了教育的年限、内容和控制。根据民主这一概念，一个学生可以根据自己的意愿决定自己接受公共教育的年限，学习自己喜欢的东西，以及获取对自己有吸引力的任何学位。根据民主这一概念，教育应该对公众的意见作出即时的反应；它的教材和方法可以由社区、社区代表甚至是社区那些不承担责任的成员详加调整”。原因三，是对“进步”概念的错误认识。“科学技术的日新月异似乎是数据积累的结果。信息越多，发现也越多；发明越多，进步也越多。因此，推动进步的方法是获取更多的信息。各门学科一个接一个地脱离了哲学，然后又相互独立，而进步却依然在继续。终于，大学的整个结构崩溃了。当社会科学、法学和神学本身都变成经验性、实验性和进步性的时候，经验主义就取得了最终的胜利”。

（二）高等教育的两难困境

赫钦斯认为：“大学存在两个目标的冲突，一个是纯粹对真理的追求；另一个也是大学所公认的，就是为人们毕生的事业作准备。”现在“纯粹追求知识的目标在大学迅速变得模糊，并且不久就可能消失”。“很快每个人上大学的目的将是为了得到某种培训”。大学教育职业化导致了三个困境。一是专业主义困境。目前对专业性的重视就意味着对职业性的重视，走出这一困境需要彻底修改专业观。真正的专业学科必须有理智方面的内容。二是孤立主义困境。为了特定的职业做准备，教授间会彼此隔离，系科之间由于没有共同的参照系，它们之间的合作也会增加混乱。解决这一困境的出路在于一所大学的统一原则是为真理而追求真理。三是反理智主义困境。赫钦斯认为：“如果专业团体仅限于那些拥有理智内容的团体，如果它们和所有其他系科能以同样的精神开展它们的工作，如果我们能发展普通教育，使所有高层次的研究建立在一个共同的知识体系之上，我们可能会成功地使我们的大学成为真正的社区，真正的学者的社区。”

（三）普通教育

为了使大学内各系科之间、教授之间能够进行相互交流，赫钦斯认为需要一种每个人都应接受的统一的普通教育，这种教育是用来培养人的理智方面的优点，用来训练学生的智力。“包含了我们的理智遗产的永恒学习”是普通教育的中心。永恒学习包括：多个世纪以来的经典名著、阅读、写作、逻辑推理、说话艺术和数学。

（四）高等教育

赫钦斯认为大学是一种教育机构，是对学生进行理智训练和发展的教育机构。要使大学变得更加明智，需要通过“为真理而追求真理”这一原则将高等教育统一起来。真理是有层次之分的，最高层次的真理应该是形而上学的，因为高等教育的目标是智慧。

赫钦斯理想中的高等教育内容是形而上学、社会科学、自然科学。这三类课程可以突出其中的一个作为学习的重点。学生在完成普通教育和高等教育之前，不应进入技术性和研究性研究所。赫钦斯认为高等教育的困境将会在这样一所（根据形而上学去追求真理）大学迎刃而解。这样的大学才能成为一个真正的学问中心，成为创造性思想的发源地。

三、推荐版本

《美国高等教育》，赫钦斯著，汪利兵等译，浙江教育出版社，2001 年版。

第八节 | 《什么是教育》(20 世纪中期)

一、作者简介

雅斯贝尔斯（Karl Theodor Jaspers，1883—1969），德国存在主义哲学家、心理学家和教育家，存在主义教育思想的代表人物，1883 年 2 月 23 日出生于德国奥尔登堡的一个法学家家庭。大学毕业后，他长期在大学讲授心理学和哲学，主要著作有《什么是教育》和《大学的观念》，集中反映了他的存在主义教育思想。

二、内容精要

雅斯贝尔斯的《什么是教育》从“生存、自由、超越”的存在主义哲学基础出发，详尽、深入地论述了他对教育的独特理解，为人们认识和理解教育的问题展现了一个极为宽阔的视野，引导人们去追溯教育的本原所在，寻求教育的本真意义。

（一）论教育的本质和重要性

雅斯贝尔斯认为：“所谓教育，不过是人对人主体间的灵肉交流活动，包括知识内容的传授、生命内涵的领悟、意志行为的规范，并通过文化传递功能，将文化遗产教给年轻一代，使他们自由地生成，并启迪其自由天性。”“每一种社会改善的先决条件要求每个人都要受教育，以便能自我教育。……一个正直的人，他同时就会是一个正直的公民”。“教育决定着未来人类的生存，教育的衰落意味着人类的衰落”，“教育方面的失误是对未来影响的开端”。由此，雅斯贝尔斯呼吁国家要高度重视教育的发展，但并不同意“教育万能论”。

（二）论教育目的

雅斯贝尔斯认为，教育的目的不是培养某一方面或只具备某种技能的人，而是培养“整体”的人或“全人”，他称之为“有教养的人”。“所谓有教养的人，即按一定时代的理想所陶冶的人，在他那里，观念、形态、活动、价值、说话方式和能力等构成了一个整体，并成为他的第二天性。”

（三）论教育过程

从交往理论出发，雅斯贝尔斯将教育过程归纳为三点：（1）教育是师生主体间自由交往的过程，作为交往过程的教育，没有权威和中心存在，体现的是师生之间的平等关系；（2）教育是整体精神成长的过程，现实的教育将学生置于被动的地位，当做容器而机械地灌输，不利于学生整体精神的成长，只是训练他人意志的工具、社会的机器，而培养不出真正的人；教育既是整体精神成长的过程，也是人的知、情、意统一发展的过程；（3）教育是个体自我教育和自我实现的过程，“教育者的使命是把受教育者引到自我教育的道路上去”，“教育的过程是让受教育者在实践中自我练习、自我学习和成长……”，“而非强求一律”。

（四）论教育的方式

雅斯贝尔斯很欣赏苏格拉底式教育，认为这种方式的教育优点是教师和学生处于一个平等的地位；师生都可自由思索，没有固定的教学方式；教师运用“精神助产”方法，唤醒学生潜在的力量，激发学生探索、求知的责任感，而不是强制性的灌输；对学生而言，由于这种教育是靠自己的努力逐步认识真理、探索道德的，因此他们所受的教育就不是简单地增加知识，更重要的是其整个精神得到生长。由此可见，苏格拉底式教育适合全人的培养，应予提倡。

（五）论教育内容

雅斯贝尔斯认为，人的精神发展有三个层次，即对世界的认识、对生存的自我体验和对上帝的领悟。个体的人要想实现自我而成为完人，就必须实现三个超越：超越现象世界、超越生存自我和超越精神自我。实现这三个超越必须接受三方面的教育：科学教育、哲学教育、宗教教育。雅斯贝尔斯的整体教育指的是这三方面教育组成的统一体，学校教育内容的选择也要以此为依据。

三、推荐版本

《什么是教育》，雅斯贝尔斯著，邹进译，生活·读书·新知三联书店，1991 年版。

第九节 | 《教育过程》（1959 年）

一、作者简介

布鲁纳（Jerome Seymour Bruner，1915—），美国心理学家和教育家，结构主义教育思想代表人物，1915 年 10 月 1 日生于美国纽约，1941 年获哈佛大学心理学博士学位。第二次世界大战爆发后，布鲁纳在美国情报部队进行心理战术研究和宣传，以及公共舆论的分析工作，1945 年战争结束后，布鲁纳回到哈佛大学任教，并从事人的感知觉研究。此后，在瑞士心理学家皮亚杰的认知心理学影响下，他开始研究思维过程以及概念形成过程。他 1952 年起任哈佛大学教授，1962 年获美国心理学会颁发的杰出科学贡献奖，1965 年任美国心理学会主席，1972—1980 年任牛津大学教授。1980 年以后任纽约大学教授。主要教育著作有：《教育过程》、《论认知》、《教学论探讨》、《教育的适合性》。

二、内容精要

《教育过程》是布鲁纳 1959 年在美国全国科学院召开中小学教学改革讨论会上所作的总结报告。该书出版后，不仅直接指导了当时美国中小学的教学改革，而且也影响到其他国家的教学改革。全书围绕着课程改革主题提出一种大胆的、坦率的和新颖的理论，主要有四个中心思想和一个设想。

（一）结构的重要性

布鲁纳认为，知识都是有结构的，是人们对于客观事物构造的一种主观模式。总结了学科基本结构的四点作用：（1）理解了基本原理就可以使学科更易于理解；（2）对人类记忆的研究表明，一件件放进模式里的东西更容易记忆；（3）领会基本的原理和观念是迁移的基础；（4）经常反复检查教材的基本特性，能缩小“高级知识”和“初级知识”之间的差距，以解决由小学至大学进程中碰到的部分困难。

（二）儿童早期学习的可能性

布鲁纳以其关于儿童认知发展阶段的理论为基础，从三个方面论证了儿童早期学习的可能性。（1）智力的发展。布鲁纳认为：“任何观念都能够用学龄儿童的思想方式正确地和有效地阐述出来；而且这些初次阐述过的观念，由于这种早期学习，在日后学起来会比较容易，也比较有效和精确。”（2）学习的行为。布鲁纳认为，学习新知识包含三种“几乎同时发生的过程”，即学习任何一门学科都常常有一连串的情节，每个情节涉及获得、转换和评价三个过程。我们可以通过控制学习情节来安排教学，以适应学生的学习能力和需要。通常一个人越是具有学科结构的观念，就越能毫不疲乏地完成内容充实和时间较长的学习情节。(3)“螺旋式课程”。按照布鲁纳的设想，课程的编制方式应采取“螺旋式课程”。他认为，学科的教学应该尽可能早开始，并要采用智育上正确的形式，而且还应同儿童的思想方式相符。另外，要让这些课题在以后各年级中扩展、再扩展。

（三）强调直觉思维的重要性

布鲁纳认为直觉思维和分析思维是相互补充的，直觉思维一般具有三个特点：(1) 不确定时的感知；(2) 多数采取形象的形态；(3) 非语言的过程。他提出了几种直觉思维培养途径：(1) 应给予直觉思维以适当的地位；(2) 提供教材的结构；(3) 描绘丰富的图像；(4) 鼓励有组织的推理；(5) 活用发现法。

（四）强调内部动机的重要性

布鲁纳强调内在的动机，主张应激发学生的内在动机，认为这是促进学习的真正动力。内在动机主要有以下四种：好奇心、上进心、羡慕憧憬理想人物和朋友之间的相互作用。能引起内在动机的刺激特点一般有“新奇”、“惊奇”、“复杂”、“趣味”和“矛盾”等等。因此，布鲁纳主张围绕兴趣组织学习，增强教材本身的趣味。

（五）关于教师、教学装置在教学过程中的作用

布鲁纳十分重视教师在教学过程中的作用，认为：“在我们学校实践中，教师在教学过程中，仍然是主要的辅助者。”“教师不仅是知识的传播者，而且是模范。”“教师也是教育过程中最直接的有象征意义的人物，是学生可以视为榜样，并拿来同自己作比较的人物。”

布鲁纳认为教学装置主要有三种：替代经验的装置、有利于掌握现象根本结构的装置、引导学生理解他所看到的事物的概念化结构的装置。在强调装置的重要性的同时，布鲁纳认为装置本身并不能决定自己的目的，强调教师与教学装置的密切结合。

三、推荐版本

《教育过程》，布鲁纳著，邵瑞珍译，人民教育出版社，1982年出版。

第十节 | 《终身教育引论》(1970 年)

一、作者简介

保罗·朗格朗（Paul Lengrand，1910—），当代法国成人教育家，终身教育理论的积极倡导者和理论奠基者，被誉为“终身教育之父”。1965 年，在联合国教科文组织召开的第三届促进成人教育国际委员会议上，朗格朗以“education permanente”为题作了学术报告，引起与会者极大反响，后来联合国教科文组织将“education permanente”改为英译“lifelong education”，即“终身教育”。朗格朗于 1970 年写成并出版了《终身教育引论》。

二、内容精要

《终身教育引论》中的“原书序”指出：“本书旨在阐述终身教育思想的不断发展的重要意义，说明促使他产生和发展的各种力量，探讨他的含义，指出它对人类整个教育活动的影响和将会产生的后果。”全书分为两部分，即全面综述、论证与实例。该书发表之后，终身教育思想开始深入人心，并在世界教育领域引起了一场广泛而深刻的革命。“终身教育”理念已成为当代一种国际性教育思潮。

（一）现代人面临的各种挑战

从 20 世纪初以来，人类社会面临的挑战主要有：社会变化加快，人口增长，科学知识和技术的进步；政治挑战，信息，闲暇，生活模式和相互信任的危机；思想意识形态的危机。

（二）终身教育的意义

教育正处于实现其真正意义的过程中，这种意义不在于获得一堆知识，而在于个人的发展，在于作为连续经验的结果得到越来越充分的自我实现。教育的当前责任：首先是组织适当的结构和方法，帮助人在一生中保持学习和训练的连续性；其次，每个人通过多种形式的自我教育，成为自我发展的手段。

（三）对教育内容和方法的思考

朗格朗从四方面构建方法论体系：（1）在学习环境中，必须重视教育的基础——小组或个人；（2）教育的主要动因，是处于受教育过程之中的人对学习的兴趣和爱好；（3）通过小组学习，每个人的才智、技能和知识都集中起来，以达到共同获得知识和共同进步的目的。小组学习适用于最广泛的场合，具有最大的活力，对校外教育和成人教育的作用更明显；(4) 创造性是教育的本质所在，而传统教育却扼杀和压抑人们的创造性。

三、推荐版本

《终身教育引论》，朗格朗著，周南照、陈树清译，中国对外翻译出版社，1985年版。

第六章 | 心 理 学

心理学（Psychology），是研究人和动物心理活动和行为表现的一门科学。心理学一词来源于希腊文，意思是关于灵魂的科学。随着科学的发展，人们逐渐认识到，心理学是一门关于心灵而非灵魂的科学。

人在生活实践中与周围事物相互作用，必然有这样或那样的主观活动和行为表现，这就是人的心理活动，简称心理。具体来说，就是外界事物或体内的变化作用于人的机体或感官，经过神经系统和大脑的信息加工，产生对事物的感觉和知觉、记忆和表象，进而进行分析和思考；另外人们在同客观事物打交道时，总会对它们产生某种态度，形成各种情绪；人们还要通过行动去处理和变革周围的事物，这就表现为意志活动。这里所说的感觉、知觉、思维、情绪、意志等都是人的心理活动。

虽然心理学有个漫长的过去，但是，直到1879年德国心理学家冯特在莱比锡建立世界上第一个心理学实验室，才标志着现代心理学的诞生，从此，心理学脱离哲学而成为独立的科学。

心理学在发展过程中，产生了很多派别，比较出名的有十个学派：内容心理学派、意动心理学派、构造主义心理学派、机能主义心理学派、行为主义心理学派、格式塔心理学派、精神分析心理学派、日内瓦学派、人本主义心理学派、认知心理学派。

艺术与心理学密不可分。艺术是对于人的本质的曲折、隐晦的呈现，艺术创作是人反映世界的思维活动之一，艺术思维是艺术掌握世界方式的第一要素，而人的心理是一切科学和艺术赖以产生的母体。以感性的艺术形象来表现物质化了的、客观存在的心理活动，便是一本打开的心理学。

第一节 | 《心理学原理》（1890年）

一、作者简介

威廉·詹姆斯（William James，1842—1910），美国本土第一位哲学家、心理学家、教育学家，实用主义的倡导者，美国机能主义心理学派创始人，最早的实验心理学家之一。詹姆斯幼年在纽约私立学校接受启蒙教育，后随家庭漂居欧洲各地，在瑞士、法国、德国、英国接受最好的教育，因此使他有丰富的童年生活并掌握了五种语言。他早年爱好绘画和科学，后发现缺乏天分而放弃。1861年他进入哈佛大学劳伦斯理学院攻读化学，后改学比较解剖学和生理学。其间，受著名动物学家阿加西斯（Louis Agassiz，1807—1873）影响，他的兴趣从化学转向生物科学。1864年，詹姆斯转入哈佛医学院学医，1869年获哈佛大学医学博士学位，1876年任哈佛大学生理学副教授，四年后转任哲学副教授，1885年升任哲学教授，1889年转任心理学教授。他于1890年出版两卷本著作《心理学原理》，几乎概括整个19世纪的心理学。这部书出版后，詹姆斯感觉自己已说完了他关于心理学所知道的一切，又转向了哲学，并出版哲学著作若干。拥有“天才”之称的詹姆斯涉足多个领域研究，而成就最大的当数《心理学原理》一书。该书既是当时实验心理学研究成果的基本总结，又是詹姆斯机能主义（或实用主义）心理学思想的集中体现。

二、内容精要

詹姆斯在《心理学原理》中，将心理学当做一门自然科学的基本前提，研究了心理活动与大脑神经生理活动的关系，考察了关于人的心理现象的内省分析和实验研究等方法，对意识、记忆、想象、情绪、推理等各种心理现象进行了细致的讨论，特别是提出了思想之流（或意识流）的思想，在哲学史和心理学史上占有独特地位。

（一）建立了科学心理学的完整体系

《心理学原理》中包括感觉、知觉、大脑功能、习惯、意识、自我、注意、记忆、思维、情绪等十章，这些内容大致确定了以后心理学研究的范畴。其中，詹姆斯对"意识流"研究有巨大贡献。他认为，意识是一条连续不断的"思想流"，由此说明意识经验是统一的整体，如将流动的意识切断分析，势必将扭曲意识的本质。他的意识流理论，旨在反对当时流行的冯特式心理学把心理现象分解为各种元素的做法（元素主义心理学），开批判心理学之先声。

另一个创造性贡献是关于"情绪"假说。他认为，任何情绪都不过是对生理变化的知觉，并不是因为"我们难过而哭泣"或"我们害怕而逃跑"，而是因为"我们哭泣而觉得难过"或"我们逃跑而觉得害怕"。身的反应在前，情绪正是身的变化发生时的感受。由于这一理论同时为丹麦生理学家朗格（Carl Lange，1834—1900）所发现，因此被命名为詹姆斯-朗格情绪理论。

同时，詹姆斯还主张心理学研究要多元化。当时心理学研究主要受欧洲结构主义内省法影响，方法单一。詹姆斯认为，除了内省法，心理学研究还应配合需要采用观察法、实验法、比较法、调查法等。同时他主张研究对象不应限于常态的成人，而应扩大范围，研究儿童、心理异常者以及动物。

詹姆斯关于"自我"概念的提出，奠定了以后对"自我"观念讨论的基础。指出"自我"可区分为"被'认知的客体'或称'经验的我'"和"认知的主体又称自我"，经验的我包括所有一切个人可以称为是属于他的全部东西。自我的客体是由三部分组成：(1) 物质，包括个人的身体、衣物、房屋、家庭、财产等；(2) 社会，这是得自他人的认可，如声誉等，任何人都有许多社会的我；(3) 精神，包括个人的意识状态、特质、态度、气质等。

（二）提倡实用主义

詹姆斯机能主义心理学思想的主要内容，是他 1907 年出版的《实用主义》一书所宣示的实用主义。他认为，世间没有绝对真理，真理决定于实际效用，而且真理常随时代环境变迁而改变；适合于时代环境而有效用者，即是真理。詹姆斯实用主义思想，对以后应用心理学的发展产生了重大影响。

（三）对心理学的作用

詹姆斯对心理学能否直接应用于教育提出观点，认为，不能将心理学的基本原理直接应用在学校教学中。因为心理学是科学，教学是艺术。无论科学如何万能，科学本身不可能直接创造出艺术作品。詹姆斯的这一看法，给以后的教育心理学发展指出了方向。

詹姆斯的实用主义心理学对后来美国心理学，特别是机能主义心理学的发展有重要影响。他的关于意识的功用、意识流等主张成为美国机能心理学的基本信条。其情绪理论由于提出了生理变化是情绪过程不可缺少的因素，从而推动了情绪生理机制的实验研究，预示了 20 世纪行为主义的诞生。

三、推荐版本

《心理学原理》，詹姆斯著，田平译，中国城市出版社，2003 年版。

第二节 | 《教育心理学概论》（1903 年）

一、作者简介

桑代克（EdwardLeeThorndike，1874—1949），美国心理学家和教育家，1874 年 8 月 31 日出生于美国马萨诸塞州。1898 年，哥伦比亚大学聘请他为大学评议员，提供给他奖学金，他带着两只受过最好训练的小鸡到了纽约，完成了他著名的迷笼研究，并因此获得博士学位。桑代克早年在詹姆斯指导下从事动物学习的研究，后来将动物研究技术应用于儿童，并把大部分时间花在人类学习、教育及心理测验诸领域。桑代克是一位多产作家，书目有 507 项，其中许多是巨著和专著。比较著名的有：《教育心理学》、《智力测验》、《成人的学习》等。他在美国被认为是教育心理学的奠基人。1903 年，他出版的《教育心理学》，是西方第一本以“教育心理学”命名的专著。

二、内容精要

桑代克提出很多著名的教育心理学概念，“联结”就是其中最核心的概念之一。起初，桑代克用小鸡做实验，训练它们走用书隔起来的迷津。以后，他又用猫和狗作为被试者，并使用自己设计的迷箱，进行动物学习的研究。根据这些实验，桑代克认为，动物的学习就是刺激和反应之间形成的联结，并把这种看法照搬到人类的学习，从而得出三大学习规律：准备律、练习律和效果律。

《教育心理学概论》是桑代克三卷本《教育心理学》的缩写本，全书三卷（27 章）。

（一）遗传、环境和教育的关系

1. 动物和人类具有某些先天或遗传的本性，即所谓不学而会的本能，如好斗、乌合、残忍、好奇、建设和游戏等。桑代克特别强调动物和人类的先天本性，认为这些遗传的本性决定了人的发展倾向。

2. 遗传和环境共同影响人的发展。他主张：人是境遇所造化，但其最后的模型一半为本性、种族、血统等所规定。境遇改变人性，只是受改变的本性有所不同。由此可推出：同样的环境刺激对不同的人会产生不同的效果，个体对环境具有选择性。

3. 教育的作用就是改变人性，造福人类。他强调，有组织的教育事业是非常重要的。在人性中，那些较为原始和基本的特性，如精力、能力、耐力、领导才能、同情心和崇高的情操等，无不受到大千世界的刺激。如果人的本性不反映这些特性的需要，并随时准备对其所获得的刺激作出反应，仅仅依靠课堂里获得的练习是远远不够的；如何释放能量，如何利用各种能力去从事专门的智力和道德活动，都不是由先天的特性所决定的；道德比智力更容易受环境的影响，因此教育应在传授道德知识和培养道德习惯方面发挥更大的作用。

（二）学习理论

1. 试误说。桑代克首先用实验法来研究动物的学习心理。他创造了迷路圈、迷箱和迷笼等实验工具，试验鱼、鸡、猫、狗等动物的学习。根据这些实验，桑代克认为，动物的学习并不具有推理演绎的思维，更不具有任何观念的作用。动物的学习方式是试误式的，即动物是通过反复尝试错误而获得经验的。他把从动物的实验研究中所揭示的种种规律应用于人类的学习，认为人的学习可塑性要比动物大得多，行为也更复杂，但也是基于本能、以刺激反应的联结为准则的。他把人类的学习方式分为四类：普通动物式的形成联结、形成含有观念的联结、分析或抽象、选择性的思维或推理。

2. 学习律。在实验的基础上，桑代克提出了三条学习定律：准备律、练习律、效果律。

3. 学习迁移的“共同要素说”。他指出，学习迁移的发生绝不是因为任何古典学科训练的结果，因为在一种情境中所成立的反应不能迁移到其他一切的情境中去。只有当两种机能有了相同的因素时，这一机能的变化才使另一机能也有变化。第二机能的变化在分量上等于与它的第一种机能所共有的元素的变化。

三、推荐版本

《教育心理学概论》，桑代克著，陆志韦译，商务印书馆，1926 年版。

第三节 《科学与人类行为》(1953 年)

一、作者简介

B. F. 斯金纳（B. F. Skinner，1904—1990），是行为主义学派最负盛名的代表人物，1931 年获得哲学博士学位。在教学实践方面，他根据操作条件作用的典型环境“斯金纳箱”的原理创造了“教学机”，并设计出“程序教学”的完整方案，大大促进了美国机器教学运动的发展，引起许多国家的广泛注意。在行为矫治方面，他发展出一整套行为矫正技术，普遍地应用于各种社会机构，特别是学校、精神病院和弱智儿童教养所的矫治工作。他比任何其他行为主义者走得更远，制订了一个控制行为的计划。主要著作有《有机体的行为》、《科学和人类行为》、《言语行为》、《教学技术》、《关于行为主义》。小说《沃尔登第二》及论著《超越自由和尊严》，曾在美国激起巨大反响和争议。

二、内容精要

《科学与人类行为》详细阐述了其操作行为主义的理论体系，并把视角投向了人类社会，从理论角度分析人的社会行为控制的必要性和可能性。全书分六个部分。

（一）人类行为科学的可能性

斯金纳通过对行为的分析，说明了人类行为科学的可能性。他认为，我们需要了解人为什么像他们所做的那样行为，能够表现出对行为发生作用的任何条件或事件都应该得以解释。通过分析这些原因，能够预测行为，达到操纵这些条件或事件的程度便能控制行为。他以饮水为例，提出借用三环节因果链模型来分析行为的发生过程：一是从外部对有机体进行的操作，如饮水剥夺；二是内部状态，如生理上的或心理上的口渴感；三是行为，如喝水。由于第二环节的内部状态必须依赖于第一个环节，也就是需要从外部对有机体进行操纵，所以只有把外部环境因素看做是决定行为的根本原因才能真正理解行为，实现对有机体行为的预测和控制。

斯金纳认为获得行为科学分析的资料来自以下几个方面：（1）随意观察得来的资料；（2）通过对现场加以控制获得的资料；（3）临床观察提供了丰富的材料；（4）在工业、军事以及其他机构的研究中，更严格的条件下对行为进行了广泛的观察；（5）人类行为的实验室研究提供了特别有用的资料，包括使用仪器的实验方法；（6）对低于人类水平的动物实验研究所获得的大量结果同样有用，可以为理解人类行为提供借鉴和参照。

（二）对行为的操作主义分析

斯金纳对行为进行了操作主义的分析。认为反射、条件反射主要适用于对有机体内部生理活动的研究，为了研究对周围世界产生影响的行为，斯金纳首创了操作性行为的概念，把人类日常生活中的绝大多数行为都归为操作性行为，比如读书、写字、打球、开车、划船等。这些行为中包含着一个共同的东西：就是有机体发出行为，行为对环境产生影响并且造成一定后果，这个过程就是所谓的“操作”。

（三）作为整体的个人

在讨论“作为整体的个人”时，斯金纳谈到了自我控制、思维、自然科学中的私密事件和自我几个概念。从表面看，个人在很大程度上确实能决定自己的命运，他常常能对影响他的因素有所作为。斯金纳认为如果诉诸外部变量进行分析就可以发现内部起源和决策力量并不重要，而要对大部分的自我控制行为负责的是社会，人终究只是环境的产物。

（四）群体中的个人行为

斯金纳首先对社会行为进行了分析，一般来说两人或更多的人之间相互的行为或是他们与环境相适应的行为被称作社会行为。其次，他说明了有机体如何利用行为的基本原理去控制另一个有机体。以控制者是单个的人还是多个的人为标准，他把对人的控制分为个人控制和群体控制。由个人实现的对别人的控制，主要是靠个体自身的条件和他的技巧。比如强壮的人运用蛮力，漂亮的姑娘使用美色及一定的性强化；而懦弱的人则靠溜须拍马，泼妇用得最多的就是强烈的厌恶刺激。斯金纳归纳了 8 种改变环境的技术。当两个或两个以上的人操纵影响个体行为的变量时，对这个人的行为的控制通常会更强，此时就表现为群体控制。群体控制能涉及其中的每一个成员，所以这种控制是必要的，而且其力量也极其强大。

（五）控制机构

斯金纳谈到包括政府、宗教、心理治疗、经济、教育等社会力量实施的有效控制，这些控制手段通过对人的行为的控制达到了改造社会的目的。它们有一个共同的特点：都是靠特定的机构发挥控制效能的。它们可以看做是比较正规的群体控制的表现，由于政府、法律、宗教、教育、心理治疗等机构的控制操纵着特定的变量，所以它们的控制就更加有效。

（六）人类行为控制

对人类行为控制的论述，是从团体对个体行为的影响为出发点，继而阐述了团体文化的形成和个体行为受到的影响，并最终引向美好梦想——文化设计。在个体的一生中，如果他所处的社会的社会环境发生了变化，那么此时个体就经历了冲突的文化。对于一个年龄是 30 岁左右的人，斯金纳认为从以下七个方面，我们可以合理地解释他的行为和他所接触到的文化变量之间的关系：工作水平、动机形成、情绪倾向、技能、自我控制、自我认识和神经症的行为。

三、推荐版本

《科学与人类行为》，斯金纳著，谭力海译，华夏出版社，1989年版。

第四节 | 《精神分析引论》(1915—1917年)

一、作者简介

西格蒙德·弗洛伊德（Sigmund Freud，1856—1939），奥地利精神科、神经科医生，心理学家，精神分析学派的创始人。他于1856年5月6日出生于摩拉维亚一犹太商人之家，是八个子女中的长子，4岁时随家人迁居维也纳，17岁考入维也纳大学医学院，1881年获医学博士学位。之后他开业行医，担任临床神经专科医生，终生从事精神病的临床治疗工作。在探寻精神病病源方面，弗洛伊德抛弃了当时占主流的生理病因说，逐步走向了心理病因说，创立了心理分析学说（Psychoanalysis，又译精神分析），认为精神病起源于心理内部动机的冲突。主要著作有：《梦的解析》、《性学三论》、《心理分析导论》、《文明及其缺陷》等。

《精神分析引论》是弗洛伊德流传最广的一部著作之一，曾被译成17国文字。这部著作是用1915—1917年间他在维也纳大学任教时的课程讲稿编撰成书，这是一部讲授形式的著作，是研究弗洛伊德学说的入门性读物。

二、内容精要

《精神分析引论》是弗洛伊德精神分析学说最重要的著作之一。全书几乎涵盖了精神分析理论所关切与探讨的各项层面，特别是精神分析的三大基本理论：潜意识论、梦论、性欲论。全书分三个部分：第一篇“失误动作”，针对一般正常人在日常生活中的失误动作，来分析表面行为下的深层含义，这可视作是某种预兆或讯号；第二篇“梦”，则试图由释梦的技术去探索梦的显意与隐意，并推演出梦的作用；第三篇“神经症通论”，结合前两篇对失误动作与梦的分析，以确证支配神经症患者的症状与其经历相关，并探索精神分析的治疗方法。

在这部著作中，他以“心理冲突”和“泛性论”观点对日常生活中人们的过失行为、梦及神经病三项专题进行了深入的分析和系统的阐述。在作者看来，人们日常生活中的过失现象是有意义的。它是心灵中两种相反的倾向相互牵制而趋调和的心理行动。同样，梦也不是一种神谕或毫无意义的生理现象，而有其背后的“隐意”；梦是遭到压抑的潜意识欲望的变相满足。释梦的工作便是激发梦者的“自由联想”、由梦的

“显意”推知其“隐意”的过程。相反，梦的隐意转变为显意的过程叫做“梦的工作”，它有四个成就：“压缩”作用、“移置”作用、“视像”作用、“润饰”作用。此外，梦还能回溯到童年时期的景物和欲望，成为这些景物和欲望的象征。最后，弗洛伊德分析了神经病。认为神经病症候也是两种相反的心理倾向冲突的结果：其中一方是被压抑的性本能的潜意识欲望，另一方是压抑它的自我本能的理性规范。一旦这种受压抑的性本能欲望被导入意识层面，神经病症候即可消除。

弗洛伊德指出，精神分析不同于别的医药方法，它是治疗神经错乱的一种方法，主要靠谈话。对自我的分析和研究是精神分析的入门。他提出了精神分析的两个基本命题：(1) 心理过程主要是潜意识的，意识的心理过程是整个心灵的分离部分，他由此否定了传统的观点——“心理的即意识的”；(2) 性的冲动，无论是广义的，还是狭义的，都是神经病和精神病的重要起因，并且性的冲动对人类最高的文化的、艺术的和社会的成就做出了最大的贡献。

弗洛伊德认为，“过失”常常被当做微不足道的心理现象，它的起因是由于机体的或心理的原因而引起的注意的扰乱。其实，过失如舌误、笔误等是有意义的，在它的背后隐藏着某种“意向”或“倾向”。过失是由两种倾向同时引起的结果。一种是干涉的倾向，另一种是被干涉的倾向。如在把“开会”说成“散会”这个舌误中，“要开会”是被干涉的倾向，“散会”是干涉的倾向。干涉的倾向是由于某种原因被藏在心底不愿说出的、不易被认出的倾向。对干涉的倾向的压制是造成舌误的不可缺少的条件。当然，并非所有过失都有意义，但对过失的意义的研究可以使人们深入到对潜意识的心理活动的认识。

弗洛伊德认为，与过失一样，梦也是健康人所具有的、被忽视的心理现象。梦也是有意义的，对于梦的研究不但是研究神经病的最好的准备，而且梦本身也是一种神经病的症候。梦有显意和隐意两种。记得的、可以说出来的梦是梦的显意，被伪装了的、由释梦工作所揭示出来的是梦的隐意。记得的梦并不是真的，只是一个化了装的代替物，我们顺着这个代替物所引起的观念，就可以知道梦者原来的思想，将隐藏在梦内的潜意识内容带入意识中。梦的隐义常常是被压抑的，他通过种种伪装才能在梦中表现出来。儿童的梦未经化装，其显意和隐意一致。由此看来，梦是欲望的满足。

弗洛伊德指出，神经病的症候背后都有意向，症候是有意义的，与病人的内心生活有密切的关系。他讨论了神经病症候的意义，症候和潜意识欲望的关系；讨论了心理历程中潜意识、前意识和意识问题；讨论了精神分析学对性的认识，性的冲动与精神病、文化的关系；讨论了性本能和自我本能的关系，它们各自的特点；讨论了神经病治疗中的一些技术问题等等。

三、推荐版本

《精神分析引论》，西格蒙德·弗洛伊德著，高觉敷译，商务印书馆，1984 年版。

第五节 《自卑与超越》(1932 年)

一、作者简介

阿德勒(Alrred Adler,1870—1937),奥地利精神病学家,1870 年出生于奥地利维也纳郊区一个富裕的谷物商人家庭,但却度过了一个不幸的儿童时代,幼时身体虚弱,4 岁才会走路,5 岁患严重肺炎。这一经历与他后来学医及形成其独特的心理学思想有关。阿德勒 1895 年获得维也纳大学医学博士学位,先为眼科和内科医生,后转向精神病学,曾追随弗洛伊德探讨神经症问题,1902 年,他被弗洛伊德邀请加入了维也纳精神分析协会,是当时精神分析学派的核心成员之一。1907 年,阿德勒发表了一篇论述由身体缺陷引起的自卑感及其补偿的论文并获得了很大的声誉,此时弗洛伊德还认为阿德勒的观点是对精神分析学的一大贡献。1911 年因突出强调社会因素的作用,公开反对弗洛伊德的泛性论而使两人关系破裂,阿德勒创立以“自卑情结”为中心的个体心理学,1912 年改称个体心理学会,成为一个颇有影响的学派。主要著作有:《自卑与超越》、《人性的研究》、《个人心理学的理论与实践》、《自卑与生活》等。

二、内容精要

《自卑与超越》以“自卑情结”为线索,比较系统地阐述了他创立的个体心理学思想。书中不仅涉及人为什么活着、心灵与肉体的关系、自卑感和优越感、家庭和学校对人的影响,而且还论及了早期记忆、梦、犯罪及爱情、婚姻等内容。他在书中着重论述了自卑感的形成、它对个人的影响、个人如何超越自卑感、如何将自卑感转变为对优越地位的追求以取得成就。

生活中的每一个问题,几乎都与职业、社会和性这三个主要问题有关。每个人对这三个问题作反应时,都表现了他对生活意义的最深层的感受。然而,对生活意义的理解,存在着正确和错误之分。一些人之所以失败就是由于他们错误地理解生活的意义。这种人对他人和社会毫无兴趣,他们的兴趣点只停留在自己身上,他们所赋予生活的意义是一种属于个人的意义,因此,在处理职业、友谊和性等问题上,他们不愿用与人合作的方式加以解决,以致在生活中不能不面临失败。事实上,这种个人自私的生活意义,恰恰是最没有意义的,因为所谓“意义”,只有在和他人发生关系时才能存在。

人的重要性是依他们对别人生活所作的贡献而定的,真正的生活意义在于对别人和社会发生兴趣以及能与人合作,一句话,“奉献乃是生活的真正意义”。人们对生活意义的错误理解往往起自儿童时期。那些自幼就带有器官缺陷、或被娇纵、或被忽视的儿童，缺乏对他人和社会的兴趣，一味关注的就是自己，他们难以体会到生活的意义在于奉献，最容易赋予生活以错误的意义。因此，要改造他们，应该训练他们培养起与人合作的精神，教导他们以坚定的勇气面对生活。

从个体心理学的观点出发，阿德勒认为对于人类来说，肉体和心灵二者是生活的表现，它们都是整体生活的一部分。心灵的功能在于决定动作的方向，所以它在生活中占主导地位；同时，肉体也影响着心灵，心灵只能在肉体的能限之内指使肉体。我们所有的努力都是为了达到一种能使我们获得安全和优越的地位。心灵正是指挥肉体朝着这个地位努力的，因此肉体的每种活动都能体现出心灵的目标。只有那些对他人产生兴趣而又决心要为社会有所贡献的人，心灵才有克服困难的正确技术，使肉体正确行动，从而超越自卑，使自己鼓起勇气前进。反之，不正确的优越感和目标错误的生活方式会导致人只想避开困难，心灵不能命令肉体趋向真正优越地位，自己的行动也无法超越自卑，这样人的结果往往成为生活中的失败者。

我们每个人都有不同程度的自卑感，因为我们自己所处的地位是我们希望加以改进的。自卑感的表现方式有多种多样，没有人能长期忍受自卑之感。它一定会迫使他采取行动来解除自己的紧张状态。即使一个人已没有勇气面对生活，但他仍然要设法摆脱自卑之感，不过这种人采取的方式不是设法克服障碍，而是用一种优越感来麻醉和欺骗自己，这样做的结果，非但不能克服自卑感，而是愈积愈多，因而在困难面前表现得犹疑、彷徨，甚至退却。然而，自卑感本身并不是变态的，实际上它是人类不断发展的动因，人类的全部文化都是以自卑感为基础的。人类的自卑感是始终存在的，原来的被克服了又会产生新的，人类决不会满足于自己的成就而止步不前，因为没有一个人会发现自己所处的地位已经接近能够完全控制其环境的最终目标。每个人都有渴望优越感的目标，对优越感的追求是所有人类的通性。

三、推荐版本

《自卑与超越》，阿德勒著，光明日报出版社，2006 年版。

第六节 |《发生认识论》(1970 年)

一、作者简介

皮亚杰（Piaget Jean，1896—1980），瑞士儿童心理学家，发生认识论的创始人。生于瑞士纳沙特尔，自幼聪慧过人，10 岁就发表有关鸟类生活论文，有科学神童之称。1915 年和 1918 年皮亚杰相继获纳沙特尔大学学士和博士学位。他曾在苏黎世、巴黎从事过精神病诊治及儿童测验工作，1921 年被推荐为日内瓦大学卢梭学院实验室主任，后又升任助理院长并先后执教于纳沙特尔大学、日内瓦大学、洛桑大学和巴黎大学，曾先后当选为瑞士心理学会等多个学术团体的主席，还长期担任设在日内瓦的国际教育局长（1929—1967）和联合国教科文组织助理总干事之职。他还是多家心理学刊物的编委，1955 年在日内瓦创立“国际发生认识论中心”并任主任，直至去世。曾被多所著名大学授予名誉学位并获多种学科奖。代表性著作有《儿童智慧的起源》、《儿童对现实的构造》、《儿童符号的形成》、《发生认识论导论》、《结构主义》、《生物学与知识》等。

二、内容精要

《发生认识论》集中、系统地阐述了认识论的观点。皮亚杰认为发生认识论的特有问题是认识的成长问题，而研究认识的发生发展是认识论不可缺少的一个部分。本书共包括三章：第一章根据对心理的发生发展的分析，讨论认识的发展和形成；第二章根据原初的有机体条件，讨论认识的生物发生过程；第三章是关于古典认识论问题的重新考虑。

作者试图以认识的历史、社会根源、认识所依据的概念和“运算”的心理起源为根据来解释认识，特别是解释科学认识。因此它具有两个基本特点：（1）用发生学的观点和方法研究人类的认识，强调认识的个体心理起源和历史发展；（2）发生认识论不是或不只是传统的认识论，而是要对各门科学中的认识论问题进行研究，因而它是跨学科的理论。

皮亚杰对认知发展研究得出的结论是：（1）人的认识起源于活动，而活动又内化成为可逆的运算活动（内心活动）；（2）在活动和具体运算之间有一个表象思维和直观思维的过渡阶段；（3）语言和思维的发展是平行的，思维结构越精细就越需要更多的语言参加，高级形式的运算结构是用语言来表达的；（4）思维并非起源于语言，但智力越发展，语言的重要性也越大；（5）儿童的最初概念是前概念和前关系，以后发展到能稳定地区别个体和类；（6）运算的特征是归类和关系具有传递性和可逆性；（7）成人思维中的逻辑结构和数学结构起源于儿童行动的一般协调，起源于儿童的归类、系列化和对应的行动。

皮亚杰认为影响儿童思维发展的四个主要因素是：成熟、自然经验、社会经验和平衡作用。他特别强调平衡的作用，认为不但人的认识，就是人的道德情感都是在主客体相互作用的过程中，由主体通过自我调节不断地建构而成的。

三、推荐版本

《发生认识论》，皮亚杰著，胡世襄译，商务印书馆，1997 年版。

第七节 |《思维与语言》(1934年)

一、作者简介

维果茨基（Lev Semenovich Vygotsky，1896—1934），前苏联心理学家，社会文化历史学派的创始人，主要研究儿童心理和教育心理，着重探讨思维与言语、教学与发展的关系问题。他于1917年毕业于莫斯科大学法律系和沙尼亚夫斯基大学历史哲学系，曾先后工作于莫斯科实验心理学研究所、缺陷研究所、心理学研究所，并在莫斯科、列宁格勒、哈尔科夫等城市的许多高等学校讲授心理学。1934年他因患肺病逝世，终年只有38岁。

他毕生从事心理发展问题研究，强调人类社会文化对人的心理发展的重要作用，认为人的高级心理机能是在人的活动中形成和发展起来并借助语言实现的，与A.H.列昂节夫和A.P.鲁利亚等人形成了一个极有影响的文化历史学派——“维列鲁学派”。在思维和语言等高级心理过程的研究中，他提出的观点和应用的方法都在国内外产生了重大影响。其异常丰富和颇具创造性的心理学思想受到全世界心理学家的高度重视，被誉为20世纪最有影响的心理学家之一。重要论文著作有：《意识是行为心理学的问题》、《儿童期高级形式注意机制的发展》、《高级心理机能的发展》、《精神分裂症的概念障碍》、《心理学讲义》、《思维与语言》等。

二、内容精要

维果茨基首先指出，在心理学界，思维与语言的课题没有得到公认的解答。他认为出现这种局面的根本原因在于，大家所采用的方法出了原则性错误：过度细化的“元素分析”使问题失去了思维与语言的整体性这一根本特性，得到的是支离破碎的各不相干的结果。他进而提出了“单元分析”，这样分析结果保留了整体所在特性。

维果茨基对以W.斯特恩为代表的唯理主义和皮亚杰的观点进行了批判，认为，在个体发生的过程中，思维与语言发展根源不同；在语言发展中，存在一个前智力阶段，而在思维发展中，存在一个前语言阶段；存在某个关键时刻——之前，思维与语言发展互相独立；之后，两条发展曲线开始会合。儿童能够意识到一些象征并能意识到需要这些象征时，可以说这已经是在特定意义上的一种思维过程。

维果茨基根据观察和实验研究认为，儿童非但不是以一次了结的方式发现语言意义，而且这一过程还极为复杂，有它的“自然历史”和“文化历史”。维果茨基的结论是：(1)儿童发现词和物体之间的联系并不立即清楚地意识到符号和符号所指对象的象征关系，而仅是掌握了物体一词的外部结构，以后才会掌握符号及符号所指对象的内部关系；(2)儿童的发现是一系列时间的和复杂的“分子”变化导致言语发展中的

“瞬间”时刻的到来，这是个长长的过程。

维果茨基认为，自我中心言语并不仅仅是作为儿童活动的伴随物及其表述手段和解除紧张的手段，更重要的是，它在特定的意义上很快成为一种思维工具——寻求和规划解决问题的工具。另外，维果茨基认为，自我中心言语是从外部社会言语转化到内部个人言语，儿童最初的言语是纯粹社会性的。自我中心言语在从有声言语到内部言语的演化过程中是一个过渡阶段——年长儿童默不作声地对情况进行思考。当儿童被问到他正在思考什么时，他给出的答案相当于学前儿童的大声思考——这表明学前儿童通过自我中心言语实施心理运算已经让位于学龄儿童的无声的内部言语。这类实验表明，当自我中心言语外在消失时，它并没有消亡，而是“转入地下”，变成了内部言语。当这种转化发生时，面临困难的儿童便一会儿求助于自我中心言语，一会儿求助于沉默反应。

维果茨基认为言语发展遵循着以下路线：言语的主要功能是交流，是一种社会接触。儿童的最初言语基本上是社会性的。开始时它是我向思考和定向思考的混合，具多功能性。后来的功能开始分化。当儿童将社会性的行为形式转移到个人内部心理功能方面时，自我中心言语发生了。而后，自我中心言语逐步转化为内部言语——又具有了我向思考与定向思考的功能。

维果茨基把言语的发展过程分为四个阶段：（1）原始或自然阶段——与思维发展中的前言语和言语发展中的前智力相一致；（2）幼稚心理阶段——儿童将所拥有的对身体及其周围的事物物理特性的经验，运用到工具使用方面，使其首次表现出萌芽中的实际智力，儿童的言语在这里发展得非常明确——未掌握思维的句法就先掌握了言语的句法；（3）外部符号阶段——拥有解决内在问题时用辅助手段的外部动作的外部符号，言语发展到了自我为中心言语；（4）内部生长阶段——外部动作在内化中经历了深刻的变化——儿童能运用内部的联系和内部的符号，言语发展进入内部的、无声的言语阶段。值得一提的是，外部动作和内部动作之间在这一阶段仍有不断的相互作用。

三、推荐版本

《思维与语言》，维果茨基著，李维译，浙江教育出版社，1997 年版。

第八节 | 《人性能达到的境界》（1969 年）

一、作者简介

马斯洛（Abraham Maslow，1908—1970），美国著名的社会心理学家、人格理论家和比较心理学家，人本主义运动的发起者之一和人本主义心理学的重要代表，也是第三势力的重要领导者。他的需要层次理论和自我实现理论是人本主义心理学的重要理论，对心理学尤其是管理心理学产生重要影响。

马斯洛出生于美国纽约布鲁克林区，1926 年入康奈尔大学，后来转到威斯康星大学学习心理学并在此先后获得学士、硕士和博士学位，曾任威斯康星和哥伦比亚大学教授、美国心理学会主席以及美国人格与社会心理学会主席等职。主要著作有《动机与人格》、《存在心理学探索》、《人性能达到的境界》等。马斯洛坚信人有能力造出一个对整个人类及每个人来说是更好的世界，坚信人有能力实现自己的潜能和价值，即达到自我实现。

二、内容精要

《人性能达到的境界》是马斯洛 1969 年亲自选定的由已发表过的文章组成的关于人性与社会关系研究的论文集，共 8 篇 23 章。

（一）人本主义

书中探讨了人本主义的生物学，从一个心理学者的角度来谈技术化倾向和人化的生物学。我们这个社会为什么只有那么少的人达到了同一性、个性、丰满人性及自我实现呢？为此，他对两位老师的优秀品质进行追根溯源，力图得出一个人之所以与众不同的原因。

（二）创造性

马斯洛认为人的创造性与自我实现、丰满人性也许是同一概念。在人的创造性的培养方式中，艺术教育是一条有效途径。马斯洛提出的一个主要问题是——“怎样才能成为有创造力的人?”一个总的原则是：任何有助于人向更大心理健康或更丰满人性运动的事情都等于是在改变着整个人。要有创造性，个人则要克服自身的情绪障碍。创造性人物实际是任何领域都必需的。

（三）人本主义教育

人本主义教育的目的，在根本上就是人的“自我实现”，是丰满人性的形成，是人种能够达到的或个人能够达到的最高度的发展。传统意义上学生的学习态度与动力主要取决于外在的因素，但人本主义教育观认为理想的教育，学生的学习动力应来自内部的兴趣。

什么样的工作条件、什么样的工作、什么样的管理、什么样的奖赏或报酬对人性的健康成长及其较丰满和最丰满的发展有益？“优美心灵管理”不是用来更有效地操纵人们以求达到非他们自身所需要的目标。满足的条件有：有意义的工作，担负责任，创造、公平和正义，需要进行有价值的活动，而不是仅仅以金钱作为“报酬”。

三、推荐版本

《人性能达到的境界》，马斯洛著，林芳译，云南人民出版社，1987 年版。

第九节 《学习的自由》（1969 年）

一、作者简介

罗杰斯（Carl Ranson Rogers，1902—1987），美国心理学家，1902 年 1 月 8 日生于芝加哥附近的奥克帕克，早年主修农业和历史，1924 年毕业于威斯康星大学，同年进入纽约联合神学院，后转入哥伦比亚大学师范学院学习临床心理学，1928 年获硕士学位。他于 1940 年任俄亥俄州立大学心理学教授，1945 年在芝加哥大学任教，1957 年回母校威斯康星大学任心理学和精神病学教授，曾担任美国应用心理学会第一任主席。

自 1927 年以来的半个多世纪中，罗杰斯主要从事咨询和心理治疗的实践和研究。他以首倡患者中心治疗而驰名，提出了关于人格的“自我理论”，并把这个理论推广到教育改革和人际关系领域中。他是当代美国人本主义心理学的主要代表之一，他的理论观点与当代行为主义形成了鲜明的对比。主要著作有《咨询和心理治疗：新近的概念和实践》、《学习的自由》、《个人形成论：我的心理治疗观》等。

二、内容精要

罗杰斯把人本主义理论运用到教育中，形成了他独特的教育目的观、学生观、教学观以及教师观。他认为真正有效的教育必须帮助学生发展积极的自我意识，促进学习和个人潜力的充分发挥。生活在不断变化的世界中，人需要不断学习，不断接受新经验以促进自身变化，实现自我。他认为每个人都有内在的学习动机，这一动机与生俱来，如果没有受到压抑它会伴随人的一生。教育面临的真正挑战是寻求正确的方法和途径，使所有学生永远保持这种天生的求知欲、好奇心和创造性，成为不倦的学习者。生存发展的条件是“自由”，是学生能够根据自己的兴趣去探索和发现的自由，是能够对一切现存结论质疑的自由，是能够根据自身的需要选择自己发展的方向的自由。

罗杰斯以学习活动对于学习者是否有意义来区分两类不同的学习。一种是所谓认知学习，它只是脑力活动，没有个人情感的投入，传统学校课程中大部分内容与学生生活无关。另一种是意义学习，罗杰斯认为，只有这种对于学习者本人有意义的学习才是唯一有价值的学习，它影响“广泛而深远”，涉及“人的行为、态度，今后的行动方向甚至整个人格”。教育的唯一目的就是促进这种学习。他强调，意义学习不取决于教师的学识、讲解、教学技巧、课程计划和教辅手段；正好相反，教师应该避免确定教学计划，避免规定阅读材料，而且除非学生要求，教师也不应该用考试手段来评价学生的学习，因为这些做法都与意义学习相悖。罗杰斯认为意义学习的核心是学生直接参与学习过程，参与学习目的、学习内容、学习结果评价的决策。学生要有根据自己的兴趣和需要选择学习的自由。同时，意义学习还必须让学生体验到学习对于他们个人的意义。他指出："让年轻人从小学会思考复杂的问题，认识到任何一个问题都有正反两面和学会选择自己的立场，是绝对必要的。……学会解决复杂的社会和科学问题是教育的根本目的。"因此，"我们必须让所有学生，无论他们是在哪个（教育）阶梯上，接触与他们生存有关的真实问题，这样他们才会发现他们想要解决的问题。"

罗杰斯认为实现意义学习的关键是营造有利于学习的气氛。既然学生都具有内在的学习动力，他们所需要的是不受压抑，能让他们的好奇心和创造性得以自由舒展的土壤、阳光和空气。这些条件一旦具备，那颗求知的种子就会自主地发芽生长，而教师的主要作用就是营造这种促进学习的气氛。教师应是"学习的促进者"。教师创造有利于学习的气氛的关键是学习过程中的人际关系，尤其是教师对待学生的态度。这种态度的基础是对学生的信任，即信任学生不仅有学习的内在动力而且有自主学习的能力。

三、推荐版本

《学习的自由》，罗杰斯著，伍新春、管琳、贾容芳译，北京师范大学出版社，2006 年版。

第十节 | 《分析心理学的理论和实践》（1935 年）

一、作者简介

荣格（Clarl Gustav Jung，1875—1961），瑞士心理学家和精神分析医师，分析心理学的创立者。十几岁时就广泛阅读过古希腊和古罗马哲学家、中世纪经院神学家以及近代哲学家黑格尔、康德、叔本华、尼采等人的著作。他早期曾和 S. 弗洛伊德合作，后来由于观点的不同，两人的关系破裂。主要著作有《精神分析理论》、《无意识心理》、《分析心理学文集》、《心理类型》等。荣格对中国道教的《太乙金华宗旨》、《慧命经》、《易经》，以及佛教的《西藏度亡经》、禅宗皆进行过深入研究，也对西方炼金术着迷，并在《太乙金华宗旨》及西方炼金术中找到与他个性化观念相同之处——调和有意识的自我与无意识的心性。

二、内容精要

《分析心理学的理论和实践》是 1935 年他 60 岁的时候在伦敦塔维斯托克诊所给医生们所作的系列讲座。

荣格的人格理论包括三个层次：意识或自我、个人无意识，集体无意识。他提出内倾、外倾的心理类型。认为集体无意识反映了人类在以往历史进化过程中的集体经验。人从出生那天起，集体无意识的内容已给他的行为提供了一套预先形成的模式，这便决定了知觉和行为的选择性。

集体无意识的内容主要是各种原型。所谓原型，就是带有集体性、普遍性的非个人的形式，这种形式是先天的超越个人经验的。这些先天倾向或潜在的可能性，为个人的行为提供了一套预先形成的模式，从而决定个体出生后将以何种方式来把握世界和作出反应。荣格称之为“原始意象”或“心灵的虚像”，而这些意象则直接来源于我们的祖先。正如我们的生理结构带有许多祖先遗传下来的痕迹，我们的心理结构同样如此。人类心理的发展实际上就是从集体无意识中不断扩展的过程。

集体无意识原型非常多，但其中最重要的是四种，即人格面具（the persona）、阿尼玛（anima）和阿尼姆斯（animus）、阴影（the shadow）和自性（the self）。

人格面具，指人们能够扮演某种社会角色，顺从社会期望的先天倾向，它保证了人们能够表现出某种性格以适应社会，这种性格不一定是其真正的人格，而只是其对外公开展示的一面，目的在于给他人留下一个好印象以得到社会的承认。人格面具对于人的生存来说是必需的，它保证了人们能够与他人和睦相处，实现个人目的。但人格面具过分发展则会压抑人的真实人格与天性，甚至丧失自我。

阿尼玛与阿尼姆斯，是人们心理中对应于异性的那一面，前者是男人心理中女性的一面，后者则是女人心理中男性的一面。每一个男性在他无意识深处都存在着一种女性的意象，这种意象会影响他对女性的观念与态度。这种意象不是某个具体的女人，而仅仅是一种关于女性的模糊而不确定的形式，它是个体在后天逐渐获得的女人的经验与观念。阿尼姆斯原型则恰好相反。这两种原型的存在告诉我们，每个人都天生具有异性的某些性质。从心理学角度来讲，每个人的心理都是两性的混合体。这两种原型会深刻影响人们对异性的态度与交往方式。例如，人们在寻觅爱情的时候往往就是在寻找符合自己无意识深处阿尼玛或阿尼姆斯原型的异性。在很多一见钟情的例子中，男人或女人一见到对方，就从内心感觉到对方正是自己正在寻找的爱人，甚至有一种似曾相识的亲切感，这就是无意识深处阿尼玛或阿尼姆斯原型被激活的结果。

阴影，是代表一个人自己的性别并影响他与同性别人关系的一种原型。它比任何其他原型都更多容纳着人的最基本的动物性，它是人类最古老、最原始的原型之一，因而也是最强大与最危险的。一方面阴影中充满了生命的活力、激情与创造性，包含着人类最为宝贵的直觉的智慧，另一方面阴影中又容纳了人类的“恶”性，如侵犯性、破坏性等，所以它是人身上所有那些最好和最坏的东西的发源地。当由于人格面具的过分强大而削弱了阴影的力量时，人们将会过上一种平淡、缺乏激情与创造性的苍白的人生；而如果阴影受到社会的严厉压制或者社会不能为其提供适当的宣泄途径时，往往会导致集体性的灾难。每一次大规模的战争或社会动乱后面都潜藏着阴影的巨大力量，这或许就是文明的悲剧。了解了这一点，我们也许可以理解为什么人类最具破坏性的大规模战争与惨无人道的大屠杀，并不是发生在野蛮愚昧的原始社会，而恰恰是高度文明时期，为什么人类越走向文明与进步，战争却越频繁、残酷。

三、推荐版本

《分析心理学的理论和实践》，荣格著，程琼译，三联书店，1991 年版。

第十一节 | 《实验心理学史》(1929 年)

一、作者简介

波林（Edwin Garrigues Boring，1886—1968），美国心理学家、心理学史家，1908 年毕业于康奈尔大学，1914 年获康奈尔大学哲学博士学位。他曾在克拉克大学和哈佛大学任心理学教授，1924—1949 年兼任哈佛大学心理学实验室主任，从事感知研究。波林对“月亮错觉”进行了实验研究，认为月亮在天顶显得小，在地平线显得大，是由于眼睛上仰造成的。主要著作有《实验心理学史》、《实验心理学史中的感觉和知觉》、《心理学：实用教科书》、《历史、科学与心理学》等。

二、内容精要

《实验心理学史》从近代科学的起源谈起，全面地阐述了近代心理学在科学和哲学思潮的影响下，在西方国家形成和发展的历史。着重叙述了实验心理学的建立和它在德、奥、美、英等国各种心理学派的发展状况。作者本着“我常以为实验心理学家在其专攻的范围之内也需要历史的知识”的信仰，对欧洲文艺复兴及近代科学的诞生，均作了系统而扼要的“历史知识”的阐述，试图分析“心理学是如何加入科学阵营之内”的历史过程，论述实验心理学如何发展成今天的样子。他认为：“若没有这种知识，便不免将现在看错，将旧的事实和旧的见解视为新的事实和新的见解，而不能估计新运动和新方法的价值。”同时，他叙述了科学的出现、新兴的学术、近代科学的开始、生理学的开始和德国科学中的现象学等历史溯源性的内容。

该书第 1 章至第 8 章是以研究范畴为主线来介绍近代心理学在科学内的发展，其中包括 19 世纪上半叶实验心理学的 9 大发现中的 4 项：感觉神经和运动神经、反射动作、神经冲动的电的特性、神经冲动传导的速率等，其余 5 项分述于以后的各章之中。

第 9 章至第 22 章是以人物和学派为主线来介绍近代心理学在哲学内的起源，实验心理学的建立，近代心理学在德国、英国和美国的建立等内容。

三、推荐版本

《实验心理学史》，波林著，高觉敷译，商务印书馆，1981年版。

第十二节｜《超越IQ——人类智力的三元理论》（1985年）

一、作者简介

斯腾伯格（Robert J. Sternberg，1949—），美国著名心理学家，1972年获耶鲁大学心理学学士学位，1975年获斯坦福大学博士学位，现任耶鲁大学心理系教授。他最大的贡献是提出了人类智力的"三元理论"。此外，他还致力于人类的创造性、思维方式和学习方式等领域的研究，提出了大量富有创造性的理论与概念。他著述甚丰，目前已达近500篇（本），主要有《智力、信息加工和类比推理》、《超越IQ——人类智力的三元理论》、《人类智力百科全书》、《成功智力》、《认知心理学》等。

二、内容精要

智力，因为心理学的深入研究才具有现今丰富的含义。其中智力结构理论及其指导的智力测验几乎主宰该领域达半个世纪之久，至今影响深远。但它存在着许多不足，如果一味强调技术，脱离研究对象的整体文化背景和社会实践，最终难免走向没落。三元智力理论试图从主体的内部世界、现实的外部世界以及联系内外世界的主体经验世界这三个维度来分析、描述智力，超越了传统的智力概念，从一个全新的视角来阐释智力，将智力理论的发展提升到了一个新的高度。

为了说明"什么是智力"以及"智力测验在多大程度上能解释一个人的工作表现和事业成功的概率"等问题，斯腾伯格通过对职业心理学家和普通人的调查认为，人们通常理解的智力包括智力、解决问题的能力和实践智力三个方面的内容，而传统的智力测验只能测验前两种能力，对实践智力却往往无能为力。斯腾伯格认为传统智力测验所顾及的只是主体的内部世界，并且大多数未能很好地控制知识和经验因素的作用，另外，传统智力测验一般是限时测验，因过分强调速度而使测验结果很难真实地反映出受测者的智力状况。针对此类缺陷，斯腾伯格的三元智力理论注重从主体的内部世界、现实的外部世界以及联系内部和外部世界的主体的经验世界这三个维度来分析智力，既是对传统智力的批判，也是对原有智力成分理论的扩充与修正。

斯腾伯格认为，人的智力是复杂而多层面的，传统的单一的智力理论不能对智力进行清晰完整的描述。三元智力理论从整体意义上对情境、经验和成分三个层面进行分析，并形成了三个亚理论——情境亚理论、经验亚理论和成分亚理论。三个亚理论结合起来能够较为公正客观地描述和解释个体之间的差异，回答“谁相对较为聪明”的问题。

三元智力理论作为斯腾伯格对“智力”探索的阶段性成果，不仅扩充与修正了传统智力成分理论，而且是对原有智力成分理论及相关智力概念的一次超越。三元智力理论的优越性有以下体现。首先，三元智力理论从主体与外部世界、内部世界及经验世界这三个方面的联系中来分析智力的本质，充分考虑情景、经验水平对智力的影响，使智力不再局限于成分。其次，三元智力理论涉及经验水平，认为经验的多寡也影响智力的测量。再次，三元智力理论为编制较理想的智力测验提供了一个较为适当的理论框架，并且可以在真实性和公平性两大层面上使传统智力测验的缺陷得到一定程度的弥补。当然，情景亚理论和经验亚理论虽提出问题，但并没有使问题得到圆满的解决，并且编制相应的测验也需经过深入的研究和探索过程。基于此类问题，斯腾伯格进行了更为深度的探索，并于十年后提出了成功智力理论，可以视为对三元智力理论的新超越。

三、推荐版本

《超越 IQ——人类智力的三元理论》，斯腾伯格著，俞晓琳、吴国宏译，华东师范大学出版社，2004 年版。

第七章 | 经 济 学

经济学（Economics）是研究人类社会各个发展阶段、各种经济活动和各种相应的经济关系及其运行、发展规律的科学，是对人类各种经济活动和各种经济关系进行理论的、应用的、历史的研究的学科总称，又可称为经济科学。经济学本质上是关于人与经济活动的科学。

纯经济学的研究范围是生产、分配、交换、消费等领域内的经济基本理论问题。其实，在所有的研究领域内，只要是同经济有关的，总会是经济学某一分支学科所要研究的问题。随着时间的推移，迟早会出现与此有关的经济学分支学科。

当代经济学形成了各种流派和理论，如新古典综合派、新福利经济学、新剑桥学派、货币主义、供给学派、弗赖堡学派、新制度学派、公共选择学派等。

艺术和经济的关系十分密切，我们可以运用经济学的理论和方法来研究艺术现象和艺术规律，把艺术学与经济学结合起来。如果单从艺术的本质出发研究艺术，就无法解释为什么艺术产品在人类社会会成为商品；如果单从经济学的观点研究艺术经济现象，就无法解释为什么艺术产品在充当商品时会与一般商品有很多不同，会呈现出更为复杂的规律和特点。

第一节 ｜《国民财富的性质和原因的研究》（1776 年）

一、作者简介

亚当·斯密（Adam Smith，1723—1790），出生于苏格兰的卡柯尔迪市，是遗腹子，由其母亲养大。他于 1737 年进入格拉斯哥大学，先后学习道德哲学、数学、政治经济学等，1740 年获斯内尔奖学金进入牛津大学的巴利奥尔学院，1748 年在爱丁堡大学开设讲座，并崭露头角，1751 年回到母校格拉斯哥大学。1767 年斯密回到故乡，开始写作《国民财富的性质和原因的研究》，1776 年完成了这一使他成为公认的经济学鼻祖的巨著。

亚当·斯密一直被尊称为政治经济学之父，他生活在资本主义工场手工业时期的英国，产业革命乃大势所趋，但英国产业的发展受到封建残余和重商主义落伍政策的重重限制。他在《国民财富的性质和原因的研究》中主张自由竞争和自由贸易，反映了资产阶级的要求，同时，总结了各国资本主义发展的经验，批判地吸收了很多经济理论，博采众长，系统地描述了整个国民经济的运动过程。该书对世界资本主义的发展所起到的重大作用，是其他经济学著作无法达到的。亚当·斯密的故乡卡柯尔迪市博物馆有一幅加尔布雷斯的题词，他把《国民财富的性质和原因的研究》、《圣经》、《资本论》并列作为人类三大智慧宝库。

二、内容精要

《国民财富的性质和原因的研究》是一部关于资本主义商品生产和市场经济的经典著作，其主题是研究国民财富的性质和原因，全书共五篇，每篇都有一个与市场经济制度密切相关的主题。

具有二元性的价值理论。“分配论”，主要分析了提高劳动生产率的途径和原因，建立了资本主义市场经济的理论基础。在“论分工”里，亚当·斯密指出分工是提高劳动生产率的原因。分工是人类互通有无、物物交换、互相交易的倾向造成的结果。分工起因于交换，分工的程度受交换能力、市场范围的限制。这就是被后世尊称为“斯密定理”的理论。

价值和价格理论在《国民财富的性质和原因的研究》中占有极其重要的地位。亚当·斯密论证了商品交换的基本原理、市场机制的作用，认为有两种商品交换价值的尺度：劳动和货币，劳动是“真实尺度”或“真实价格”，货币是“名义尺度”或“名义价格”。

作者竖起了自由贸易的旗帜，吸收了重农主义的自由放任政策。认为农业是财富的唯一源泉，把工匠、制造业者、商人列为生产阶级。作者批判了当时流行的两大政策体系——重商主义、重农主义，阐述了经济自由主义和自由贸易的思想。重商主义是在欧洲各国具有极深影响的学说和政策体系，亚当·斯密深入分析了这一体系，表达了对封建专制主义阻碍生产力发展的反感，在批评重农主义的同时，也肯定了其成绩。后来，人们认为《国民财富的性质和原因的研究》是对重商主义的全面彻底的清算，标志着产业资本的观念最终克服了商业资本的局限。

斯密对于国家作用的论述，至今仍具有重要的理论和现实意义。在自由竞争的市场经济条件下，生产、交换、分配、消费都受供给和需求的自发调节和支配，无须国家的计划。但亚当·斯密认为国家的作用在于：保护社会不受其他独立社会的侵犯；严正的司法机关以保护公民的合法权利；建设并维持公共事业和某些公共设施，即充当私人资本的警察和守夜人。

三、推荐版本

《国民财富的性质和原因的研究》，亚当·斯密著，郭大力译，商务印书馆，2002年版。

第二节 《政治经济学及赋税原理》(1817 年)

一、作者简介

大卫・李嘉图（David Ricardo，1772—1823），生于伦敦，其父亲是证券交易所经纪人。李嘉图 12 岁就在商业学校学习，14 岁追随父亲从事证券交易所的活动，21 岁即独立从事交易所的工作，25 岁就拥有价值 3000 万法郎的财富。之后，他离开商界，全力投身于科学研究。

大卫・李嘉图生活在工业革命蓬勃发展的 18 世纪末到 19 世纪初的英国，当时，英国已成为由地主阶级、工业资产阶级、无产阶级构成的典型的资本主义社会。社会主要矛盾是工业资产阶级和贵族地主阶级的矛盾，在政治上集中表现为议会改革之争，在经济上表现为对谷物法的存废和货币流通制度的改革上。作为资产阶级的代表，大卫・李嘉图为资本主义的发展不断著书立说，摇旗呐喊。1817 年，在其信徒詹姆斯・穆勒的鼓励下，大卫・李嘉图出版了他一生中最重要的经济学著作《政治经济学及赋税原理》。该书使大卫・李嘉图成为当时一流的经济学家。

二、内容精要

大卫・李嘉图全部理论的基石是价值理论，坚持商品价值由劳动决定的原理。围绕这一基本论点，他全面论述了使用价值和交换价值、价值和劳动、价值和交换价值、价值和生产价格等问题。

他的分配理论以劳动价值理论为基础，主要由工资论、利润论、地租论构成。他阐述了工资的实质，指出“劳动的自然价格是使工人大体上说能够生存下去，并且能够在人数上不增不减地延续其后裔所必需的价格”。他还分析了相对工资，认为在利润快速增长的情况下，尽管实际工资保持不变，名义工资甚至有所提高，但相对工资有可能减少。他认为利润是在劳动过程中创造的，是在商品价值中扣除劳动价值的剩余部分。他把地租理论和劳动时间决定价值的理论结合起来，认为地租是农业中超额利润的转化形态，在一定程度上揭示了地租的实质，否定了亚当・斯密等人把地租看做是“纯粹是自然的恩惠”、“使用土地的自然报酬”的错误观点。

贸易问题，是大卫・李嘉图理论体系的重要内容。大卫・李嘉图阐释了自由贸易有利于利润率的提高、有利于资本积累、促进资本主义社会的发展的观点。为了更深入地论证自由贸易的必要性，他提出了不同于亚当・斯密绝对成本说的比较成本说。该学说反映了英国资产阶级向外经济扩张的要求，揭示了国际贸易双方都可获得降低成本、提高劳动生产率的益处，也掩盖了发达资本主义国家对落后国家的经济掠夺和侵略事实。

在积累和再生产问题上，大卫·李嘉图认为，生产决定消费，而不是消费决定生产。为了扩大消费，就必须扩大生产；生产要扩大，就必须积累；要增加积累，就必须缩减非生产性的消费。而妨碍积累的最主要的非生产性消费，就是地主阶级的地租和国家的赋税。

三、推荐版本

《政治经济学及赋税原理》，大卫·李嘉图著，郭大力译，商务印书馆，1962 年版。

第三节 《新人口论》(1957 年)

一、作者简介

马寅初（1882—1982），又名马元善，生于浙江绍兴一个酿酒作坊家庭，后举家迁至绍兴附近的嵊县居住。1898 年，马寅初到上海求学，后转至天津北洋大学攻读矿冶专业。他于 1906 年赴美国留学，先后在耶鲁大学和哥伦比亚大学研究经济学，并获这两所大学的博士学位；1915 年回国，任北洋政府财政部职员，1916 年任国立北京大学经济系教授兼系主任。

马寅初 1949 年任中华人民共和国中央人民政府委员、中华人民共和国政务院财政经济委员会副主任、华东军政委员会副主任、浙江大学校长。1951 年他出任北京大学校长，1960 年 1 月 4 日，因出版《新人口论》被迫辞去校长职务，1979 年 9 月任北京大学名誉校长兼中国人口学会名誉会长。主要著作有《中国经济改造》、《经济学概论》、《我的经济理论、哲学思想和政治立场》、《新人口论》等。其中，《新人口论》是经过调查研究后写成的，正确地分析了我国人口增长速度过快的原因，论证了人口增长太快同积累、消费之间的矛盾，提出控制人口生育的建议和措施。《新人口论》是我国现行人口政策的重要依据和我国社会经济学界的一个里程碑，冲破了“人口多就是好”、“人多力量大”的谬论。但这一理论在上世纪六七十年代却受到了激烈批判，马寅初也因此被批判。

二、内容精要

《新人口论》系统地论述了中国的人口问题，提出了“我国人口增长过快”的命题。马寅初用具体数字说明了中国人口增加的速度，指出，如果按 1953 年国家人口普查得出中国人口的增加率是平均每年 22‰的增长速度，50 年后就是 26 亿人。因此，他主张在实行计划经济的同时，必须实行计划生育。

该书重点从加速积累资金、提高科学技术、提高劳动生产率和人民物质文化生活水平、增加工业原料等方面，论述了控制人口过快增长的必要性、迫切性。

1. 人口增长与资金积累的矛盾。他认为，因为中国人口多，消费大，所以积累少，只有把人口控制起来，使消费比例降低，才能多积累资金。

2. 社会主义必须提高劳动生产率。多搞大工业，搞农业电气化、机械化，但是为了安置较多就业人员，就不得不搞中小型工业，农业搞低效率劳动实际上是拖住了高速工业化的后腿。

3. 人口增长和工业原料的矛盾。大办轻工业可以有效地积累资金，但是轻工业原料大多数来自农业。由于人口多、粮食紧张，就腾不出多少地种诸如棉花、蚕桑、大豆、花生等经济作物；由于农产品出口受到限制，不能进口成套重工业设备，影响重工业发展。

4. 全国人均不到 3 亩耕地，短期内又做不到大面积垦荒，就粮食而论，亦非得控制人口不可。他指出，控制人口刻不容缓，不然的话，日后的问题愈难解决。

可贵的是，马寅初不仅提出要控制人口数量，还提出要提高人口质量，强调一定要把质与量配得适当。马寅初的真知灼见是经得起历史考验的，也从根本上促成了中国经济的发展。

三、推荐版本

《新人口论》，马寅初著，中国人口出版社，2002 年版。

第四节 | 《经济学原理》(1890 年)

一、作者简介

阿尔弗雷德·马歇尔（Alfred Marshall，1842—1924），英国经济学家、新古典学派（或剑桥学派）的创始者。他 1842 年出生于伦敦郊区的伯蒙齐，1865 年毕业于剑桥大学，1868 年为研究康德哲学去德国，同年回国，任剑桥大学道德学讲师，法德战争期间再度去德国，研究黑格尔历史哲学，1875 年又为研究保护政策而远渡美国。1877 年他就任布里斯托尔大学校长、经济学教授，1881 年因病停职去意大利修养，1883 年任牛津大学经济学讲师，1885 年回剑桥大学任经济学教授 23 年。他在就职演说中提出要给经济学以新的地位，这一宣言以及经过数十年的努力，使得经济学开始获得了像今天这样的独立地位。马歇尔对经济学的主要贡献有：（1）对于数理经济学的贡献，他是用图标分析经济学的创始者；（2）对于货币理论的贡献，他把货币数量论作为一般价值学说的一部分予以解释；（3）对于一般经济理论的贡献，提出时间因素、准地租、代表厂商、外在与内在经济、主要与辅助成本、消费者剩余等概念。

马歇尔主要著作有：《经济学原理》、《工业经济学原理》、《经济学中的新剑桥课程和相关的政治科学》、《工业与贸易》、《货币、信用与商业》等。其中《经济学原理》一书的出版，牢固地确立了马歇尔作为世界上最主要经济学家之一的地位。

二、内容精要

《经济学原理》的研究方法融合了当时各经济学派热衷的抽象演绎法、历史归纳法、边际分析法、心理分析法和数理方法。经济学说史上久负盛名的各种学说，如亚当·斯密的分工理论、李嘉图的地租学说、马尔萨斯的人口论、萨伊的销售法则、西尼尔的节欲说、约翰·穆斯的生产费用论以及杰文斯的负效论、边际效用论、边际生产力论等，在马歇尔的体系中都被吸收利用。

《经济学原理》有三个方面的贡献。

（一）价值理论

这是马歇尔的最大贡献。他把杰文斯的效用说和李嘉图的成本说结成一体，认为决定物品价格的是需求与生产成本两者，但是，影响市场价格的，主要是需求；影响正常价格的，主要是生产成本。“原则上，考察的期间越短，则需求对价值的影响越大；考察的期间越长，则生产成本对价值的影响越小”。这样，马歇尔由时间的长短区别市场价格与正常价格。而正常价格，则又分为短期正常价格与长期正常价格。

（二）消费者剩余

消费者剩余的概念是马歇尔的一个特殊理论。“我们已经知道，一个人对一物所付的价格，绝不会超过、而且也很少达到他宁愿支付而不愿得不到此物的价格：因此他从购买所得的满足，通常超过他因付出此物的代价而放弃的满足；这样，他就从这购买中得到一种满足的剩余”。马歇尔称此为消费者剩余。

（三）供求曲线决定均衡价格理论

马歇尔认为，人类的欲望是无限而多端的，但在欲望满足的时候，仍有边际效用递减的法则。由于效用只有价格才能衡量，因而一个人购买任何一定量物品刚好愿付的价格，就是需求价格。他把某时所有个人需求进行总计得出市场普遍的需求规律：“要出售的数量越大，为了找到购买者，这个数量的售价就必然越小；或者，换句话说，需要的数量随着价格的下跌而增大，并随着价格的上涨而减少。”

马歇尔认为：不论长期或短期，价格必须足抵生产成本，而此生产成本在任何情况下都指边际生产成本。至于决定此边际的原因，则因期间的长短而不同。因此，关于正常供给价格，如从长期和短期的观点来看，在短期，由于生产量与生产规律无法迅速配合，所以随着产量的增加，会使其生产的单位成本增加，供给曲线经常是上升的。反之，在长期供给价格上，供给曲线就未必上升。马歇尔根据两条曲线的交点来说明供给均衡。“当供给均衡时，一个单位时间内所生产的商品量可以叫做均衡产量，它的售价可以叫做均衡价格”。马歇尔的供求理论和均衡价格理论，奠定了现代微观经济学的理论基础。他的方法是演绎法与历史派的综合；他的价值论是李嘉图与杰文斯的融合，但是，这并不影响他的独创性。

马歇尔学说体系的建立是以《经济学原理》的问世为标志的。该书集各家学说之大成。尽管吸收、融合各种思想和学说，却并未生搬硬套，而是经过深刻的思考，将它们组成为自己理论体系的一部分，同时他又补充发展了不少内容，在理论层次上，提供了一套精细的而又具有实用价值的理论体系。马歇尔的理论体系占据英国经济学霸主地位长达 40 余年之久，被奉为现代微观经济学的基石。

三、推荐版本

《经济学原理》，阿尔弗雷德・马歇尔著，廉运杰译，华夏出版社，2005 年版。

第五节 《福利经济学》(1920 年)

一、作者简介

阿瑟・塞西尔・庇古（Arthur Cecil Pigou，1877—1959），生于英国怀特岛，1900 年毕业于剑桥大学，并留校讲授经济学。1908 年，庇古的老师马歇尔退休，他接替马歇尔任剑桥大学国王学院经济学教授，是剑桥大学历任这个职务中最年轻的人，被认为是剑桥学派领袖马歇尔的继承人。主要著作有：《财富与福利》、《福利经济学》、《产业波动论》、《失业理论》、《资本主义与社会主义的比较》等。《福利经济学》是其代表作，该书的出版标志着福利经济学的诞生。

二、内容精要

该书写作的年代是一战结束时期。战争严重破坏了西方各国尤其是英国的经济，社会矛盾被激化，人们最关心财富的再分配问题。若要改变资本主义社会的不公平，就必须修正分配关系，如何能在不造成社会混乱的前提下解决资本主义社会的矛盾呢？唯一可能的办法就是产业和谐。在这样的时代背景下，西方经济学家就转以研究“社会福利”相标榜，《福利经济学》正是这种转变的突出代表。

庇古认为，福利经济学的研究对象是经济福利，也就是研究在现代社会中影响经济福利的诸多重要因素，研究怎样增加经济福利。影响经济福利的因素主要有三个：一是国民收入的数量；二是国民收入的分配状况；三是国民收入的波动情况。要增加经济福利，就要提高生产效率，以增加国民收入，或实现收入分配的均等化，提高穷人收入在国民收入中所占的比重，或减少国民收入的波动。要增加国民收入，就要增加社会产量，要增加社会产量，就要使社会资源在各个部门之间实现最优配置。因此，社会资源的最优配置就是增加社会经济福利的关键。

庇古认为，要使社会资源得到最优配置，就必须使边际私人净产值与边际社会净产值相等，通过征税和补贴，促使经济资源从边际私人净产值小的地方转移到边际私人净产值大的地方，以增加社会经济总福利。庇古运用边际效用学说来论证关于国民收入分配越均等化社会经济福利就越大的命题。庇古认为，把货币收入从富人手里转移一部分给穷人，可以增加货币的边际效用，增加社会的满足总量，以增大社会的经济福利总量。关于国民收入波动与经济福利的关系，庇古认为，任何减少国民收入波动的因素，如果并不同时引起国民收入量的减少或收入分配均等化程度的下降，都意味着经济福利的增加。

庇古生活的时代，劳资矛盾日渐尖锐，工人运动此起彼伏，罢工浪潮风起云涌。这影响到资本主义经济的正常运行，甚至威胁到资本主义制度的生存。因此，庇古专门研究了劳动的计酬方法、劳资纠纷问题、政府采取干预手段调和劳资关系以实现产业和谐的可行性和必要性。

《福利经济学》的贡献主要表现在以下几个方面：（1）该书的出版，标志着福利经济学的诞生，使福利经济学逐渐成为一个新兴的经济学流派；（2）庇古把“社会福利”作为经济学研究的中心，西方经济学家认为这开阔了经济学研究的“新方向”，同时，庇古提出的一些新的经济概念丰富了经济学理论；（3）庇古提出的国家干预的问题，发展、完善了马歇尔的市场经济理论，并为有国家干预的市场经济理论的提出，提供了某些依据；（4）庇古在分析边际社会净产值时，把外在的不利因素计算为社会成本，以后，此观点成为现代经济学家新的研究课题，成为环境保护和可持续发展的一个重要理论基础。

三、推荐版本

《福利经济学》，阿瑟·塞西尔·庇古著，金镝译，华夏出版社，2007 年版。

第六节 《制度经济学》（1934 年）

一、作者简介

约翰·罗杰斯·康芒斯（John Rogers Commons，1862—1945），美国著名经济学家，制度经济学派的早期代表人物，1862 年出生于美国俄亥俄州的荷兰斯堡，由于家境贫寒，年轻的康芒斯曾在俄亥俄州的印刷厂做工。1882 年康芒斯进入奥伯林学院，在著名经济学家凯里门下学习经济学，后进入约翰斯·霍普金斯大学，受到著名经济学家伊利的指导，接触到历史学派的学说，尤其是新历史学派成员瓦格纳的观点。例如，瓦格纳强调法律的决定性作用的理论以及通过立法调节劳资矛盾的思想，极大地启发了康芒斯，成为他后来创立制度经济学的直接出发点。1890 年，康芒斯先后在威斯里安大学、印第安纳大学、锡拉丘兹大学等大学执教，讲授经济学和社会学。1904年进入威斯康星大学才获得了长期而稳定的教席。1905年起，他主要从事立法实践及相关的调查研究。主要著作有：《财富的分配》、《美国工业社会的历史纪实》、《美国劳工史》、《制度经济学》等。《制度经济学》深入分析了各种形式的集体行动及其经济影响，开创了制度经济学的社会法律学派。

二、内容精要

《制度经济学》一书充满浓厚的经济学说史的色彩，康芒斯在经济学说史的研究中阐述了自己的理论。《制度经济学》的基本思想、理论贡献主要有三点。

首先，康芒斯认为，“制度”是社会进化的动力。从制度是人的行为的一种状态出发，他指出：“如果我们要找出一种普遍的原则，适用一些所谓属于制度的行为，我们可以把制度解释为‘集体行动控制个体行动’。”制度的最简单的定义就是“集体行动抑制、解放和扩张个体行动”。应该说，康芒斯在社会制度的理论分析方面的主要贡献，不在于他对制度的理解，而在于他对从个人习惯、习俗、惯例、先例到制度化这一逻辑演进行程的精确分析。

其次，康芒斯强调政府作用，特别是法律制度对经济活动的影响。对于西方所处的金融资本主义和稳定阶段存在的问题，他指出，要想解决问题，就需要对私人企业的制度框架进行调整。主张采取失业保险、老年抚恤计划、产业委员会等制度来协调、仲裁、解决经济发展中存在的问题。他认为，制度创新是扫清经济发展障碍的关键。他强调政府的经济作用，特别强调法律主权，即由法律结构赋予个人经济活动以法律权利，界定和维护财产权利，仲裁经济冲突，促进经济稳定与发展。

再次，康芒斯开创了法律经济学的跨学科研究。他特别重视从法律视角研究制度问题，成为制度经济学中社会法律学派的创始人和主要代表人物。

总之，制度经济学派思想的主要特点是整体主义和进化主义，把经济现象看成进化的和动态的。康芒斯代表了制度经济学派中的法律学派，他在一切制度因素中尤其重视法律制度的作用，认为法律制度是决定社会经济发展的主要力量，通过国家（首先是法院的“公正调节”），就可以“从冲突中建立秩序”，实现一种合理的资本主义。

三、推荐版本

《制度经济学》，约翰·罗杰斯·康芒斯著，于树生译，商务印书馆，1981年版。

第七节 | 《就业、利息和货币通论》(1936年)

一、作者简介

约翰·梅纳德·凯恩斯（John Maynard Keynes，1883—1946），英国经济学家，布雷顿森林体系的缔造者之一。凯恩斯的祖先是英国贵族，凯恩斯自幼受到标准的英国贵族式教育。1902年，凯恩斯从伊顿公学毕业，进入剑桥大学国王学院学习数学和文学，并获得数学硕士学位，此后，开始把兴趣转移到经济学，师从马歇尔，定期和庇古共进早餐，讨论经济学问题。

1929年，资本主义世界爆发了严重的经济危机，西方国家百业萧条，工厂倒闭，局势动荡，传统的经济学理论对此束手无策，西方经济学家被迫对现有的经济理论进行批判，寻求新理论来拯救资本主义。1936年，凯恩斯的《就业、利息和货币通论》出版，解释了经济危机发生的根本原因，提出了国家干预主义的主张，提倡“有管理的资本主义”。该书引发了一次经济思想革命，史称“凯恩斯革命”。当时，罗斯福总统通过“干预主义”新政使美国经济基本摆脱了萧条。

《凯恩斯全集》有38卷，包括《就业、利息和货币通论》、《货币改革论》、《通向繁荣之路》、《预言与劝说》、《怎样筹措战争经费》等。《就业、利息和货币通论》表达了凯恩斯的基本理论和政策主张，被认为是20世纪最重要的经济学著作，凯恩斯也被认为是宏观经济学的奠基人。

二、内容精要

《就业、利息和货币通论》的核心是就业不足均衡的理论。被凯恩斯称为“古典经济学派”的经济学家认为市场力量会使经济趋于充分就业均衡，这是市场自动调节论作为经济自由主义的一个重要理论支柱的表现。而凯恩斯认为，在自由竞争下“充分就业均衡”是特例，“就业不均衡”是通例。

凯恩斯的有效需求理论论述了资本主义市场不具有达到充分就业均衡的调节能力。认为，通常情况下，社会的有效需求是不足的，国民收入和就业水平取决于有效需求水平。国民收入水平的变化会影响储蓄和投资之间的平衡，这就是凯恩斯的收入决定论。国民收入均衡不一定就是充分就业的均衡，只要需求不足，就会使社会资源利用不足。因此，如果仅依靠市场自行调节，则充分就业的均衡只是一种特殊情况，而通常情况则是一种小于充分就业的国民收入均衡。

关于利率机制，凯恩斯认为，利率取决于个人和企业持有货币的愿望和数量，即货币供应量影响利率。在不同的利率水平上，影响了人们对持有货币的不同需求，凯恩斯称之为“灵活偏好函数”。凯恩斯与古典学派关于利率问题的区别，就是关于货币投资需求的理论，他认为，在经济萧条时会出现“流动性陷阱”，即货币数量的大量增加，利率不会下降，也就是说，在非常低的利率水平上，货币供应全部会被投资需求吸收。

凯恩斯的另一个理论特色是对经济波动的分析，强调投资的作用。认为投资的某种变化会导致收入的变化，并且是以当初投资的某种乘数（倍数）来变化的，后来，这一理论被汉森所补充，提出“乘数-加速数理论”，成为凯恩斯学派的有力的分析工具。

凯恩斯在《就业、利息和货币通论》中创立了现代宏观经济理论，摒弃了“供给创造自己的需求”的萨伊定律和资本主义制度可以通过自身调节实现充分就业的传统观点，提出“有效需求原理”，明确承认经济危机和严重失业的经济现实，把发生原因归结为消费倾向、资本边际效率、流动偏好和有效需求不足。他主张加大政府对经济的干预力度，力主实行扩张性的财政政策，引起了西方经济学界的强烈震动，成为二战后西方各国“主流”经济学说和政府制定政策的依据。

三、推荐版本

《就业、利息和货币通论》，约翰·梅纳德·凯恩斯著，宋韵声译，华夏出版社，2005 年版。

第八节 《经济发展理论——对于利润、资本、信贷、利息和经济周期的考察》（1911 年）

一、作者简介

约瑟夫·阿洛伊斯·熊彼特（Joseph Alois Schumpeter，1883—1950），美籍奥地利著名经济学家，1883 年生于当时的奥匈帝国摩拉维亚省（今捷克境内），1901—1906 年在维也纳大学法律系学习，获法学博士学位。1906 年，熊彼特赴英国伦敦学习经济学，师从剑桥学派著名代表马歇尔，1908 年发表《理论经济学的本质与内容》，一举成名。一战结束后，熊彼特任奥地利共和国财政部长，不久被迫辞职。1932 年他移居美国，加入美国籍，任哈佛大学教授，直到 1950 年去世。

熊彼特一生著述颇丰，主要有：《经济理论的实质与主要内容》、《经济发展理论——对于利润、资本、信贷、利息和经济周期的考察》（以下简称《经济发展理论》）、《经济理论与方法史上的阶段》、《经济周期》、《资本主义、社会主义和民主》等。熊彼特本人在思想史上的地位是由《经济发展理论》、《资本主义、社会主义与民主》、《经济分析史》等著作营造起来的。《经济发展理论》作为他的成名作，无论是对他本人还是对经济学的发展都有重要意义。

二、内容精要

《经济发展理论》共有六章。第一、第二两章是核心部分，阐述了从静止状态的“循环流转”到经济发展的根本现象，尤其是第二章，对经济发展问题，包括企业家的特点和功能、生产要素的新组合、创新的含义和作用以及资本主义的产生，都做了创造性的精辟论述。第三至第五章分别阐述了信贷和资本、企业家利润和资本的利息。

首先，熊彼特用静态分析方法分析了“循环流转”，假定在经济生活中存在一种所谓循环流转的均衡状态，不存在企业家，没有发展，企业总收入等于总支出，生产管理者所得的只是“管理工资”，不产生利润，也不存在资本和利息。熊彼特认为，这种静态的循环流转不能叫发展，只能叫经济增长，如人口和财富的增长。

接着，熊彼特从动态和发展的观点分析了创新和资本主义，通过引进企业家和创新导出了资本主义。该书阐述的经济发展的根本现象，是熊彼特创新理论的本体。

熊彼特认为，所谓发展，其实主要在于用不同的方式去使用现有的资源，利用这些资源去做新的事情，而不在于这些资源的增加与否。创新离不开信用，因为，信用可以把已经使用着的生产手段从循环流转中、从旧的行业和旧的产业中转移出来；最初购买生产资料的资金，利用银行信用是一个有效的途径；在交易过程中用信用充当支付手段，在贸易中起着与现实完全相同的作用。

随后，熊彼特分析了企业家利润及利息的产生。认为，只有在实现了创新的发展情况下，才存在企业家，才有利润、资本和利息。此时，企业总收入超出总支出，这种余额或剩余就是企业家的利润。

创新理论是熊彼特经济发展理论的核心。熊彼特创新概念包括了一切可以提高资源配置效率的创新活动，这些活动可能与技术直接相关，也可能与技术并不是直接相关，但是，与技术直接相关的创新，也就是开发新产品、采用新技术是熊彼特创新思想的主要内容。熊彼特认为，所谓创新，就是建立一种新的生产函数，把一种从没有过的关于生产要素和生产条件的新组合引入生产体系。所谓经济发展也就是指整个资本主义社会不断地实现这种新组合而言的。

熊彼特的《经济发展理论》，是西方经济学界第一部用“创新”理论来解释和阐述资本主义的产生、发展的专著。他确立的经济学体系在经济学史上占有独特的地位。

三、推荐版本

《经济发展理论——对于利润、资本、信贷、利息和经济周期的考察》，约瑟夫·阿洛伊斯·熊彼特著，何畏译，商务印书馆，1990年版。

第九节 |《经济分析基础》(1937—1938 年)

一、作者简介

保罗·安东尼·萨缪尔森（Paul Anthony Samuelson，1915—2009)，美国著名经济学家，1915 年生于美国印第安纳州，1935 年获芝加哥大学学士学位，1936 年、1941 年先后获得哈佛大学硕士学位、博士学位，1947 年，担任麻省理工学院经济学教授。萨缪尔森积极参与了许多学术组织的活动，是美国艺术科学院的成员，美国哲学会和英国科学会的成员，曾当过参议员、总统候选人、肯尼迪的经济顾问。萨缪尔森的研究领域非常广泛，曾戏称自己是经济学界最后一位通才。

萨缪尔森的主要著作有：《经济分析基础》、《经济学》、《线性规划与经济分析》等。《经济分析基础》一书，大部分是他担任初级研究员时所写，后来成为他的博士论文。《经济分析基础》使他获得了诺贝尔经济学奖，这是诺贝尔经济学奖项开始颁发的第二年，也是美国学者首次获得此奖。评奖委员会认为：萨缪尔森用数学的方法提高了经济理论分析技巧的正规化程度。

二、内容精要

萨缪尔森的《经济分析基础》对经济学的数学化起到了很大的推动作用，他不但运用数学方法推导出了许多重要的经济学命题和结论，还成功地将数学的方法和经济学研究结合起来，使数学成为经济分析的重要工具之一。该书主要思想有以下几个方面。

（一）均衡体系和比较静态学

萨缪尔森认为，一般经济分析方法是从实际抽象出问题的主要影响因素和其间的关系。把这种方法运用在均衡分析上，以偏导式的形式得出比较均衡体系的通解。

（二）成本和生产

萨缪尔森认为，厂商面临的技术约束可通过生产函数表示，因此，可通过拉格朗日乘数法求出成本最小的均衡条件。萨缪尔森还说明了完全竞争条件下厂商短期均衡的条件，以及长期内市场外部条件对行业和产量供给的影响及长期均衡条件。

（三）消费者行为理论

萨缪尔森运用数学的方法重新表述了之前的消费者理论和需求理论，提出了显示性偏好理论和可积性问题，完善了消费者理论。萨缪尔森认为，可以通过观察消费者的行为，推断出消费者的偏好，得出效用函数的性质，这就是显示性偏好理论。另外，萨缪尔森还论述了货币需求不确定下的消费者行为理论、指数的经济理论、配给条件下的选择理论等特殊的消费者行为理论。

（四）福利经济理论

萨缪尔森认为，研究福利经济学，应该从社会福利函数的角度入手，在帕累托最优的基础上引入收入分配的价值分析，从而实现社会整体的福利最大化，社会福利函数取决于全社会成员的效用水平。萨缪尔森推出了一般的帕累托均衡条件：对于任何一对商品，所有消费者对要素和商品的商品替代率等于生产者相应的要素和商品的转换率。

（五）动态经济理论

萨缪尔森第一次提出了稳定均衡分析的一般体，第一次实际地注重动态理论的公式化，第一次有效地将静态和动态的模型分析进行整合和统一。萨缪尔森认为，比较动态分析是非常重要的经济学分析方法，有极大的发展前景。和调整动态学相比，比较动态分析注重分析模型内部各种起始条件以及各参数变动所导致的对均衡的影响。

三、推荐版本

《经济分析基础》，保罗·安东尼·萨缪尔森著，何耀、傅征、刘生龙等译，东北财经大学出版社，2006 年版。

第十节 |《个人主义与经济秩序》(1945 年)

一、作者简介

弗里德里希·奥古斯特·冯·哈耶克（Friedrich Von August Hayek，1899—1992），当代著名的经济学家和政治哲学家，1899 年生于奥地利。1921 年和 1923 年他获得了维也纳大学的法学博士和政治学博士学位，1927 年获得了经济学博士学位并成为奥地利经济研究所所长。1931 年，哈耶克移居英国任伦敦经济学院教授，并于 1938 年加入英国籍。1943 年，他获伦敦大学经济学博士学位，成为英国科学院院士。1962 年，他任芝加哥大学社会思想委员会社会与道德科学教授，1969 年，退休返回奥地利，任萨尔茨堡大学教授。由于在货币和经济波动理论方面的开创性贡献，以及对经济社会和制度现象的内在依赖性的精辟分析，他和瑞典经济学家缪尔达尔一起获得了 1974 年的诺贝尔经济学奖。

哈耶克的著作主要有：《货币理论与经济周期》、《物价与生产》、《货币的国家主义与国际稳定》、《资本的纯理论》、《个人主义与经济秩序》、《哲学、政治学与经济学研究》、《货币的非国有化》、《法律、立法与自由》等。

二、内容精要

哈耶克在哲学认识论基础上理解经济知识，使人们更深入地理解市场运行的心理学根源。在经济哲学的基础上，哈耶克把思想扩展到整个人类社会秩序的领域，从哲学、政治学、心理学等不同角度论证现代市场社会的组织原理，形成了一个严谨的社会经济学体系。

哈耶克是新自由主义经济学的代表人物，指出了经济自由主义所依据的基本事实，竞争制度之所以能够在效率上优于其他制度的根本原因；揭示了集体主义制度经济上的低效率和政治的不民主，从反面说明了经济自由主义的优越性。

第一章，说明了个人主义的定义，他认为要理解真正的个人主义，就必须反对集体主义的社会理论和各种伪个人主义。自由主义是个人主义在经济上的必然产物，个人主义并不是利己主义，而是尊重个人，承认个人在一定的范围内的神圣不可侵犯性。

第二章到第四章，探讨了经济学与知识的关系。他认为，在经济理论中，即在通过关注经验因素的含义及因果关系而得出结论的理论中，经验因素是由一些有关获取知识的命题构成的。市场秩序之所以优越，是因为资源配置方面需要许多特定的知识，而知识分散在无数的个体中，没有任何个体和组织可以全部掌握，市场就是一种最优的整合分散信息的机制。

第五章到第六章，论述了市场机制和竞争、自由的关系。他认为经济理论中完全竞争所讨论的东西，根本没有理由称为“竞争”，这种完全竞争理论得出的结论在指导政策制定方面毫无用处，而有效竞争的最好方法是引导个人行动。因此，他反对计划和集体经济。

第七章到第九章，哈耶克对集体主义、社会主义与自由主义的对立进行了分析。将社会主义视为自由的严重威胁，社会主义只有通过强有力的政府才能实现。他认为，在本质上代表个人主义的民主主义与社会主义之间存在不可调和的矛盾，私有制是自由的最重要的保证，而民主的社会主义只是空想，不可能实现。因为，集体主义欲实现一种共同目标（或称为社会成员的共同福利），与个体的福利函数并不一致，很难找到全体社会成员一致的意见。所以，计划必定导致独裁，只有独裁才能制订、实行各种计划，独裁是计划的必然结果。

三、推荐版本

《个人主义与经济秩序》，弗里德里希·奥古斯特·冯·哈耶克著，邓正来译，生活·读书·新知三联书店，2003 年版。

第十一节 |《改造传统农业》(1964 年)

一、作者简介

西奥多·W. 舒尔茨（Theodore Schultz，1902—1997），美国著名经济学家，1902 年出生于美国南达科他州阿灵顿郡的一个德国移民家庭，在农业学校学习了几年后，经特准进入南达科他州立学院学习，1928 年，获威斯康星大学理学硕士学位，1930 年获该校哲学博士学位。他曾先后获得格林尼尔学院、密执安州立大学、伊利诺伊大学和智利天主教大学的法学博士学位。

1930 年，舒尔茨在艾奥瓦州立学院（现艾奥瓦州立大学）经济和社会学系任教，三年后晋升为教授、系主任。1943 年，他到芝加哥大学任经济学教授，1960 年任美国经济学会会长，1972 年获该学会最高荣誉勋章——费朗西斯·A. 沃克奖。从 1952 年到退休，他一直是芝加哥大学的查尔斯·L. 哈琴森讲座杰出教授，1972 年退休后，又被聘任为芝加哥大学经济学荣誉教授。舒尔茨积极参加美国农业部的各种委员会活动，担任了联合国粮农组织、世界银行、商务部、联邦储备委员会的顾问，对美国的经济政策、援外政策及一些国际性机构的经济决策都发挥了一定的影响。

二、内容精要

舒尔茨是发展经济学新古典学派的代表人物，经济学上最主要的贡献在于提出关于改造传统农业的理论。《改造传统农业》一书的中心思想是如何把低效弱小的传统农业改造成高生产率的现代农业。舒尔茨着重从以下几个方面进行论述。

（一）传统农业的基本特征

舒尔茨认为，传统农业是完全以农民世代使用的各种生产要素为基础的农业，应该被作为一种特殊类型的经济均衡状态。其特征在于：首先，传统农业技术状况大致保持不变，所使用的生产要素与技术很长时间不发生改变；其次，人们没有增加传统使用的生产要素的动力；再次，传统生产要素的供给和需求处于长期均衡的状态。舒尔茨所说的传统农业实际上是生产方式长期不变、基本维持简单再生产、长期停滞的小农经济。

（二）为何传统农业落后、无法成为经济增长的源泉

舒尔茨认为，传统农业落后的原因不是农民储蓄少或缺乏企业家，而是在于传统农业中对原有生产要素增加投资的收益率低，对储蓄和投资缺乏足够的经济刺激。首先，由于传统农业的生产要素和技术状况长期不变，所以持久收入来源是不变的；其次，农

民持有和获得收入流的偏好和动机在传统农业中是不变的，因此，持久收入流来源的需求也不变。持久收入流的需求曲线是一条水平线，这表明传统农业中资本的收益率低下。

（三）如何改造传统农业

舒尔茨认为，引进新的现代农业生产要素是改造传统农业的关键。首先，要建立一整套适合传统农业改造的制度，不要建大规模农场，而要用所有权和经营权合一的、能适应市场变化的家庭农场来改造传统农业；其次，从供给和需求两方面为引进现代生产要素创造条件；再次，对农民进行人力资源投资，他认为，资本不仅包括作为生产资料的物，而且包括作为劳动力的人，因此，要对农民进行人力资源投资，其形式包括教育、培训、提高健康水平等。

三、推荐版本

《改造传统农业》，西奥多・W. 舒尔茨著，梁小民译，商务印书馆，1987 年出版。

第十二节 | 《劳动无限供给条件下的经济发展》（1954 年）

一、作者简介

威廉・阿瑟・刘易斯（William Arthur Lewis，1915—1991），美国经济学家，1915 年出生于原英属西印度群岛的圣卢西亚岛（现圣卢西亚共和国）首府卡斯特里的一个黑人移民家庭。他于 1940 年获产业经济学博士学位，1948 年在曼彻斯特大学任讲座教授并开始系统研究发展经济学，1958 年任西印度学院院长，1962 年出任由西印度学院扩大而成的西印度大学的第一副校长，1963 年任教于普林斯顿大学。刘易斯是著名的社会活动家，曾担任过很多重要的行政职务、社会职务，如英国殖民地经济顾问委员会负责人、黄金海岸政府顾问、尼日利亚政府顾问、联合国特别基金代理管理主任、加勒比开发银行总裁、美国经济学会会长等。1978 年，英国女王晋封刘易斯为爵士。

刘易斯最重要的发展经济学著作有《西非政治》、《发展计划：经济政策的实质》、《经济发展的若干方面》、《国际经济秩序的演变》等。另外还有很重要的 50 多篇学术论文，如《制造业的国际竞争》、《发展计划的评价》、《发展中国家的失业》、《对无限的劳动力的反思》、《增长动力的下降》等。1979 年，因为在发展经济学领域的重大成就，刘易斯和西奥多・舒尔茨共同获得了该年度的诺贝尔经济学奖。《劳动无限供给条件下的经济发展》是刘易斯的代表作，该书被认为是发展经济学二元结构理论的奠基石。

二、内容精要

《劳动无限供给条件下的经济发展》包含两部分内容：第一部分是封闭经济；第二部分是开放经济。刘易斯提出了两个著名的经济发展模型：第一个模型解释发展中国家二元经济发展机制及其运行问题的封闭经济模型；第二个模型解释发展中国家与发达国家贸易条件确定问题的开放经济模型。

（一）封闭经济中的二元结构模型

刘易斯二元结构理论有三个假设前提：（1）不发达经济包括两个部门，以制造业为中心的现代化部门和以农业、手工业为主的传统部门；（2）劳动无限供给；（3）工资水平不变。他认为，在不发达经济的两个部门中，只有现代化的城市工业部门是增长的主导部门，农村中的传统农业只是被动地起作用。他把经济发展过程分为两个阶段：第一阶段，能够源源不断地得到劳动力供给；第二阶段，两部门的收入将随劳动边际生产率的提高而提高，二元经济将渐渐变成一元经济，强调资本积累是经济发展的关键因素。产出剩余越多，资本形成越大；农业剩余劳动力转移越快，经济发展也就越快。

刘易斯提出了提高储蓄率的三种方式：（1）有利于储蓄阶级的收入分配政策；（2）直接利用传统部门中无限供给的农业剩余劳动创造资本；（3）增加货币供给量，直接利用无限供给的过剩劳动和其他闲置资源。

（二）开放经济中的二元结构模型

一国的资本积累一旦赶上劳动资源的供给，其剩余劳动则趋向枯竭，封闭经济中的发展必然会停止。但可以通过移民、资本输出、国际贸易等形式，继续劳动无限供给条件下的经济发展。大量非熟练劳动的外国移民的涌入，能丰富本国的劳动资源、抑制工资水平的上升，从而保证利润的增加、资本的积累。

资本输出可以减少对劳动的需求，但也可以抑制工资水平的上升，因此，可以增加利润和资本。资本输出的前提是国内利润下降或国内工资上升，国外良好的投资环境，是资本输出获利的保证。

资本输出一般可以通过投资和贸易两种形式进行。刘易斯认为，贸易条件决定于双方生产粮食的农业劳动生产率。因此，发展中国家应该调整国际经济发展战略，可以采取以下措施：发展中国家应该摆脱对发达国家的经济依赖，并加强发展中国家之间的经济合作；发展中国家应该把提高农业部门的劳动生产率当做根本战略任务，采取必要的贸易保护制度和正确的对外经济秩序。

三、推荐版本

《劳动无限供给条件下的经济发展》，威廉·阿瑟·刘易斯著，转载自陶文达编《发展经济学》，1992 年版。

第八章 | 历 史 学

历史学（History）是一门整合型的社会科学。其研究主体是运用一定的思维认识方式和手段，在与历史客体发生互动作用的过程中，通过对历史客体的分析研究，揭示其特殊规律和特点的一种精神生产实践及其创造出来的产品——历史知识。

尽管历史学具有其他社会科学的特性，但它之所以成为一门独立的科学，在于它根源于自己的研究对象和任务，区别于其他社会科学、人文学科的特性，其中较显著且重要的特征有：时空性、真实性、综合性、整体性和特殊性等。

历史学不仅是专门学术知识体系，更是一门在研究对象和任务方面都具有科学性的特殊学科。这表现在两方面：一是研究对象的客观实在性和真实性。历史学研究的对象是世界各民族、国家和地区的历史现象、历史事件和历史人物等，以及由它们所构成的历史运动事实和过程。它们作为历史存在，是客观实在的东西，不以认识者的主观意志而改变。二是它所承担的任务。历史学的任务在于揭示世界各民族、国家和地区的历史发展的特殊规律和特点，就是说历史研究是一种旨在探讨人类社会历史发展特殊规律的认识活动。

第一节 《史记》（公元前 104 年—公元前 91 年）

一、作者简介

司马迁（公元前 145 年—公元前 90 年），字子长，左冯翊夏阳（今陕西韩城县）人，生于汉景帝中元五年（公元前 145 年），大约在汉武帝末年去世。先后跟从董仲舒学《春秋》，从孔安国学《尚书》。汉武帝元朔三年（公元前 126 年），20 岁的司马迁开始周游名山大川，访求史迹，考察风俗，采集传说，足迹几乎遍及全国。“余尝西至崆峒，北至涿鹿，东渐于海，南浮江淮”。公元前 108 年司马迁继任其父司马谈生前之职为太史令，得以有机会深读史官所藏图书。公元前 104 年他开始实践其父遗命，著述《史记》。后因他替李陵辩解，得罪汉武帝，下狱受腐刑，出狱后任中书令，发愤完成了《史记》。《史记》的最初书名为《太史公书》，至东汉末年桓帝之时改称《史记》。《史记》一百三十卷，记事起于传说中的黄帝，讫于汉武帝太初年间，时间跨度长达三千年左右，是中国第一部纪传体通史，开创了以人物传记为中心的纪传体史书的编纂方法，成为历代封建王朝所修“正史”的典范。

二、内容精要

全书分为本纪、表、书、世家、列传 5 个部分。

本纪是用编年方式叙述历代君主政绩，是全书的大纲。此部分分为朝代、帝王两类编年史形式。表，是用表格的形式分别列出了历史时期的大事件，是全书叙事的补充。表也分两类，即大事年表与人物年表。表与列传互相补充。书，是一种系统记述典章制度体裁的分类史。世家，是世袭家族以及孔子等历代人物传记。列传，为本纪、世家以外各种人物的传记，还有一部分记载了中国边疆地带的民族历史。

（一）抨击黑暗，歌颂人民

司马迁写《史记》的目的是“稽其成败兴坏之理”，“究天人之际，通古今之变，成一家之言”。《史记》从正义的角度歌颂陈涉、吴广起义，列陈涉于世家，显然这是他坚持正义、痛恨黑暗精神的表现。该书在对游侠朱家、郭解的评论中，赞扬了他们重然诺轻生死的义风：“虽时扞当世之文网，然其私义廉洁退让，有足称者。名不虚立，士不虚附。”司马迁对统治阶级大胆揭露的同时，其强烈的人民性的内容在《史记》中随处可见。

（二）分析社会现象，揭示命运真相

司马迁对于社会现象，特别是贫富、贵贱、寿夭、善恶、天道、神权等，都有着正确的观点。他不认为贫富贵贱有命存焉，而是以财贿之有无为升降。“渊深而鱼生之，山深而兽往之，人富而仁义附焉。富者得势益彰，失势则客无所之”。“凡编户之民，富相什则卑下之，伯则畏惮之，千则役，万则仆，物之理也”。他认识到经济地位决定政治地位的关系与不平等，提出现实矛盾问题绝不是什么天命，而是人为造成的。至于鬼神之事，“皆以欺诳为事”，只能反映统治阶级的贪得无厌，欲求长生不老，可以一欺再欺，而终不悔悟。司马迁之所以能够无情地揭露和讽刺封建统治者的荒诞不经，对天命鬼神的否定，充分反映了他的朴素唯物主义思想。

（三）强调经济的重要性，鼓励工商业发展

司马迁对工商业的态度，也和当时人的看法不同。所谓“农而食之，虞而出之，工而成之，商而通之”，“农不出，则乏其食；工不出，则乏其事；商不出，则三宝绝；虞不出，则财匮少。财匮少而山泽不辟矣！此四者民所衣食之原也。原大则饶，原小则鲜。上则富国，下则富家。贫富之道，莫之夺予。而巧者有余，拙者不足”。这反映了汉初工商业的发展情况，对推动社会经济是有益的。“用贫求富，农不如工，工不如商，刺绣文不如倚市门，此言末业，贫者之资也”。这和汉初重农抑商、强本抑末的政策，有着根本的分歧。他在《平准书》中指出：“大农之诸官，尽笼天下之货物，贵即卖之，贱则买之。如此，富商大贾无所牟大利，则反本，而万物不得腾涌。故抑天下物，名曰平准。”工商业的发展，是历史发展的必然趋势，新问题便产生新矛盾，只应解决矛盾，不应单纯抑制工商业。

（四）评价人物，实事求是

司马迁评论人物始终坚持实事求是，不以成败论英雄。《史记》所载人物，仅见于列传的已有二百余人，本纪、世家，基本也是人物。在叙述过程中，司马迁坚持独立的分析，提出自己的看法，并在每篇之后，都加一赞语，予以正面评论。如论张仪：“张仪之行事，甚于苏秦，然世恶苏秦者，以其先死，而仪振暴其短，以扶其说，成其衡道。要之，此两人真倾危之士哉！”论陈涉“以苛察为忠，诸将不亲附以败”，“陈涉

虽已死，其所置遣诸侯王将相竟亡秦，由涉首事也”。列项羽于本纪，反映了他不以成败论英雄的进步观点，同时，也在赞中批驳项羽“天之亡我”的说法，指出项羽：“身死东城，尚不觉悟，而不自责，过矣。乃引‘天亡我，非用兵之罪也’，岂不谬哉!”蒙恬以筑长城为绝地脉，司马迁在赞中责备他“轻百姓力”，指出秦“初灭诸侯，天下之心未定，痍伤者未瘳，而恬为名将，不以此时强谏，振百姓之急，养老存孤，务修众庶之和，而阿意兴功，此其兄弟遇诛，不亦宜乎，何乃罪地脉哉!”这些二分法论点，对历史人物的功过是非的评论都非常明确。

三、推荐版本

《史记》，司马迁著，（索引）司马贞，（正义）张守节，中华书局，1982年版。

第二节 |《汉书》（约公元1世纪）

一、作者简介

班固（32—92），字孟坚，扶风安陵（今陕西咸阳市）人。父彪，才高学博，曾著《王命论》。东汉初，任徐州令，因病免官，此后专力从事史学，采前史遗事，欲踵继《史记》，作《后传》60余篇。彪卒，固继父业，“探撰前纪，缀集所闻”，着手《汉书》写作。结果，被人告发私改国史，下狱。其弟班超上书力辩，得释。永平年间受诏完成其父所著书，潜精积思20余年，至建初年间乃成《汉书》，开创了“包举一代”的断代史体例。永元元年（公元89年），班固随大将军窦宪出征匈奴。和帝永元四年，窦宪获罪，班固因家奴曾得罪洛阳令种兢，被逮下狱，同年死于狱中，终年61岁。

班固著《汉书》，其八表及《天文志》未及竟，因下狱死。其后，和帝下诏令班固之妹班昭继续编修。再后，史学家马续又继续编著，终成之。可见书不是成于一手，而班固则是该书的最主要作者。《汉书》120卷，起于汉高祖元年（前206年），终于王莽地皇四年（23年），共记229年史事，为我国第一部纪传体断代史。《汉书》在古代享有极高的声誉，与《史记》并称“史汉”。订正、补充了《史记》的一些疏漏。《汉书》与《史记》都是纪传体，所不同者，《史论》为通史，《汉书》为断代史。从班固创断代为史的先例，后世史书，循例多作断代。史学界把《史记》、《汉书》、《后汉书》、《三国志》合称前四史，视为纪传体史学名著。

二、内容精要

（一）宣扬天人感应，美化统治王朝

《汉书》在记载西汉一代史实时，大肆宣传天人感应的神秘学说，制造“汉绍尧运，自当继尧”的无稽之谈，有意为封建王朝涂脂抹粉，把历史变成帝王家谱。所以，班固的是非爱憎不像司马迁那样鲜明，书中慷慨激昂的议论很少，明哲保身的思想则比较明显。特别对反对王莽、不仕王莽那些人，记载不多，因此范晔讥他“身陷大戮，智及之而不能守之”。《史记》叙《陈涉世家》说：“桀、纣失其道而汤武作，周失其道而《春秋》作，秦失其政而陈涉发迹，诸侯作难，风起云蒸，卒亡秦族。”《汉书·叙传》则说：“上嫚下暴，惟盗是伐，胜、广熛起，梁、籍扇烈。”两相比较，足见评论的高下悬殊，也无怪乎班固在《汉书》里把《史记》中的《项羽本纪》降为列传了。

（二）坚持实录，揭示兴亡

《汉书》的“志”比之《史记》八“书”，有极大进步。《食货志》叙述了战国至汉初的经济凋敝状况，为研究经济史所不可缺的材料。汉初“约法省禁，轻田租，什五而税一”，对农民作了让步，后来才出现“京师之钱累百钜万，贯朽而不可校，太仓之粟，陈陈相因，充溢露积于外，腐败不可食”的局面。但到武帝时“豪富吏民，訾数钜万，而贫弱愈困”，“天下虚耗，人复相食”，至王莽末年“民摇手触禁，不得耕桑，繇役烦剧，而枯旱蝗虫相因”，遂致农民起义。这种系统地叙述经济制度与社会矛盾的关系，为研究西汉历史提供了极重要的资料，也为后世修史树立了一个典范，这是班固的一大功绩。

三、推荐版本

《汉书》，班固著，颜师古注释，中华书局，1962 年版。

第三节 | 《资治通鉴》（1084 年）

一、作者简介

司马光（1019—1086），字君实，宋陕州夏县（今山西夏县）人，生于宋真宗天禧三年的一个官僚家庭。仁宗宝元元年（1038 年）年，司马光中进士，历任天章阁待制兼侍讲、知谏院、龙图阁直学士、翰林学士、御史中丞、宰相等职，卒于元祐元年九月，年 68，赠太师温国公，后人称他为司马温公。

《资治通鉴》始修于英宗治平三年（1066 年）四月。此前，司马光已编成了从战国到秦的八卷编年史，名曰《通志》，这是《通鉴》的最早样本。神宗即位，易其书名曰《资治通鉴》，亲自作序。到元丰七年（1084 年）成书，司马光已经 66 岁。第二年神宗死，哲宗立，政局改变，新法罢黜。司马光自元祐元年闰二月为宰相，到九月初一卒，实际负责政局只有六个多月。后来蔡京当国，立元祐党人碑，以司马光居首，夺其官，禁其书。《资治通鉴》除参考正史外，所参阅的杂史达 220 种，是一部极有价值的编年史，共记录了 1362 年的史事，是中国编年史中包含时间最长的一部巨著。它不仅恢复了编年体史书体裁在历史上的固有地位，并且促进了其他史书体裁的发展，对于当时与后世的影响巨大。

二、内容精要

《资治通鉴》全书共 294 卷，约 300 多万字，书中记载的历史由公元前 403 年（周威烈王二十三年）写起，一直到（五代的后周世宗显德六年征淮南）公元 959 年为止。全书包括三个部分，即正文 294 卷，目录 30 卷，考异 30 卷，共为 354 卷。

（一）网罗宏富，内容广博

司马光撰写《资治通鉴》的主要指导思想是："叙国家之兴衰，著生民之休戚，使观者自择其善恶得失。……正闰之际，非所敢知，但据其功业之实而言之。"（《魏纪》）书中所取史实以政治和军事为主，而社会、经济、文化、制度等亦莫不摘要记之。全书无一语无所本，而又皆出于一手熔铸，有深入浅出之妙。政治史中最突出的又是军事方面的材料，占很大的篇幅，其中大部分是统治集团争夺政权的战争，也有相当多的农民起义和镇压农民起义的战争。关于经济史方面材料，《通鉴》也有一定的重视。历代经济制度和一时的经济措施，与国计民生有关的事情，大体不漏。所以，《四库提要》评论说："其书网罗宏富，体大思精，为前古之所未有。"在对史料的处理方法上，采用详近略远的策略。在横跨中国 16 个朝代内容中，隋唐五代就占全书 40%，史料价值最高。很明显，他在其中着墨的重点是贤明政治时期，如文景之治、贞观之治等。

胡三省于《唐纪》二十八开元十二年注云："温公作《通鉴》，不特纪治乱之迹而已，至于礼乐、历数、天文、地理，尤致其详，读《通鉴》者，如饮河之鼠，各充其量而已。"所以说《通鉴》的内容是包括了全面的历史发展，而不是一部单纯的政治史。

（二）暴露社会的黑暗，反映民生疾苦

司马光作为一个典型的封建统治时代的地主官僚分子，他的政治主张是保守的，他编写《通鉴》的目的是给最高封建统治者提供其总结出来的兴亡治乱的统治经验和历史教训，这个立场很坚定。但是，也正是因为如此，社会的腐败与民生的疾苦也成为不可回避的内容。《资治通鉴》在论述人物或事件时，往往加以评论，但也不专学《春秋》从褒贬上下工夫。书中将举兵起义的农民视为"贼"、"寇"，这是出于司马光的地主阶级的根本立场；但是当写农民受到残酷剥削，难以为生，起来反抗时，能够还原历史事实，其中也写出了不少农民起义中可歌可泣的事情。

三、推荐版本

《资治通鉴》，司马光著，胡三省（音注），中华书局，1956年版。

第四节 《历史》(约公元前450年—公元前420年)

一、作者简介

希罗多德（Herodotus，约公元前484年—公元前430年），根据11世纪拜占庭的《苏达》辞书，希罗多德是小亚细亚南部哈利卡纳苏城人，出身名门望族。他曾广泛游历过地中海世界，探访名胜古迹，观察民情风俗，搜集传说旧闻。公元前447年他曾到雅典居住了四年，成为伯里克利小圈子里的人物，后移居意大利南部城市图里伊撰写《历史》，直到去世。这一时期，他不仅受到学术领域的极大关注，而且也见证着希腊城邦国家中最强大的斯巴达和雅典之间日益激烈的冲突。也许正是由此之故，希罗多德决定追忆希腊人为一个共同的荣耀事业而团结起来的岁月。

《历史》并非一时一地写成，甚至希罗多德在世时也可能未最后定稿。该书是西方史学史上第一部真正的历史著作，首创了西方历史编纂学上的一种正宗体例，即以某一历史事件为中心，记事前后连贯，叙事翔实，并开始运用历史批判方法撰述历史，显示了对历史认识的远见卓识。希罗多德被称为“史学之父”。

二、内容精要

《历史》是西方史学发展早期阶段的一部重要作品。全书共有9卷，从开篇至第5卷为第一部分，以希腊、波斯战争的历史为骨架，主要叙述了吕底亚、米底、巴比伦、埃及、波斯、西徐亚等地区的情况，记录了许多传说、故事、地理、人种志等方面的资料；从第5卷至第9卷为第二部分，集中记述希波战争的经过。

（一）以人为本的叙述角度

虽然《历史》与《荷马史诗》写作语言相同，主题都是战争，也使用了不少类似的词语和表现手法，继承关系明显。但《历史》开篇便明确了作者的写作“是为了保存人类的功业，使之不致由于年深日久而被人们遗忘，为了使希腊人和异邦人的那些值得赞叹的丰功伟绩不致失去它们的光彩，特别是为了把他们发生纷争的原因给记载下来”。所以，《历史》叙述的中心不再是神灵和神迹，而是人的意志、动机和行为。这里的人也不只是伟大的国王、将军，也包括各个民族的普通民众；伟大的事件也不只是战争，而是包括地理、种族、宗教、风俗等内容。他在著作中还力图揭示出战争发生的原因，分析一个民族所生活的地理和气候环境的特征，表现出了历史学家的自觉意识。

更为难能可贵的是，希罗多德在其著作中显示了进步的人本主义观念，揭示希波战争的结局，促使古希腊人反思：希腊各城邦作为弹丸小国何以能击败强大的波斯帝国？人们开始意识到，拯救希腊的不是神而是人自身。希罗多德对这一问题的解释反映了当时希腊人觉醒的理性意识，没有从神的意志去解释希腊人的胜利，而是从历史本身去寻找原因。希罗多德将其归因于希腊人装备精良、纪律严明、行动敏捷、领导有方等因素，根本原因在于希腊公民享有优越的政治制度，即民主自由。

（二）力求再现历史事件的原貌与全局

《历史》用求真求实的方法记录过去。书中的内容是“研究成果”，而不仅仅是轶闻趣事。在许多场合，希罗多德都提到了准确和证据的问题。“到目前为止，一直是埃及人讲述自己的历史；但接下来，我将叙述其他民族也愿意接受的这个国家的历史，其中有些内容来自我的观察”。希罗多德广泛搜集材料，听取不同的观点，甚至亲自游历和实地调查采访，以获取资料，得出可信的结论和判断。曾有不少历史学家和哲学家对希罗多德的记载表示怀疑，称他为“谎言之父”。但考古学的发现表明，希罗多德的“历史”大部分都很准确，明显参考了权威的史学记载，然后才发表自己的意见去识别真伪。

希罗多德强调他所记录的是全人类的功业。《历史》一书的主题虽然是希波战争，但是他的视野并不局限于这一战争，而是投向了希腊以外的世界。书中，希腊之外国家的历史占了相当大的篇幅，实际上他所写的是他那个时代希腊人的“世界史”。正是由于他的历史视野开阔，才摆脱了狭隘的民族偏见，对东方各民族的历史和文化也给予了关注，认为应该尊重各民族长期以来形成的风俗习惯，并进而认为东方文化对希腊文化的发展具有重要影响。尽管由于当时历史条件的局限，他所引用的一些史料并不准确，但这无碍于他远大的历史眼光和卓越的史学智慧。

（三）歌颂雅典城邦的民主精神

希罗多德向往奴隶主民主政治。他对希波战争的立场非常鲜明，公开颂扬雅典城邦的民主精神，谴责波斯国王：“不是一个正直的人；如果他是个正直的人，那么除了他自己的国土之外，他就不应当再贪求任何其他的土地，而现在也不应当再想奴役那些丝毫没有招惹他的人们。”他研究历史重视其道德训诲的作用，坚持“鉴戒史学”的原则，认为不可一世的暴君虽然能横行一时，但最终逃脱不了覆灭的下场。在历史上做过好事的人，即使一时失意，终究也会为世人所景仰。但他并不是一个民族沙文主义者，不一味否定波斯，他所反对的只是波斯人入侵希腊的不义行为。希罗多德甚至能客观地描述波斯人的英雄行为，对其文化也给予肯定，体现了他作为历史学家的开阔胸襟和高瞻远瞩的视野。

三、推荐版本

《历史》，希罗多德著，徐松岩译，上海三联书店，2008 年版。

第五节 |《罗马帝国衰亡史》(1776 年)

一、作者简介

爱德华·吉本（Edward Gibbon，1737—1794），1737 年 4 月 27 日诞生在英国伦敦普特奈镇一个家境优裕的资产阶级家庭，1752 年在牛津大学马格达林学院学习，度过“我一生中过得最懒散、最没有收获的日子”。1753 年他到瑞士洛桑，主要攻读拉丁文古典名著，兼习希腊文著作，广泛阅读数学、逻辑、政治、法律等方面著作，其中包括启蒙运动时期法国、英国思想家孟德斯鸠、洛克等人的著作，结识了许多学者朋友，还得以会见伏尔泰。

1763 年他开始了欧洲大陆之行，与狄德罗、爱尔维修、霍尔巴赫等百科全书派的著名学者交往甚密。他于 1763 年到 1764 年重访洛桑，拜谒老师巴维利奥。1764 年，吉本 27 岁时访问罗马。10 月 15 日这天，吉本“正坐在罗马失庇特神殿的废墟上沉思，忽然听到新建的神殿里那些赤着脚的修道士的晚祷歌声传来，就是在这时，他突然想到要为这座名城的衰落和灭亡写一部历史”。此时，他所想到的只是给罗马这座城市而非整个罗马帝国写一部历史。回到英国后，从 1768 年开始，在艰苦的写作过程中，他逐渐将视野由罗马城的兴衰扩展至整个罗马帝国的兴衰史。1776 年，《罗马帝国衰亡史》和亚当·斯密的《国富论》同年出版，著作一问世即被抢购一空，在很短的时间内重印了三次，吉本声誉鹊起，成为“不仅是 18 世纪而且是一切说英语的国家的最伟大的历史学家”。其鸿篇巨制《罗马帝国衰亡史》被视为西方历史经典著作之一，代表了启蒙时期史学的最高水平。这部著作不仅是研究古罗马兴替盛衰的顶峰之作，也因其华丽典雅的文笔和史诗般流畅优美的叙事，而成为伟大的文学经典著作。

二、内容精要

《罗马帝国衰亡史》是一部卷帙浩繁的巨著，吉本把重点放在第一部分，第二部分则简明扼要。全书包括罗马帝国后期和整个拜占庭帝国的历史事件。

（一）腐败和分裂是罗马帝国衰亡的内在原因

吉本从政治、军事和文化等角度，具体追述了帝国如何埋下腐败和分裂的种子、最终走向衰亡的历程。

首先，政治民主的丧失与君主专制的建立。在共和国末期，皇帝与元老院的权力之争愈演愈烈，削弱了帝国的统治力量。伴随着以元老院为代表的民主力量日益衰落，奥古斯都与其继任者都成为罗马和意大利的主宰，享有“帝王般的特权”。他们“创造出一个政治自由的假象来欺骗人民”，建立起“共和国形式掩盖下的君主政体”。在这样的君主专制之下，政治腐败显然无可避免，如卖官、剥削、行贿等。人民为了逃避日益加重的赋税，纷纷出逃，致使政府财源减少，统治基础进一步动摇。

其次，军事寡头政治的形成与军事实力的下降。在维护君主的幌子下，军队及其首领获得了越来越多的特权和势力。将军对士兵、对敌人和对臣民，都可以行使任何权力且肆无忌惮，而毫无违背宪法原则之嫌。他们同时还是那些被征服地区的总督或君主，具有行政和军事领导双重身份，集国家的行政和专法权力于一身。军队的规模扩大与兵力素质下降还表现在禁卫军长期安逸奢侈，贪欲日增，“罗马禁卫军的失控的疯狂行为是罗马帝国的最初征兆和动力。”君主对部队的一味放纵“必然既毁掉了军队，也毁掉了整个帝国”。软弱无能的士兵们不但使他们自身也使国家失去了防御能力。他们的怯懦和懒惰可以说是帝国败亡的直接原因。在不断扩军的过程中，保家卫国主要依赖雇佣兵，这也成为帝国不稳定的根源之一。

再次，政局动荡和文化凋敝。在政府专制、军人专政和民主不复存在的背景之下，帝国的政局动荡不安，纷争不断。人民趣味日趋低下，皇帝和贵族们生活奢侈糜烂，军队骄奢蛮横，青年“甚至连尚武精神也烟消云散了”。

（二）基督教的兴起和传播加速了罗马文明衰落的过程

吉本在启蒙主义思想的影响下，以理性主义和批判精神考察基督教的兴起，并客观地论述了基督教的兴起、传播与罗马文明的衰落关系。“罗马的征服为基督教的征服准备了条件，并且加速了它的进程。”人民对尘世的不满，才逐渐接受了基督教。基督教的胜利还归因于以下因素：基督教徒的狂热情绪；关于来世生活的教义；基督教教会具有的神奇力量；基督教徒纯真、严谨的品德；基督教世界的内部团结和纪律等。《福音书》的传播和教会的胜利反过来将罗马帝国进一步推向衰落。罗马公民幻想死后升入天堂，不再像以前那样忠心卫国；绝大部分财富用于慈善事业和拜神活动；基督教内部派别的纷争给帝国带来了骚乱。在基督教成为国教后，皇帝们对各个教派态度不一，也给社会带来了动荡。

（三）蛮族入侵也是导致罗马帝国灭亡的因素

吉本认为“罗马的衰败是过分雄伟的自然的不可避免的结果”。到了公元 3 世纪，蛮族发展迅速，拥兵百万，入侵势不可挡。再加上民族大迁徙的浪潮与之呼应，西罗马帝国被淹没了。东罗马帝国的东部领土被阿拉伯人侵占，最终毁于土耳其人之手。君士坦丁堡失守，宣告了罗马帝国的最终灭亡。

三、推荐版本

《罗马帝国衰亡史》，爱德华·吉本著，黄宜思译，商务印书馆，1997 年版。

第六节 |《英雄和英雄崇拜》(1841 年)

一、作者简介

托马斯·卡莱尔(Thormas Carlyle,1795—1881),19 世纪英国著名的历史学家、文学家和哲学家,1795 年 12 月 4 日生于苏格兰登佛里斯郡埃克尔坎的一个农村泥水匠家庭,父母希望他将来成能为一名传播宗教的牧师。1809 年,他进入爱丁堡大学读书,但未获得任何学位;1818 年,重回爱丁堡大学,研读德意志古典文学与哲学作品,开始了他的学术研究活动。1818 年至 1819 年间他参加了《爱丁堡大百科全书》的编辑工作,1824 年弃教专门从事写作,1833 年定居伦敦,以著述和演讲为生。1865 年卡莱尔被爱丁堡大学的学生选为校长,次年 4 月就职时他发表的演说《论书的选择》成为演讲史上不朽的名篇。1881 年 2 月 4 日,卡莱尔逝世。

卡莱尔一生著述甚丰,主要著作有《衣裳哲学》、《法国革命史》、《宪章运动》、《论英雄、英雄崇拜与历史上的英雄》、《过去和现在》、《克伦威尔生平书信集》、《腓特烈二世传》等。卡莱尔思想犀利,论辩机智,文笔优美,富有创见,在欧洲近代思想史上有着举足轻重的地位。其学术影响在英国史学史上堪与马考莱齐名。

二、内容精要

《英雄与英雄崇拜》一书缘起于 1840 年 5 月他在伦敦轰动一时的演讲,讲稿于次年结集出版,题名为《论英雄、英雄崇拜和历史上的英雄事迹》(译本简称《英雄与英雄崇拜》)。此书一问世,竟成了卡莱尔作品中最畅销和最流行的一部著作。书中,卡莱尔将英雄分为六类:作为神的英雄、作为先知的英雄、作为诗人的英雄、作为教士的英雄、作为文学家的英雄、作为君王的英雄。

(一)浓厚的英雄史观

卡莱尔断言:“世界历史只不过是伟人的传记而已。”在对六类英雄的评价中,都以“真诚”两字贯穿始终。他指出,只要一个人具有了对创造者真诚的灵魂就能成为英雄。事实上,卡莱尔从来没有给英雄下一个具体的定义,只不过他把许多具有特殊性的性格特征逐个归入英雄的心灵中。“真诚是他以及他所具有的一切根本所在。”“要成为一个英雄,不一定要有伟大的灵魂,所需要的只是一个神造的并且对其创造者真诚的灵魂.这就是伟大的灵魂了。”他认为,历史上的英雄虽可以分成若干类型,外形各异,时代不同,但他们却有“统一素质”。他们具有某一时代所需要的“超人智慧”,他们在任何情况下有引领群众前进的“胆识”。总之,他们“从上帝手中直接取得了自由的权力”,是每一个时代的“救世主”。

（二）英雄的类型及特征

1. 神灵型英雄。卡莱尔以北欧斯堪的纳维亚古代神话中的奥丁为例，探讨了作为神的英雄。他认为，宗教“不是信奉或赞同教义”，而“是一个人实际上在内心所信仰的东西”，诸神无非是一些人格化了的“自然属性”。众神之首奥丁则是一个有着“灵与肉”的统治者，他像明灯一样照亮人们的心头，指引着人们的一切活动。于是人们把他当做大英雄无限地崇拜，并奉为主神，把星期三定为“奥丁日”来纪念他。“粗野淳朴”的北欧神话与“华丽轻佻”的希腊神话共同构成欧洲神话的两大体系。但不管怎样，这种神话型英雄毕竟是“英雄主义”的一种原始的形态。

2. 先知型英雄。当“英雄不再被他的同类视为神，而是当做一个受神启示的人，当做一个先知”时，人类便进入了英雄崇拜的第二阶段，即对先知型英雄的崇拜阶段。卡莱尔认为阿拉伯伊斯兰教的创始人穆罕默德是先知型英雄的代表，高度评价了这一教派的历史功绩：“对阿拉伯民族来说，他似乎是从黑暗走向光明的开端。阿拉伯人依靠了他，才开始得到活力。”

3. 诗人型英雄。在他看来，神话型英雄与先知型英雄都是旧时代的产物，他认为，但丁是中世纪的代言人，他的《神曲》“既是一个最伟大的人类灵魂的表达，也是欧洲在此之前所实现的最高业绩的表达”，展示着但丁伟大的灵魂世界。莎士比亚则完成了上帝派给的伟大使命，他有着无与伦比的洞察力、思维能力、理解能力，他能凭借他的观察揭示出事物的内在核心和秘密。他们之所以能如此，是因为他们美好的道德是从高贵真诚的灵魂深处自然地生长出来的。“诗人是属于一切时代中的英雄，他一旦产生，一切时代都可以占有他”。

4. 教士型英雄。他以德意志的宗教改革家马丁·路德和英国传教士约翰·诺克斯为例，阐述了教士型英雄的历史作用。他认为，牧师也是一种“先知”，因为他们支配着人们的崇拜，是人与神之间的联系纽带。“他们的工作不是在安定和和平的时代领导人民去从事温和的信仰，而是在充满暴力和四分五裂的各个时代领导他们为信仰而英勇斗争”。“一个人不是靠弥撒得救，而是靠对上帝的信仰和上帝的无限恩惠而得救；《圣经》是一切信仰的根源。”他们对真理的宣扬，使得欧洲整个文明的历史从此开始。教士型英雄的业绩如同灯塔一样，照耀着世界。

5. 文学家型英雄。与神灵、先知、诗人和教士等古代的英雄主义形式不同，文学家英雄是一种现代形式的英雄主义，它因精彩的写作艺术，成为未来时代的英雄主义的一种主要形式。卡莱尔告诉人们，文人是圣洁的、伟大的，他们死后也会因不朽的著作而永远活在后人的心中。如英国文学家约翰逊、法国启蒙作家卢梭。卡莱尔认为，在人类所感知的外部现象的后面，还隐藏着一种“神的理想”，唯有文学家的妙笔才能把它“表现出来”。

6. 君王型英雄。他们是领袖或统治者，是伟人中最重要的一种，集各种英雄主义形态之总和，可谓各类英雄中的最高形态。英国的克伦威尔和法国的拿破仑，就是这种类型英雄的代表。

三、推荐版本

《英雄与英雄崇拜》，卡莱尔著，张志明等译，中国国际广播出版社，1988 年版。

第七节 《历史研究》(1934—1961 年)

一、作者简介

阿诺德·约瑟夫·汤因比（Arnold Joseph Toynbee，1889—1975)，生于英国伦敦一个学养丰厚的家庭。他有两个叔伯，一位是英国著名的经济学家，另一位是著名的语言学家。汤因比曾就读于牛津大学，1911 年旅行希腊各地，1912 年在牛津大学教授古代史。一战期间他被任命为伦敦大学教授，担任英国皇家国际事务学会年刊《国际事务概览》主编，1937 年被任命为英国皇家科学院研究员。二战期间，汤因比被英国政府倚为智囊，出任英国外交部研究司司长。1947 年，汤因比前往美国讲学，并在那里完成了《历史研究》最后的写作。1955 年，牛津大学和伯明翰大学授予他荣誉文学博士学位。同年，他以功勋教授名衔退休。

汤因比主要著作有：《民族与战争》、《新欧洲》、《巴黎和会后的世界》、《中国之行漫记》、《考验中的文明》、《文明与战争》、《世界与西方文明》、《一个历史学家的宗教观》、《基督教在世界各大宗教中的地位》、《从东方到西方：一部周游世界的旅行记》、《希腊文明时期：一个文明的历史》、《美国与世界革命》、《汉尼拔的遗痕：布匿战争对罗马社会生活所产生的影响》、《习俗与变革：我们这个时代的挑战》。其中最具代表性的则是《历史研究》。汤因比是当代西方著名的思辨历史哲学家，被称为“近代以来最伟大的历史学家”。

《历史研究》1～3 卷出版于 1934 年，4～6 卷出版于 1939 年，7～10 卷出版于 1954 年，11 卷出版于 1959 年，12 卷出版于 1961 年。

二、内容精要

《历史研究》是一部历史哲学名著，作者以文明形态史观贯穿其中，通过对近 6000 年来人类历史的比较研究，揭示各种文明形态及其起源、生长、衰落、解体的一般规律。

（一）历史研究的“单位”是文明

汤因比认为，所谓社会，就是能自成一体的文明。只有以文明作为历史研究的对象，才能够真正说清楚历史的面貌，因此，历史研究的基本单位就是文明社会。虽然，在文明形态的交流和碰撞中，它们不可避免地发生相互影响和相互接受的联系，但不同的文明在价值上是等同的，没有优劣之分。正因为如此，它们才是可比较的。他把人类 6000 年来曾经诞生过的 37 种文明作为全书的研究对象，通过对各种文明形态学的比较，确定了文明社会起源、生长、衰落乃至解体的一般过程和性质。

（二）文明的起源

根据汤因比的观点，要揭示人类如何从原始社会转化到文明社会，就必须先探讨这两种社会的根本区别。他认为，二者之间的区别既不在于有无制度，也不在于有无分工，而是在于模仿的方向。从原始社会到文明社会，表现为一种从静止状态到活动状态的过渡。这不仅可以解释文明社会在原始社会中的兴起，而且也适用于“子体文明”社会从母体文明中的产生。

（三）文明的生长

汤因比认为，在人类文明发展的 6000 年历程中，曾经诞生 37 种文明，但存活至今的不过 10 个。如此多的文明兴衰背后的秘密是什么呢?《历史研究》给出的答案是挑战与应战理论，即社会生长是一系列成功的应战回答了挑战的结果。当然并不是所有的文明都能应对挑战，因此，文明的生长并不具有必然性。

文明的生长包括内外两个方面：外在的方面表现为对于物质挑战的征服，内在的方面表现为不断上升的精神自觉。汤因比断定：“生长的意义是说，在生长中的人格或文明的趋势是逐渐变成它自己的环境、它自己的挑战者和它自己的行动场所。换一句话说，生长的衡量标准就是走向自觉的进度……”

（四）文明的衰落

文明的生长在前进的任何一个阶段都有可能发生衰落。汤因比描绘了一幅令人失望的世界文明全景图：除西方文明外，现有的文明都已停止了生长，它们在某个阶段都要衰落。他仍用挑战与应战的理论来解释文明的衰落：挑战总是不断地出现，一旦应战战不过挑战，衰落就会接踵而至。衰落的实质是：（1）少数超人失去创造力；（2）多数追随者也撤回了他们对超人的支持；（3）社会作为一个整体失去了统一和自决力。

（五）文明的解体

衰落的文明的出路通常是解体，解体表现为无法应付反复出现的挑战。分为三个阶段：混乱时期、统一国家、间歇时期。

（六）文明的意义

汤因比对文明意义的探讨，是一种宗教精神的体现。但是，由于他无法理解社会与历史的现实基础和意义，因而就转向了神学历史观。他的神学历史观是把宗教的发展当做文明兴衰的目的，使文明成了宗教发展的工具。虽然文明的运动是循环的，但宗教的运动却可以是从一个文明到另一个文明的持续进行。他认为只有从宗教的观点看历史，才能赋予历史永恒的意义。宗教是文明的基础，是文明的核心内容。汤因比把宗教当做拯救文明及整个人类的最有效的手段。

三、推荐版本

《历史研究》，汤因比著，曹未风等译，上海人民出版社，1986 年版。

第八节 《15 至 18 世纪的物质文明、经济和资本主义》（1979 年）

一、作者简介

费尔南·布罗代尔（Fernand Braudel，1902—1985），法国著名史学家，年鉴学派第二代代表人物，出生在法国东部默兹省的拉梅维尔村，早年醉心于诗歌、医学，后进入巴黎大学历史系学习。1935 年至 1937 年他在巴西圣保罗大学文学院任历史教授，1937 年 10 月，与年鉴学派创始人之一吕西安·费弗尔不期而遇，一见如故，从此与年鉴学派结下不解之缘。1956 年至 1968 年布罗代尔担任《经济、社会、文明年鉴》杂志主编，1963 年创立人文科学之家，1984 年当选为法国科学院院士。先后有 20 多所外国大学授予布罗代尔名誉博士学位，十几个国家的科学院选他为通讯院士。1985 年 11 月 28 日，一代史学宗师布罗代尔去世。

《15 至 18 世纪的物质文明、经济和资本主义》是布罗代尔的第二部史学名著。1979 年三卷本的《15 至 18 世纪的物质文明、经济和资本主义》在法国问世，立即引起了国际史学界的广泛注意，被称为“本世纪最宏大的历史书籍”。

二、内容精要

布罗代尔把 15—18 世纪这 400 年的经济活动划分为三个层次。第一层是衣、食、住、行等最基本的物质生活，即物质文明。他认为：“这是每个人到处都能遇到的，最起码、最基本的活动。”是构成社会经济的基础。第二层是生产与交换的正常机制，即以竞争为基本法则的“市场经济”，“即同乡村活动、作坊、工场、店铺、交易所、银行、交易会——当然还有市场——相联系的生产机制和交换机制”。第三层是少数大商人包揽的不平等交换，即资本主义。在最后一卷，布罗代尔以历史为依托，对前两卷的研究进行验证，并得出结论。整部著作结构独特、资料丰富、文笔优美。

（一）日常生活的结构：可能和不可能

本卷主要讨论 15—18 世纪的物质文明，试图将被传统史学忽视的、彼此孤立的现象（如人口、食品、衣着、住房、技术、货币、城市等）融入一部连贯的历史中，以勾画前工业时代的经济活动领域面貌。他提出了在物质生活上如何对过去和现在进行分期，指出15—18世纪的物质生活由于受距离和闭塞状态的限制，市场经济无力对下层经济活动施加控制，也无力变革。他着重阐明了长时段和文明这两种秩序或范畴的差异及关系，认为文明是一个历史范畴，而各种文明都有其长时段的特性和选择。他不同意马克思关于任何社会都将严格按顺序从一个结构向另一个结构过渡的论断，认为应该对普遍存在的各种社会体系按其本质加以分类。

作者在第一章使用数量概念对15—18世纪世界的不同命运作了初步讨论，指出世界在地理大发现、工业革命和经济的相互渗透之前，已经取得最初的整体性。首先是人口增长的整体性，作者论证了世界人口的三次长时段增长与地理扩张、国际经济发展互为因果。其次，作者考察了人口密度与文明水准之间的关系，认为人口数量决定世界结构，赋予各人口群以不同的地位和文化水平，也影响到它们的相互关系。在此后的三章里，作者详细叙述了15—18世纪人们衣、食、住等方面的基本情况，并在随后的两章里指出技术的进步与停滞贯穿整个人类历史，认为技术进步就是在人力劳动与替代能源之间求得合理平衡，而18世纪以前的文明是木材和木炭的文明，能源不足是旧制度下经济发展的主要障碍。在第七章中，布罗代尔讨论了货币，认为15—18世纪广大地区通行物物交换，但必要时总有原始货币予以补充。日本、伊斯兰国家、印度和中国的情况介于欧洲和原始经济之间。欧洲已建立起庞大的货币体系，具备了货币流通所经历的从低到高的各种层次：底层有物物交换、自给自足、原始货币以及种种代用手段；其上是数量较为充足的金属货币；最上层是多种形式的信贷。最后，他在书中谈到了城市，认为城市既是经济发展的动力，又是其产物，没有城市就不会有对外开放和远程贸易。西方城市经历了三种主要类型，其演变受制于社会的状况。没有乡村经济的全面恢复和货币经济的普遍扩张，城市改组不可能发生。大城市负有建立现代国家的使命，它们形成民族市场，处于资本主义和现代文明的中心。

（二）形形色色的交换

在考察了物质生活之后，布罗代尔转而探索经济生活，以及作为更高层次的资本主义活动。他认为："从整体上看，资本主义的顺利发展，必须从一定的经济实在和社会实在出发，进而为这一过程开辟和铺平道路。"所谓的经济实在就是一个蓬勃发展的市场经济。这是形成资本主义的必要条件，而不是唯一条件。中国的历史表明，在一个活跃的市场经济及其包含的各种因素的基础上，资本主义的上层建筑并未自动建立，还需要其他条件，这就是"社会必须从旁协助、预先开放绿灯"。布罗代尔认为建立在等级制基础上的社会能把以往的资本主义因素接受下来，促使资本主义产生。日本和欧洲的历史对此作了证明。

布罗代尔认为，欧洲前工业时期的市场经济既不完备又不连贯，但已带有强制性和革命性。随着市场经济的扩展并日益侵占邻近的低级活动区域，市场规模变得更大，界线开始移动，基本活动也发生变化。他指出，西方发达的两个基本特征是"高级齿轮"的形成以及交换渠道和交换手段的增多：上层有银行和交易所，下层是广大流动商；信贷市场是欧洲经济发达的核心，但只存在于经济活动活跃的地区。相比之下，伊斯兰地区和日本的情况最接近欧洲，而中国的官僚体制阻碍了经济活动以任何形式从低级向高级发展。他认为，市场是经济的动力装置，供需和价格之间通过自动调节使经济合理化。

国家的任务在于维持秩序、监督经济生活、参与精神活动。而资本主义活动场所比普通市场经济、比国家要宽广得多。当然国家能促进也能阻碍资本主义的发展，资本主义也能给国家增加许多困难。

（三）世界的时间

布罗代尔在第三卷里“把注意力从结构转向过程，着重讨论资本主义兴起的过程”，试图把握的主要是15—18世纪的世界经济史。布罗代尔按时间顺序研究了国际经济先后更替的形式和主导力量，分析世界上各个区域的经济所起的作用。他指出，世界各个区域的经济，作为独立的、特殊的、对外封闭的地域，都有自己的历史，其地理界限在长期的演变过程中曾发生过变化，并在欧洲开始征服世界的同时扩张着自身。

他阐述了他的经济世界的理论，确定经济世界在时间和空间的位置。他认为，经济世界是在其集合下各具特色的经济空间与非经济空间的总和，具有一系列倾向性规律，此外，还存在一些几乎与交换相脱离的、不与外界接触的“中立”地带。

为了确定经济世界的时间参照系，布罗代尔根据欧洲的经历，把“经济世界的时间”划分成若干个长时段，又分别以1350年、1650年、1817年、1973—1974年为高峰。每个长时段都包括上升阶段、下降阶段，以及标志着它达到顶点的危机时刻。上升阶段是保守的，保护着现存的制度，扶植了各种经济形态，使经济中心的转移成为可能，其经济、社会、文化和国家都欣欣向荣，人口极大增长，但工资几乎没有上升，物价和工资之间的距离逐渐拉开。当人口增长、交换与经济增长无法再从生产率的提高中获得补偿时，危机便开始出现。危机意味着结构解体的开始，也意味着一种新体系的诞生。在下降阶段，只有经济世界的中心还保持经济健康，经济逐渐紧缩，朝向一个极点集中；社会上层蜷缩起来，韬光养晦，文化则焕发出青春，上层建筑的后退反而带来群众生活的改善，实际工资重新增加。

在结论部分，作者探讨了资本主义长时段结构、复杂的社会结构的组成部门、继续存在的可能性及其与市场经济的不同等问题，并指出资本主义体现着世界的经济形象，是重大的物质进步，也是剥削的根源和标志。

三、推荐版本

《15—18世纪的物质文明、经济和资本主义》，布罗代尔著，顾良、施康强译，三联书店，1993年版。

第九节 《全球通史》(1970—1971 年)

一、作者简介

斯塔夫里阿诺斯(Stavrianos,1913—2004),出生于加拿大的温哥华,毕业于不列颠哥伦比亚大学,先后在加拿大和美国几所大学执教,从事了半个世纪的教学生涯。他先后出版了《1815—1914 年的巴尔干各国》、《巴尔干联盟:现代巴尔干统一运动史》、《1453 年以来的巴尔干各国》、《人类的全球史》、《全球冲突:第三世界的历史进程》、《希腊:美国的困境和机会》、《奥斯曼帝国:它是欧洲的病人吗?》、《即将来临的黑暗时代的前途》、《世界历史的生命线》等。由于成就突出,斯塔夫里阿诺斯荣获古根海姆奖、福特天赋奖和洛克菲勒基金奖。

二、内容精要

《全球通史》的特点是吸收了西方世界史研究领域的最新成果,大量运用比较历史研究方法,与作者所倡导的从全球文明的宏观历史角度研究世界历史的观点相一致。从某种意义上说,该书是一部当今世界的“《资治通鉴》”,既有深沉的历史感,又有强烈的现实感。全书贯穿古代文明史、古典文明史、中世纪文明史和现代文明史几个时期,展现出人类文明恢宏的画卷。

(一) 全球化的新视野

斯塔夫里阿诺斯在书中开宗明义地指出:“本书是一部世界史,其主要特点就在于:研究的是全球而不是某一国家或地区的历史,关注的是整个人类。”重彩描绘的是产生那些历史力量和历史运动的区域。从人类文明史来看,主要包括中东、印度、中国、欧洲和欧亚大陆中部草原地区这五块互相关联的、具有深远历史意义的地区。中东、印度、中国和欧洲这四块地区的肥沃的土地大河流域,孕育了历史上最伟大的文明。而欧亚大陆中部广阔的草原地带则为各文明中心进行交往提供了一条陆上通道。欧亚大陆的历史基本上是在游牧部族与定居文明相互影响的过程中形成的。非洲、南北美洲和澳大利亚组成了欧亚大陆之外的世界,在 1500 年之前它们之间没有建立起任何联系。“只有用全球性观点,才能了解各民族在各个时代相互影响的程度,以及这种相互影响对决定人类历史进程所起的重大作用。”

(二) 1500 年前的世界发展

人类从食物采集者变为食物生产者,标志着农业的出现。随着古典文明时代的到来,诸地区文明稳步地向外扩展,直到相互联结起来,形成一条横跨欧亚大陆的几乎不间断的文明地带。同时，在继续古代文明的基础上，各古典文明也都具有自己的特性，逐渐发展出一套持续到近代社会的哲学体系、宗教观念和社会制度。它们异彩纷呈而又相互交融，反映了欧亚大陆古典文明早期阶段的普遍性影响。这个时期发展是漫长的，东西方文明是一个不断的相互接触、互相传播、互相冲击与相互影响的过程，是一个不断分裂扩张与融合交汇的时期。标志着中世纪文明向近代社会文明的过渡，以及世界历史由欧亚大陆地区性阶段向全球阶段的转变。

（三）1500 年后的世界

这一阶段是新旧世界的分水岭。欧亚大陆政治、经济、思想、文化领域经历了全面变革，尤其是欧洲的扩张，打破了各文明发展的均衡状态。整个世界格局发生了根本性变化：一方面，全球政治、经济、文化的有机联系已经形成；另一方面，欧洲脱颖而出，领导世界新潮流。冷战和两极化国际格局形成，但很快让位于一种新的多元化国际社会。

斯塔夫里阿诺斯认为当今世界正处于不断变化之中，人类活动的各个领域实际上都在经历变革，这种变革与历史上所有转折时期相比，在速度、广度和深度方面都与历史上的“黄金时代”相似，但其蕴含的紧张、恐惧和危险却远非过去所能相比。总之，要解决人类面临的共同问题，实现人类的美好希望，必须进行有效的全球合作。

三、推荐版本

《全球通史》，斯塔夫里阿诺斯著，吴象婴译，北京大学出版社，2006 年版。

第十节 | 《奶酪和蛆虫》（1976 年）

一、作者简介

卡洛·金斯伯格（CarIo Ginzburg，1926—1997），是当代“新文化史学”的代表人物之一，“微观史学”的创立者。他 1961 年毕业于意大利比萨大学，先后任教于波罗各那大学、哈佛大学、普林斯顿大学、盖提中心、伦敦沃布格学院、加利福尼亚大学、哥伦比亚大学。金斯伯格主要从事巫术及民间宗教的研究。他对日常生活、大众文化的关注不在于有形的物质文明，而是其背后无形的情感、观念、规则和态度等。他的研究非常注重微观具体的细节过程，拒绝直线发展的单一历史模式。因此，他被誉为“大众文化史学的先驱实践者”。

他的主要著作有《夜之战：16 和 17 世纪的巫术和农民的崇拜》、《奶酪和蛆虫：一个 16 世纪磨坊主的世界观》、《皮埃罗·德拉·法兰西斯卡的不解之谜》、《线索·神话和历史方法》、《狂欢破解巫师的安息日》等。

二、内容精要

《奶酪和蛆虫》是金斯伯格的成名作之一。1962 年夏天，他在乌丁教会档案馆查阅材料时偶然发现一个特别长的判决，被告坚持认为世界起源于腐朽，引起了金斯伯格的兴趣和好奇心，这个观点对其宣称者可能意味着什么呢？1970 年，他破解了这个谜，其成果便是《奶酪和蛆虫》。《奶酪和蛆虫》是一本充满创新活力和个性的史学名著，至少在两个方面突破和发展了前人的研究：第一，心态有着空间和阶层的差异；第二，心态不是被动的。同样，大众文化和精英文化之间也不是一个简单的、单向的接受者和输送者的关系，而是通过某种媒介有着相互的碰撞和交流。

（一）一个基督徒的身世和他的异教“理论”

一个名叫多莫尼科·斯堪德拉的人，通常当地人称他为麦诺齐奥，1532 年出生于意大利北部弗瑞乌里地区的小山城蒙特瑞阿勒。他当过石匠、木匠、镇长，管理过教区的教堂，主要以磨坊劳动为生。实在是一个太普通的人，倘若不是因为教会的审判，倘若不是因为金斯伯格的慧眼，他是不会出现在历史的记忆中的。只因麦诺齐奥宣讲关于基督的“异教的不敬之词”，惊动了罗马的红衣大主教，结果被判死刑。

麦诺齐奥不是一个思想家，但他对世界的产生、天堂和人间、教士和教会圣仪的作用以及其他宗教，都有着不同于圣经和罗马教会的独特解释。他拒绝将世界的产生归于神圣，不承认世界是上帝创造的。在麦诺齐奥看来，天堂不是上帝统治、不朽灵魂居住的地方，而是一个吃喝娱乐的宴会。进入天堂，不是缘于苦修而是每日辛勤工作的结果。与此相反，人间的天堂就是那些拥有大量财富、不需要劳动的绅士们的生活。

他对教士进行无情的嘲讽和猛烈的抨击。他认为，洗礼、涂油礼、告解、忏悔等圣仪，都是人的发明，只是商品而已，是教士手中剥削和压迫信徒的工具。“教会的法律和训诫都是一桩交易，教士们以此维生、发福。”“上帝将圣灵给予了所有的人，基督徒、异教徒、土耳其人、犹太人，他们都是珍贵的，能以同样的方式得到拯救。”麦诺齐奥还到处传播自己的观点，甚至站在教廷法官面前，还想说服他们接受他的看法。作者注意到，他的言谈并不是疯狂的胡言乱语，他的态度是严肃认真的。但是，与他同时代的人大多不能明白他的想法，教会更是无法容忍他，甚至视他为危险的异教徒、思想的犯罪者。

（二）异教“理论”的产生背景及其影响

麦诺齐奥的想法究竟来源于何处？究竟是什么促使他坚持宣扬自己的想法？麦诺齐奥并没有具体告诉人们他的想法究竟来源于何处。而这本书的魅力就在于作者利用有关材料，大胆地、富有启发性地探索了上述问题的答案。

作者为麦诺齐奥的社会身份定了位。16 世纪初，贵族内部的矛盾激化，阶级矛盾也更加尖锐。对这些暗中决定麦诺齐奥生活的复杂的社会环境，他有一个简单但却清晰的形象：社会由“上等人”和“穷人”之和组成。他知道自己是穷人中的一分子，领主、国王、贵族等都是上等人。但他认为最主要的压迫者是教士等级，因为“所有的一切都属于教会的某个主教或红衣主教”。作者指出，这是典型的农民社会里关于阶级结构完全两分的观点。

麦诺齐奥意识到了自己的权利。“除了拥有权力外，教皇是与我们一样的人”，教士们凭什么压迫穷人呢？在作者看来，麦诺齐奥对教会和教士的抨击，与宗教改革对权威原则的冲击有关，他的言行与宗教改革各派别有着微妙的关系。他坚持的许多宗教观点，如要求简洁的圣言，拒绝圣像、圣仪和典礼，拒绝基督的神圣性，坚持事功基础上实践的宗教，称赞宽容，等等，都可以追溯到再洗礼派的宗教激进主义思想。他的观点似乎与意大利福音主义有不少相似之处，但其宗教观中激进的因素远远超出了福音思想。

对于麦诺齐奥世界观的来源，作者敏感地捕捉到他宣扬自己观点时的自信："我的观点来源于我的头脑中"，“根据我所认为和相信的……”，这说明他不是一个他人观点被动的接受者，而是来自于自己的观察、思考和认识。作者认为书籍对麦诺齐奥思想产生了重要的影响。

三、推荐版本

《奶酪和蛆虫》，卡洛·金斯伯格著，The Johns Hopkins University Press，1992年版。

第九章 | 思 想 史

思想史（History of Thought），是一个边界不定的研究领域，它是对历史中曾经存在过的观念、思想、主张、信仰和立场等各种价值观演变轨迹的系统描述与归纳，是对人类所处环境的有意识的反映，是人类思想在时间流程中的建构、定形与变异的连续性而非断裂的历史。

思想史的本质是思想的历史，是各时代思想的体系、派别及其演进的历史，是一部社会意识形态的历史，是曾经或者能够对社会和时代发生显在或潜在影响的思潮、观念和公共意识，“思想”比“哲学”更富有包蕴性质。

思想史以哲学、意识形态、逻辑学说乃至政治、法律、科学等学科作为自己的资料来源和叙述背景，与政治史、经济史、社会史、哲学史、文化史、学术史、观念史、宗教史的研究范围有重叠又有冲突，涉及的对象不仅是哲学家及其哲学著作、哲学思想的罗列、编排和解读，还应该包括对一般、普通的知识以及思想和信仰的史料进行激活、理解和阐释，因此既有以地域命名的如中国的、世界的、欧洲的等思想史，也有以不同学科命名的如政治的、经济的、法律的、宗教的、科学的、教育的、艺术的等等众多的思想史。

第一节 | 《狱中札记》（1929—1935 年）

一、作者简介

安东尼奥·葛兰西（Antonio Gramsci，1891—1937），意大利社会党左派领袖，思想家，意大昨共产党的创始人和总书记，20 世纪最重要的马克思主义理论家之一。葛兰西因反对国家法西斯党，1928 年被墨索里尼政府判处 20 年徒刑，在监狱中脑溢血发作逝世。其代表作《狱中札记》所阐发的各种概念与看法，构成了一个涉及 20 世纪前半叶所有重大问题的系统的研究计划。该著作体现了“人类意志的极限”，即一个人能在多大程度上超越他的历史和个人背景进行思考?《狱中札记》中提出的“文化霸权”、“有机知识分子”、“市民社会”和“阵地战”等理论观念，为我们提供了理解和应对两次世界大战期间世界所发生的变动的批判性方法论的框架。《狱中札记》是意大利现代思想史上的重要著作，为丰富马克思主义理论宝库做出了贡献。

二、内容精要

（一）历史文化问题

《狱中札记》第一章历史文化问题，首先讲述的是知识界的构成，探讨了形成不同知识分子阶层的决定性因素——两个上层建筑“阶层”：一个是市民社会；另一个是政治社会或国家，该阶层是统治集团的“代理人”，行使的是社会霸权和政治统治的下级职能。作者把知识分子划分为属于主要社会集团的“有机的”和“传统的”两类；论述了城市型和乡村型知识分子地位差别的历史和现实原因；勾勒了众多国家知识分子形成历史的大致轮廓。接着，讨论了产生新型知识分子的途径：一是创立专业化、具有创造性的新学校；二是寻求适应现代社会的教育原则。最后，是对意大利历史的断想：(1) 追溯下层阶级革新势力的发展史、政党史和斗争史；(2) 以法国大革命为参照，通过评价温和派和行动党的妥协、冲突和斗争，研究了意大利民族和现代国家形成和发展中的政治、军事领导权问题及历史局限性；(3) 分析了第一次复兴时期和国家结构中的城乡关系：所有城市社会集团和乡村存在一种互相反对和厌恶的思想，讨论知识分子在意大利统一过程中的作用，认为新的民族国家是作为消极革命、阵地战的结果而产生的。

（二）政治随笔

《狱中札记》第二章第一节摘要，叙述和评价了马基雅弗利的政治学专著《君主论》，并补充了自己的看法，提出了“集体意志”这一概念，论述了马氏在自己时代的特殊意义：(1) 帮助提高了保守统治集团的政治技巧；(2) 想在政治上教化当时的革命阶级；(3) 把政治科学提到具有自主性的实践哲学的高度。作者认为政治最基本的要素是存在统治者和被统治者、领导者和被领导者，描述了政党的运作模式和职能、政党存在所需的三个基本要素、政党历史的书写方式，阐释了“党的自满”的含义；探讨了经济主义的两个理论：自由贸易运动理论和理论工团主义以及具体的实践情况；批判了对经济主义的迷信，提出并解决了经济基础和上层建筑相互关系的问题。在此基础上作者分析了社会、政治和军事三种力量关系中的不同阶段和层次；对各个领域中的“有机的中央集权”和“民主的中央集权”进行区分；讨论投票选举制度与形成集体意志之间的关系；探索被统治阶级的“自发性”运动和革命与马克思主义互相转化的可能性及其相关的领导权问题；认为人民大众解放自己的途径是与自愿主义作斗争。

第二节“国家和市民社会”论述在统治阶级领导权的危机中民事和军事官僚机构、农村中小阶级的关键作用；认为恺撒主义是在各种力量势均力敌、走向毁灭的政治历史关头，把“仲裁”的重任委托给某个伟人，具有进步和反动的双重性；划分了政治斗争的三种形式——运动战、阵地战和包围战，它以军事战争为基础，并有从机动战向阵地战转变的趋势，阐述了政治和军事科学的意义和重要性；“不断革命”公式被政治科学中“市民霸权”公式所超越，分权成为促进国家统一的共识；认为工人阶级必须摆脱它的集团利益，同时必须强调文化和思想意识所具有的政治作用；把国家定义为统治阶级用强制武装的政治文化领导权，政治社会和市民社会相互补充，宗教、国家和政党必须逐一过渡。

（三）哲学研究

首先，作者从语言、世界观、常识和健全的见识等方面论证了“人人都是哲学家”这一观点，论述了常识、宗教、科学和哲学间的联系与区别：(1) 哲学和政治不可分割；(2) 理论与实践相结合的实践哲学对形成群众的新信仰和新世界观具有重要影响。

其次，作者展开了哲学与历史各种问题的讨论，认为人的本质是政治的，是“社会关系的总和”，人的本性是进步和生成的结合。最后，讨论了马克思主义诸问题：(1) 对实践哲学研究中的某些问题比如方法论、与现代文化的关系、本身的历史发展前景、规律性和必然性、文化领导权等等展开论述；(2) 批判性地评论了布哈林的社会学著作《通俗手册》并阐发和完善了作者在一般性问题上的观点和见解。

三、推荐版本

《狱中札记》，安东尼奥·葛兰西著，曹雷雨等译，中国社会科学出版社，2000年版。

第二节 | 《中国哲学史》(1931—1934 年)

一、作者简介

冯友兰 (1895—1990)，哥伦比亚大学哲学博士，抗战期间任西南联合大学哲学系教授兼文学院院长，是 20 世纪 40 年代中国影响最大的哲学家、著名的国学大师、教育家、哲学史家，新中国成立后他放弃新理学体系，开始以马克思主义为指导研究中国哲学史，1952 年后任北京大学哲学系教授。代表作有《中国哲学史》(上、下)、“贞元六书”(《新理学》、《新世训》、《新事论》、《新原人》、《新原道》、《新知言》)、《中国哲学史论文集》、《中国哲学史新编》(七卷本)。

《中国哲学史》是继胡适《中国哲学史大纲》后又一部具有广泛影响力的哲学史著作，代表了 30 年代中国哲学研究领域的最高水平，为中国哲学史的学科建设做出了重大贡献。该书由上篇《子学时代》和下篇《经学时代》组成，以“释古”的方式着力论证了儒家哲学在中国哲学史上的正统地位，最主要的特点是“同情之理解”与“新儒学”。

二、内容精要

(一) 上篇《子学时代》

对哲学的内容、逻辑论证方法进行了阐述，比较了中国哲学与西洋哲学的差别，概述了历史与哲学史的关系以及各自的研究标准和范围；泛论子学时代的开始年代和哲学发达的原因。三到十四章详细论述了春秋战国时期“诸子百家”学说：(1) 孔子以前及同时期宗教的哲学思想，包括对鬼神、术数、天的态度；(2) 孔子及儒家的初起，首先确立孔子在中国历史上的地位——既是使学术普遍化的第一人，也是“士”这一阶级的创立者；其次分析他对传统的制度和信仰的态度是“守旧”和“正名”；接着讲孔子的“礼”——直、仁、忠、恕和独特的义利观，关注人性的自由流露。(3)墨子及前期墨家的哲学是尚俭节用、兼爱非攻、牺牲一切享受的极端功利主义，强调用宗教的、政治的制裁使人相爱；《墨经》及后期墨家给予功利主义以心理的根据，论述知识的性质和起源，认为“辩”有六种用处，对前人的辩题提出自己的看法。(4)孟子拥护周朝的传统制度，主张禅让与仁政，提出“性本善”、“民贵君轻”和“劳心者治人，劳力者治于人”的观点，反对功利主义，注重个人性情自由和“浩然之气”。(5)战国时期以驺衍的阴阳五行家等为代表的“百家之学”。(6)老庄之学对道、德的看法相近，老子认为宇宙事物的变化和处世的方法其通则是“常”和“反”，理想的社会是“无为而治”，理想的人格是“寡欲”和“无知”；而庄子崇尚“变化”，主张绝对的自由、平等和逍遥。(7)辩者学说（名家）用理智观察世界、解释宇宙，惠施派指出普通事物是有限、相对的，注重个体，而公孙龙派注重共相，提出“白马非马论”和“坚白论”。(8)荀子继承孔孟之学又受老庄影响，主张“性恶论”；(9)韩非尊君权、重法治、禁私学、严赏罚、拥护变古，认为势、法、术皆“帝王之具”，最高理想是“君臣上下贵贱皆从法”。(10)秦汉之际的儒家阐发了乐、丧礼、祭礼、婚礼和孝的理论，分析了《大学》、《中庸》的内容和实质。第十五章指出事物的变化、循环是《易传》的宇宙观；而《淮南鸿烈》认为人与天地万物一体。第十六章解释了儒家独尊的各种原因，标志着子学时代的终结。

（二）下篇《经学时代》

《经学时代》论述了从董仲舒到康有为等各种主流哲学思想：(1)部分儒家和阴阳家混合后形成了“天人合一”的思想，以董氏为代表的古文经学用“五行”和“八卦”等谶纬象数之学建构了两汉从帝王到平民的宇宙框架，他的“罢黜百家、独尊儒术”思想对中国影响极大；(2)扬雄和王充提倡的古文经学以儒家和道家混合思想为主体，扬雄批驳阴阳家的言论使儒学与它分离，王充的《论衡》以道家自然主义观点批评时人的迷信；(3)南北朝时期以道家学说解释儒家经典，产生了玄学家的经学——玄学，《列子·杨朱篇》主张放情肆志任性的快乐主义人生观；《庄子注》结合自然主义和神秘主义，注重事物间的联系和变化；(4)简述佛学在隋唐前后间的流传和争论，以庄学讲佛学成为风尚、关于世界的起源问题、“顿悟”的妙处、对“神灭神不灭”的辩论，唐玄奘和法藏分别阐述了佛学的唯识宗、华严宗理论，天台宗、法华宗受前二者的影响，禅宗提倡“以心传心，不立文字”的修行观，为宋明道学开了先声；(5)韩愈、李翱融合儒释并加入部分道教思想构成新儒学；(6)北宋初各派思想混合，到中期由程氏兄弟最终确立了道学——程颐和朱熹的学说并称程朱理学，倡“存天理、灭人欲”；(7)清代的汉学家依据汉朝人之经说讲“义理之学”，明反道学，实质是其一部分的继续发展；(8)清末的古文经学以《春秋公羊传》为中心，康有为《大同书》、谭嗣同《仁学》宣扬立教（孔）改制（现行）的思想，为政治上维新变法作舆论准备。

三、推荐版本

《中国哲学史（上、下）》，冯友兰著，华东师范大学出版社，2005年版。

第三节 《文明史纲》（1962年）

一、作者简介

费尔南·布罗代尔（Fernand Braudel，1902—1986），世界最著名的史学家之一，法国史学的化身和标志性人物，法兰西科学院院士。曾有人断言：如果诺贝尔奖专设史学奖，布罗代尔在世时无疑是最具竞争力的一位。主要著作有《地中海史》、《物质文明》、《文明史纲》和《法兰西特性》等。

二、内容精要

上编讲述了“文明”这一术语的衍变历史，它与“文化”概念的区别；简析了与文明研究有关的地理学、社会学、经济学和集体心理学；勾勒了构成文明连续性的基本结构。

中编由三部分组成。

（一）伊斯兰与伊斯兰世界

从历史和地理的角度揭示了作为后继文明、衍生文明的伊斯兰文明发展、壮大、衰落与复兴的原因和过程：（1）穆罕默德创立伊斯兰教，其后继者对近东和其他地区实行征服与扩张行动；（2）伊斯兰世界拥有地中海的霸权，是欧洲、非洲和亚洲的“居中大陆”，支配着旧世界；（3）城市的兴起和繁荣，伊斯兰黄金时代物质财富支撑的知识财富；（4）停滞或衰微的原因是地中海的丧失；（5）以民族主义反抗殖民主义，实行现代化规划、改革措施甚至社会革命，解决现实中存在的各种难题、危机，促使穆斯林文明适应现代文明的发展而不失其独特性。

（二）非洲

（1）空间位置、地理条件是了解非洲最为重要的因素；（2）追溯非洲黑奴贩卖以及被西方殖民的历史，认为它一直在寻求原始文化、宗教与现代文明的对话，寻求经济、政治、社会和文学艺术的现代性转型，表明非洲的苏醒。

（三）远东

作者简单介绍了以中国和印度为代表的素食文明、游牧民族入侵的后果等基本情况，探寻远东文明停滞的历史根源。论述了古代中国在宗教、政治、社会与经济方面的具体特征：（1）儒家的现实功利性、道教的神秘主义和佛教的形而上学三者的融合与互补，保持和延续了中国传统的伦理道德；（2）皇帝君主制和稳定的文官制度保证了中国实现政治的长久统一；（3）家长制、奴隶制、封闭性和人口过多使中国处于半静止不变状态。之后论述了中国从鸦片战争起进行的一系列改革、革命和解放的任务，以及在 1949 年获得重生的过程，展现中华民族为独立、现代化，重现一个伟大文明的各种努力成果。

讲述了印度的过去和现在：（1）古代印度承续印度-雅利安文明、印度教文明和伊斯兰-印度文明塑造了印度宗教和文化的统一性；（2）古老的经济制度与英国殖民者的搏斗并取得胜利；（3）减缓贫穷和落后的现状是印度压倒一切的问题，必须消除政治障碍、社会和文化障碍。作者还简述了海上的远东印尼、菲律宾和朝鲜的历史、现实和文明特征；最后分析了日本文明可塑性强的特点，日本善于借鉴并转化中国和西方不同文明的优点重新创造自己，探讨了日本成功的内驱力。

下编由三部分组成。

（一）欧洲

作者论述了欧洲发展的历史是从团体的特权到城市的自由最后到个人自由的实现，欧洲文明由城市文明变成了“地域”文明和民族文明；剖析了“自由主义”的各种含义；论述了影响欧洲生活和思想的基督教、人文主义、科学及其分裂、论争、发展和演变的历史，以及它们对确立欧洲文明方面的重大作用和深远意义；探讨了在科学与技术的推动下，欧洲的工业化成就和它所经历的三个阶段；认为欧洲的统一由人文社会科学和自然科学、经济、政治等合力形成。

（二）美洲

作者先是通过文学作品审视拉丁美洲的空间、自然和社会现实，承认其种族平等博爱的观念，把工业化浪潮中的拉美看做是“悲伤的大陆”；接着论证美国是“年轻的”，新教和天主教传道者造就了美国生活方式、美国文明的历史，资本主义既是美国政治和文明的推动者，也是其当前的和长久的危机原因，陈述了美国从昨天到今天存在的阴影和困难：黑人种族问题，它的角色由孤立主义转向承担世界性的责任，文学上“迷惘的一代”到“垮掉的一代”反映了美国内部社会紧张状态。

（三）俄罗斯

作者从俄罗斯的起源到十月革命，阐述了东正教与亚欧两洲的交流是该国的思想、政治、社会的特点；涉及了苏联文明史上的重大问题：马克思主义经过列宁的修正和发展指导了俄国革命，在苏联的社会、政治、文化等现实中产生了正反两方面的影响，苏联的未来取决于它处理国内国外艰难任务的方针策略。

三、推荐版本

《文明史纲》，费尔南·布罗代尔著，肖昶等译，广西师范大学出版社，2003年版。

第四节 《中国思想史论》（1999年）

一、作者简介

李泽厚（1930—），1954年毕业于北京大学哲学系，当代著名哲学家、美学家、思想史家。著有《美学三书》、《中国思想史论》、《批判哲学的批判》等著作，被誉为“80年代的思想领袖”。1995年他与刘再复的对话录《告别革命——20世纪中国对谈录》出版，在中国大陆与海外学界都产生巨大影响，90年代后旅居美国。

二、内容精要

《中国思想史论》分上、中、下三部。它受到广泛欢迎和高度评价的原因在于：一是该书对历史上已成定论的人物、事件和思潮提出了自己独树一帜的新颖看法；二是提炼出对中国哲学思想史具有重大认识价值的若干个重要概念，如“实用理性”、“乐感文化”、“启蒙和救亡的双重变奏”、“积淀说”等。但是由于该著作的写作时间跨越了20世纪50—80年代，作者的思想观念和学术理念受特定时代的限制，“各自带有时代的不同印痕”，对一些问题的论述既有烦琐的缺点，又有失之过粗的不足，对部分历史人物的评价有前后不一致的毛病，没有脱离传统的以“人”为章节的写作模式。

《中国古代思想史论》从孔子以“仁”释“礼”、将社会外在规范化为个体内在自觉作为开篇，提出中华民族的“文化-心理结构”问题，把“实用（践）理性”和“乐感文化”概括为中国传统文化的总精神，论述了先秦时代孟子的“仁政说”、“养气说”，荀子的“礼”，墨子的“兼相爱”—“大同”空想理论，孙子、老子、韩非子关于军事—政治—生活的辩证法，秦汉“天人合一”思想，庄禅的超越理想，及至宋明清的各种主要思潮、派别和代表人物，分析了孔学、墨家的长处与弱点、早熟型系统论世界观的优劣两面、宋明理学的理论成就和历史祸害，指出内圣（修身养性齐家）与外王（经世致用治国平天下）、经学与史学、治人与治法的分离，标志着中国式的政教合一逐渐走向近代。

《中国近代思想史论》提出“反帝救国进而达致国家的独立，始终是整个中国近代思想的压倒一切的首要主题”和“西学为体，中学为用”的主张，并从思想角度剖析了自太平天国运动到戊戌维新变法、辛亥革命直至“五四”新文化运动前夕各个重大历史事件、主要思潮，认为它们是这一首要主题的直接反映，系统地梳理了近代中国的代表性思潮在传统思想和西方现代文明的双重挤压与艰难抉择中，既继承又断裂、既汲取又排斥的独特发展历程，对洪秀全、康有为、谭嗣同、严复、孙中山、章太炎、梁启超、王国维、鲁迅等近代中国的风云人物思想的发展、成熟、转变的心路历程均有详细而严密的论述，论证了他们在中国革命史、哲学史、思想史上的特殊地位和难以避免的历史局限。

《中国现代思想史论》以“启蒙”与“救亡”的“双重变奏”、“政治救亡”主题压倒“思想启蒙”主题，作为解释中国近现代史和思想史上许多错综复杂现象的基本线索，分析了马克思主义在中国广泛传播，并得到大多数知识分子和底层民众的接受，最终取得胜利的主要原因：(1) 以毛泽东为代表的共产党人把马克思列宁主义中国化、本土化之后与中国文化心理结构中的实用理性相结合，是对传统文化和近现代西方先进文明进行“转换性的创造”后继承、吸收其精华，批判、扬弃其糟粕取得成功的杰出典范；(2) 从思想史的角度剖析了 20 世纪文艺创作者“思想情感方式”的转变过程，即由思想、心灵所经历的转变逻辑折射出时代的历史进程；(3) 在反驳“中体西用”的基础上全面阐释了“西体中用”的理论主张，运用现代化的“西体”来努力改造“中学”，给中国建立一个新的工业社会结构和文化心理结构；(4) 对熊十力、梁漱溟、冯友兰和牟宗三等“现代新儒家”的观点、思想和世界观进行了深入的探讨，指出他们的优点和存在的历史局限。

三、推荐版本

《中国思想史论》(上、中、下三部)，李泽厚著，安徽文艺出版社，1999 年版。

第五节 |《中国思想史》(1998—2001 年)

一、作者简介

葛兆光 (1950—)，1982 年毕业于北京大学中文系，复旦大学历史系教授，著名历史学家，主要著作有《中国禅思想史——从 6 世纪到 9 世纪》、《中国思想史》、《屈服史及其他：六朝隋唐道教的思想史研究》、《道教与中国文化》等。

二、内容精要

《中国思想史》提出了思想史“写法”由传统向现代的范式转变的可能性和可行性，讨论的是这种新的写作策略、观念、思路和方法带给中国思想史研究的重大影响，主要表现为：(1) 思想史的写作不仅要考虑精英思想家和经典作品，更要注意构成这些精英所凭借的背景，即在“长时段”中缓慢而又连续变化的普遍的知识、思想与信仰世界，也是被有一定知识的人所接受、使用的对于宇宙间现象与事物的解释，是一种“日用而不知”的普遍知识和思想；（2）思想史是否应当描述所谓“无思想”的时代，在思想相对平庸、停滞和断裂的时代发现思想绵延与蛰伏的暗流，使它们在重新阐释中成为新的思想资源，从而追寻思想史连续性的脉络和精神。第一、第二卷就是遵循《导论》设定的总体原则，论述了上古时代到19世纪中国的知识、思想与信仰，对“经典话语系统”中的思想史写法提出质疑，改变了过去教科书式的思想史以人、以经典著作为中心的章节模式，以思想家的思想史或经典的思想史为主要写作模式的状况，以人性理解的思想史拓宽了逐渐窄化的思想史视野，以期达到说明“今天中国思想传统是如何从古代到现代被逐渐建构起来的”这一目的。

《中国思想史》从个人的观察角度与理解，重点论述了19世纪前古代中国精英人物与经典思想的发展历程，而且更关心这些思想得以形成、确立、发展的现实基础、知识来源和终极依据，即以一般知识、思想和信仰作为贯穿著作始终的主线，挖掘出其潜在的思想史意义，用文化人类学的知识和后现代历史学关于“权力”在过去历史的形成过程中的洞见，冲击了以往充满训导性的教科书式的思想史写作传统，并设立了思想史叙述的边界与维度。

第一卷分四编，用传统文献、现代理论和考古发现重构了史料缺乏的上古思想世界；论述了春秋战国所谓“轴心时代”思想传统的延续、更新的历史和佛教东传的思想史意义；在关心古代中国精英与经典思想发展的同时，更把传统思想史写作中排除在外的、与人们的日常生活密切相关的资料（如历书、则例与舆服志、档案、类书、蒙书、手册、图像资料、地图、小说话本唱词以及其他考古文物发现）被入思想史的研究视野；描述了7世纪（魏晋南北朝）以前最深刻的思想和产生这些思想的土壤、思想与信仰的历史，注重叙述思想的连续性历史。

第二卷分三编，讨论了从隋唐至晚清1895年中日甲午战争时段的中国思想在世界的确立和逐渐瓦解的过程，这一近现代中国人感受到的并产生深远影响的所谓古代中国知识、思想、信仰的传统，就是经过唐宋两代建构起来的新传统。在经历了唐朝“盛世的平庸”、“安史之乱”后，从表面无思想的知识、思想与信仰世界里重新发掘了历史资源，在传统中求新变，围绕着重建国家权威和思想秩序这一目的，终于在宋代及以后形成了以程朱“理学”、陆王“心学”为代表的新的知识、思想与信仰世界；与此同时，文化权力（“道统”）及其中心与政治权力（“政统”）及其中心短暂分离的现象得到了一定程度的弥合，制度化和世俗化相结合的新的国家政治意识形态逐渐确立，形成了近世中国生活伦理的同一性。中国古代宇宙秩序遭遇西方天文学之后，元明清三代知识界和思想界关于世界的看法开始从“天下中心”的朝贡想象进入到“万国”时代。《中国思想史》用“天崩地裂”形容“天”这种终极依据或基本预设的变动对思想的震撼和冲击，以及士大夫心中的忧虑与恐惧；为应对这一变局，晚清通过重新发现和诠释中国传统资源，如经学、诸子之学和佛学来理解西学，进而引发了知识界思想界的巨变。此前一直存在的公共（政治）空间和私人话语空间的裂痕在坚船利炮的压力下终于凸显。特别在1895年中日战争后，“自强”成了中国人缓解忧患、激愤心情和解决危机的共识，由此开启了一个新的思想时代。

三、推荐版本

《中国思想史》，葛兆光著，上海复旦大学出版社，2003 年版。

第六节 《东方学》(1998—2001 年)

一、作者简介

爱德华·W. 萨义德（Edward W. Said，1935—2003），巴勒斯坦裔美国人，哈佛大学博士，哥伦比亚大学英美文学与比较文学教授，当今世界最有影响力的文学与文化批评家之一，以知识分子身份担当巴勒斯坦甚至中东在西方世界最雄辩的代言人。代表著作有《东方学》、《知识分子论》、《文化与帝国主义》、《权力、政治与文化——萨义德访谈录》等。是后殖民理论的主要代表人物。

二、内容精要

该书用人文和政治的方式，详细论述了“东方学”的内涵和兴起、发展和强化的演变历史，分析论证了从 1798 年拿破仑入侵埃及到当代的西方学者、作家、机构如何来认知、想象及建构半神话的东方，以具体事例深入解析了知识与权力之间的联结如何剥夺“东方”和“东方人”权利的过程。

（一）东方学含义

绪论主要论述了东方学一词的三种含义：（1）作为学术研究的一个学科，对东方学的历史、演变、特性、流变进行思考与描述；（2）作为一种思维方式，以东西方在本体论和认识论上的区分为基础；（3）作为一种权力话语方式和运行机制，是西方用以想象、创造、裁断、控制、重建和君临东方的一种方式。总之，东方学是一套被人为创造出来的理论与实践体系，是西方对东方的一种权力关系、支配关系、霸权关系。

（二）东方学的范围

从历史时间和历史经验、哲学主题和政治主题的角度勾勒出基本的轮廓：西方通过知识与权力的联合把东方塑造成一个僵硬刻板、一成不变的形象，东方并非现实性的存在，而是被东方化的东方；东方是西方通过想象来表述、激活、建构的另一个地域，东方学对东方的归化采用的是机械的图式化处理方式；实施文艺创作、科学研究、地域政治等方面的计划，是西方以知识和强力为工具显示东方物质性存在的新途径；现代东方学从学术话语转化为帝国主义机制，在“二战”后遇到了文本与现实差距悬殊的危机。

（三）东方学的结构和再结构

作者追溯现代东方学的兴起、发展阶段及其学术、文化、政治历史背景；试图通过广泛的历史描述阐明，支配着东方学话语的现代专业词汇和实践的著作是如何结构和再结构现代东方的，目的是拯救东方使其进入现代；现代东方学使东方从一个地理空间变成了受现实的学术规则和潜在的帝国统治支配的领域，并逐渐演化为殖民主义一个组成部分。

（四）东方学的现状

论述时间从1870年前后到20世纪60年代，这是西方对东方大规模殖民扩张并逐步瓦解的时期。东方学已经逐渐发展为一种强加于东方之上的政治学说，为殖民扩张服务是它新的历史使命；风格作为专门知识最明显的要素，是对东方（人）这一抽象类型进行象征化处理的权力，东方学家作为帝国主义代理人用个人的想象视野把单个人变成整体的历史，实现了东方学从学术性态度向工具性态度的重大转变；描述了两次世界大战之间现代英法东方学的鼎盛状况；“二战”后新东方学研究的中心转向美国，研究范围扩大到远东，它在美国学界和社会中的基本状况表现为：歪曲表述，显现出西方对东方的敌视态度、文化关系政策的运用改进了中东研究机制、用东方学这一神话话语表述伊斯兰世界的一切、现代东方（人）参与了自身的东方化进程。萨义德希望用研究观念和方法上的革新，打破东方学人为制造的思维体系、权力话语、意识形态虚构的枷锁，提出用“多元文化”方式考察东西方的历史与现实。

三、推荐版本

《东方学》，爱德华·W. 萨义德著，王宇根译，北京三联书店，1999年版。

第七节 |《近代政治思想的基础》（1978年）

一、作者简介

昆廷·斯金纳（QuentinSkinner，1940—），毕业于英国剑桥大学，1997年任该校近代史教授，被公认为当代著名的政治学家、思想史家和思想家，“剑桥学派”的主要代表性人物，引发了一场政治思想史研究中的“斯金纳革命”，做出了开拓性研究。代表著作有《近代政治思想的基础》、《霍布斯哲学思想中的理性和修辞》、《自由主义之前的自由》、《政治的视界》等。

二、内容精要

《近代政治思想的基础》一书汇聚了斯金纳多年来对思想史研究的思考和成果，是一部比较系统地运用“历史”方法研究中世纪后到近代早期政治思想史演变的经典性著作。着重介绍了文艺复兴运动和宗教改革运动的领袖人物、政治思想家的主要思想观点和政治主张；阐述了这两个时期的社会和知识背景，揭示了这个阶段在西方政治思想史上的重要转型意义；对一些发生重要影响的政治词汇和概念（如“国家”）的形成加以追根溯源的梳理；提出了一种对待历史文本研究和解释的特殊方法论：把政治思想史当做意识形态史来写。斯金纳实现了思想史研究对象、方向和范式的转换。

（一）上卷《文艺复兴》

第一部分主要论述了文艺复兴起源的背景，这包括：为实现“自由”理想、维护自治主权和共和体制，12 世纪前后意大利的各城市共和国对神圣罗马帝国和罗马教廷进行反抗的漫长过程；修辞学研究和经院哲学研究两大思想流派致力于自由、共和两个中心价值的倡导。

第二部分展开了以佛罗伦萨为中心的文艺复兴的巨幅历史画卷：以彼特拉克为首的早期人文主义者研究探讨了属于政治范畴的“自由”、“共和”、“自治”等概念的演变轨迹和时代特征，以及它们与权力之间的关系，对古典价值（如“美德”、“高贵”）的恢复与颂扬提升了人的自信心和创造，产生了一种赞颂“人的美德和尊严”的道德理想；在指责和攻击经院哲学的过程中，人文主义者树立了新的历史意识：确信自己是终结中世纪“黑暗”时代并使世界重见光明的伟大动力；文艺复兴后期意大利的君主专制取代了共和政府，“君主宝鉴派”理论家，尤其是以马基雅维里为代表的后期人文主义者，既继承了文艺复兴前期关于“自由”、“美德”等价值观念，又在他们的道德和政治理论中注入了若干新的因素，对共和主义的政治思想做出了最富创造性的贡献，到文艺复兴晚期这一运动的中心主题“美德可以战胜命运”开始崩溃，标志着共和自由伟大理想的终结。

第三部分论述了人文主义的理论、学说从意大利移植到法、英、德等国家后形成“北方的文艺复兴”，产生了一场导致经院哲学、法学、《圣经》学覆灭的知识革命，“北方人文主义者”在接受、延续、加强文艺复兴时期的伦理和政治思想主题的基础上，展开了一场人文主义者对人文主义的批评。

（二）下卷《宗教改革》

下卷展开的主要是教会权力和世俗权力的博弈过程。第一部分追溯了路德教义的先驱者们对路德政治学说和新神学原则的产生、发展具有的重大影响与密切关系，论述了宗教改革时期路德反抗教会的专制统治所坚持的关于人的、反人文主义的和极端奥古斯丁教义的系统观点，使专制君主国家合法化；分析了宗教改革思想被群众和世俗统治者接受、承认并逐渐占据主导地位的几个阶段。

第二部分阐述了作为路德教派最大对手的立宪主义和反宗教改革运动兴起的背景、

理论、实践及其局限性：(1) 教会全体会议至上主义者的传统和法律依据；(2) 托马斯主义者为反驳路德派和人文主义者的“异端邪说”、维护教会的权威而提出了反宗教改革正统理论，以合法的政治社会的性质和国家的起源作为对异端分子的回击；(3) 激进因素的出现尽管有助于立宪主义的发展，但是无法阻止日益强大的君主的绝对权力。

第三部分主要讲述 16 世纪 30 年代后在天主教统治者以武力恢复宗教统一的背景下，路德派和加尔文主义者的反应和措施：(1) 路德教派利用立宪主义理论和司法理论积极抗拒合法君主，对加尔文主义的消极服从政策转向战争合法化的观点产生了重要影响，后者也发展了当代革命的激进政治学说；(2) 法国宗教革命前后胡格诺派政治思想的演变过程所面对的问题和机遇，这一派别的特殊性质在于把反抗的合法性由宗教责任转变为一种道义权利；(3) 胡格诺派实际的政治事业是以平民革命、诉诸成文法和自然法实施并促进了一个近代法国全面的、合法化的革命。总之，该著作展现的近代国家概念的理论基础，是文艺复兴后的欧洲逐步确立的思想。

三、推荐版本

《近代政治思想的基础》(上下卷)，昆廷·斯金纳著，商务印书馆，2002 年版。

第八节 | 《欧洲政治思想史——从 15 世纪到 20 世纪》(1998 年)

一、作者简介

萨尔沃·马斯泰罗内 (Salvo Mastellone，1920—)，意大利著名政治思想史专家，佛罗伦萨大学教授，佛罗伦萨欧洲文化中心主任，意大利《政治思想》杂志主编，主要著作有《欧洲民主史》、《欧洲政治思想史——从 15 世纪到 20 世纪》、《当代欧洲政治思想》等。

二、内容精要

《欧洲政治思想史——从 15 世纪到 20 世纪》基本内容包括：阐述了从 15 世纪到 1946 年的欧洲政治生活的社会环境，研究了每个重要阶层的集体心态，以及每个不同时代的政治学说和国家模式，详细地勾勒出几个世纪以来欧洲的各种政治和社会思想的发展脉络，展示了它们形成和引起争论的历史氛围。这是一部具有“问题史”倾向和学理深度的通史。

（一）城市与君主

第一章从意大利文艺复兴时期行政司法权、宗教权和经济权入手，分析了共和制度自治政府模式的优点。关于国家政体的论争在欧洲思想界和政治领域此起彼伏，比尔认为以遵守法律为原则的法国君主制是一种样板的“政治模式”，意大利的马基雅维里把所有政府形式分成君主国与共和国两种。前者以君主的利益为纽带，后者与公民的自由相关联。在政治与道德、政治与共同体、政治与宗教、国家与政府的关系上，不同国家的学者分别阐述了自己的论点。

（二）政治权力与社会权力

以盛行欧洲的等级划分作为切入点，详细分析了所谓文明人的主要政治思想、要求和建议；对国家元首、人民和议会的权力的强调，表明政治体制由专制君主制逐渐过渡到议会民主制；揭示了新的公民社会是产生“知识阶层”的内在原因；论述了“三权分立”的英国模式；卢梭对造成人类不平等等一系列社会问题的根源进行了综合剖析，主张用革命来改革公共和私人制度。

（三）革命的时代

讲述了发生在18世纪的以“自由”、“平等”和“民族”为革命语言革新公民生活、推动社会进步的启蒙主义运动；不同国家以适合自己国情的方式运用这些思想资源。

（四）政府形式与政治思想（1815—1848）

追溯了保皇党重掌政权后，革命者组建秘密团体、思考政体问题的历程；分析了以普鲁士、美国和英国为代表的三种现行政府形式的具体特点；论述了欧文、傅立叶和圣西门空想式的乌托邦政治模式；论及了当时已经成为欧洲政治思想核心内容的国家与社会、自由与宪法、平等与公正、人民与民族、劳动与结社、阶级与政党等概念，以及各自的代表性作家、思想家、政治家、法学家、哲学家、革命家及其理论。

（五）主要的政治学说（1848—1870）

论述了风行欧洲的各类政治思想：（1）政府领导的协调总体与局部、公共与私人、人民的道德与个人的利益的国家政治学说；（2）通过人民性的公民表决实行政治专制和独裁的恺撒主义；（3）自由主义；（4）由人民直接立法的真正民主与捍卫民主国家的激进主义之间的关系；（5）维护工人权益、又具有人道和改良主义倾向的（国家）社会主义；（6）设想对现存社会秩序进行激烈变革并由无产阶级掌权的马克思共产主义理论。

（六）政治权力和政府方案（1870—1905）

描述了这一阶段国家体制和政府形式的各种设想：基于维护国家最高利益而建立的政府集权制的独裁国家；同国家对立的无产阶级政府和公社制度；通过对伦理学、

社会学、史学、法学和宗教学等社会科学的研究，产生了自由民主和社会民主两种混合型社会的方案；共产党人和社会革命党人提出了反对议会式和修正主义社会改良的社会革命计划；右翼势力批评自由民主主义和社会民主主义混合方案的反议会制思想，在“政治阶级”、“政治模式”理论和“精英集团”理论中得到了鲜明的体现。

（七）从不同社会模式到一党制社会（1905—1946）

主要内容有：右翼派提出不同于自由主义和社会主义方案的替代性社会模式，目的是建立民族主义思想占主导的公民社会；自由主义社会致力于维护个人权利和幸福，承认议会是个人自由和公共自由的保障；无政府主义者和共产主义者都阐述了无产阶级专政的社会理想；通过分析欧洲“一战”后的政党制度和党的体制从“统治党制度”过渡到“单一党制度”的具体方式，把“一党制”分为苏联斯大林布尔什维克党的独裁、意大利墨索里尼法西斯主义的专制和德国希特勒纳粹主义的集权三种政府形式，简述了欧洲为反对一党制的斗争在政治实践和政治哲学方面作出的一系列努力。

三、推荐版本

《欧洲政治思想史——从15世纪到20世纪》，萨尔沃·马斯泰罗内著，黄华光译，中国社会科学出版社，1998年版。

第九节 |《教育思想的演进》（1904—1905年）

一、作者简介

爱弥儿·涂尔干（Emile Dwrkeim，1858—1917），犹太裔法国人，社会学学科的奠基人之一，创建了法国第一个教育学和社会学系，1891年成为法国第一位社会学教授，法国社会学年鉴派的开创者，主要著作有《社会分工论》、《社会学方法的规则》、《自杀论》、《宗教生活的基本形式》和《教育思想的演进》等。

二、内容精要

该著作考察了十几个世纪的教育制度和观念史，几乎涵盖了法国启蒙教育从早期教会的“肇发时期”到19世纪的“危机时期”的演进过程，不仅把教育观念的演进与思想体系史通融起来，也与教育体制内的制度安排和实践形式环环相扣，以教育为视角和切入点，勾画了一幅现代性在制度化和文明化的意义上从生成到危机的全景。该书展现知识制度化过程中错综复杂的权力关系，使我们看到教育思想体系的生产和选择机制，蕴涵了一种有别于传统史学的可能性，具有创造性和革命性的影响。

（一）法国教育理念起源与特征

到文艺复兴为止，追溯了法国中等教育理论和体系的兴起、发展的历史轨迹。作者通过考察相关学术机构和学说，勾勒出法国教育理念的起源和根本特征。（1）起源，出于推广、宣扬和维护基督教义的需要，早期教会开设的学校孕育了整个教育体系。（2）特征，一是包含着宗教成分和凡俗成分之间的矛盾，二是教学集中在一个会所或称寄宿学校，这是教育理念的一大创新和进步。揭示了文化复兴运动重要作用：建立了一整套学术等级体系，突出模范学校即宫廷学校的地位；主教堂学校力求涵盖人类知识的总体，倾向于百科全书式的教学，并把它看作是一个有组织的道德环境；“三科”、“四艺”的不同价值取向意味着人文学科与自然科学的分野；文法内容占据着9—12世纪教育的中心位置，为经院哲学时期的逻辑和辩证法作了准备。认为“巴黎学校”是巴黎大学的雏形，新的教育体系和学术风格开始浮现；大学的诞生肇始于教师法团的出现（就职礼）和他们与教会争夺“执教权”斗争的胜利；分析了“universitas”的含义和巴黎大学的特点；剖析了学院和它所对应的中等教育在整个体系中居于最显著的主宰地位是因为讲授辩证法；慈善会馆或学院的设立与发展是教育史上的重大革命；解释了强制性的全膳宿教育体系形成的过程与法国民族特性、中央集权化之间的关系；论证了学院的学位制度和考试体系是法团组织的产物；探讨了中世纪以辩证法教学和论辩技艺占主导地位的深层思想根源，以及它们在文艺复兴时期被实验性推理取代的历史趋势；通过事实说明12—15世纪在教育理论、组织和实践方面是一个创新时期；16世纪前后教育理念与实践经历着革命性的变革，从文法形式主义、辩证法形式主义过渡到16世纪后的文学形式主义。

（二）古典主义教育系统的形成原因、过程、性质及其对教育思想演进的影响

首先，作者考察了文艺复兴兴起后法国的两大教育思潮：（1）以拉伯雷为代表的博物派渴望全面掌握人类知识的总体；（2）以伊拉斯谟为典型，通过筛选确定古典巨著，文学被认为是最具教育作用的学科。接着论述了人文主义教育思想的主要特点，是把修辞作为首要的学术课程，以及潜藏的缺陷和危险；蒙田的教育怀疑论会导向一种教育虚无主义。最后揭示了耶稣会的起源、兴盛、性质和对法国民族精神形成的重要作用，比较了耶稣会体系与巴黎大学体系的相近之处和在教育立场、心态、目标实现方式上的差异，分析耶稣会学院的外在组织形式和在纪律体系、意志教育，尤其是个人竞争方面的原创性等具体教学内容的历史后果。

其次，作乾系统分析了到20世纪初叶法国教育理论演进的各方面内容。（1）论述了现实主义者的教育理论和它的起源及其在法国的影响，赋予科学知识教育重要的地位，引入了关于人、关于社会的科学。（2）以回溯课程内容和教学方法的方式界定了中等教育的宗旨、目标和本质特性，把人世和自然这两种主要知识门类作为教育的基本主题，探讨了历史、文学、科学三重修养在人的教育上完美结合的可能性。

三、推荐版本

《教育思想的演进》，爱弥儿·涂尔干著，李康译，上海人民出版社，2003 年版。

第十节 |《俄罗斯思想》(1946 年)

一、作者简介

尼·别尔嘉耶夫（Berdyavev，1874—1948)，俄罗斯最重要的宗教哲学家、思想家之一，欧洲主要哲学家之一。代表著作有《自由的哲学》、《创造的涵义》、《论人的使命》和《俄罗斯思想——19 世纪到 20 世纪初俄罗斯思想的主要问题》等。1947 年他被提名为诺贝尔奖候选人，被称为“20 世纪的俄国黑格尔”。

二、内容精要

《俄罗斯思想》一书对俄国的历史与文化的本源因素、对“俄罗斯思想”的起源与最基本特征作了阐述，分析了俄罗斯民族的历史命运、历史地位及性格特点，探讨了 20 世纪初各种思潮对后世的强烈影响，提出了俄罗斯的人道主义问题、社会主义问题、虚无主义问题、宗教哲学问题、“弥赛亚说”、世界末日论问题、文化复兴问题和国家与政权问题，论述了彼得大帝、托尔斯泰、普希金、陀思妥耶夫斯基、别林斯基、赫尔岑、车尔尼雪夫斯基等伟大人物对俄罗斯思想形成的重要作用。该书既是一部哲学史著作，也是一部思想史、文化史的杰作，更是俄国哲学思想发展的纲要。

《俄罗斯思想》分十章。第一章讲述了俄罗斯民族矛盾与对立的融合，分析了俄罗斯国家、民族的历史性格、宗教信仰的形成与它处于东西方两种不同文化的碰撞、融汇有关，追溯了塑造俄罗斯思想特点的各种关键性因素。第二章分析了 19 世纪俄罗斯的历史哲学问题，即它在选择自己的发展道路时是选择西欧道路还是俄罗斯特殊的道路。在回答这一问题的过程中，俄罗斯的知识分子分化为斯拉夫主义者和西欧主义者，他们关于俄罗斯命运和俄罗斯在世界上的使命的分歧，以及产生的普济主义、民粹主义、民族主义、社会主义和弥赛亚思想，导致了俄罗斯思想和宗教信仰发展的独特性。第三章论述了黑格尔哲学在俄罗斯思想史上的意义以及由此造成的两种危机：一是以霍米雅科夫为代表的黑格尔主义的危机、宗教的危机；二是以别林斯基为代表的道德、政治和社会危机，提出了关于个人和历史的冲突、个人和世界和谐的这一俄罗斯化的问题，揭示了宗教对俄罗斯文学的重要作用。第四章分析了基督教人道主义和人性在俄罗斯文学乃至思想史上的意义，以及其向反人性、反人道发展的内外原因，论证了从“人神”向“神人”转化的新思想。第五章讲述了俄罗斯思想染上了社会主义的色彩，认为无神论的社会主义也带有宗教性质，并把它划分为四个时期；阐述了俄国民粹派关于俄国特殊道路的信念和主张，俄国知识分子特点和构成的改变加重了民粹主义运动中的禁欲主义倾向；揭示了伟大的俄罗斯作家对社会正义、乌托邦的探索过程和理论成就，所有这些都为马克思主义在俄国的形成、发展和传播做了必要的准备。第六章论述了俄罗斯虚无主义的具体表现形式以及它所包含的禁欲主义、末日论和道德说教的成分；分析了虚无主义者所主张的个性、自由的不同内涵和价值指向；辨析了文化问题在19世纪60年代与70年代的俄罗斯产生巨大差异的真实原因。第七章的主要内容有：俄罗斯人对待国家和政权的态度与众不同，俄国知识分子以逃离国家寻找自由和真理的方式反抗帝国统治；论证了俄罗斯君主专制政体的斯拉夫主义思想体系中无政府主义的各种表现形式；揭示了俄罗斯意识到双重性。第八章分析了各种代表性人物的哲学思想对形成和产生独特的俄罗斯宗教哲学的重要作用，说明其独创性特征；追溯了德国唯心主义与俄罗斯宗教思想的渊源关系；划分了构成俄罗斯宗教哲学的主要思想流派：官方经院神学、僧侣的禁欲主义传统、以自由和共同性为基础的俄罗斯神学、索菲亚说和宗教人类学等。第九章论述俄罗斯思想的末日论性质和精神崇拜性质，揭示了启示录在平民阶层和文化阶层中的重大影响；分析了俄罗斯弥赛亚意识到两重性问题以及由此带来的天国探寻历程；把俄罗斯东正教划分为三个流派并探讨了它的作用和局限。第十章总结19世纪的俄罗斯思想，剖析俄罗斯精神文化复兴运动的来源和主要潮流：马克思主义在俄国的传播和分化，文学活动与宗教界的接触和联系，象征主义哲学和诗歌的繁荣；介绍了俄罗斯宗教哲学在新世纪的多种流派和各自的代表人物；作者认为：1917年的集权主义革命造成了精神文化的危机和对精神文化的压迫，马克思主义被俄罗斯化了，俄罗斯共产主义是对俄罗斯弥赛亚思想的歪曲；肯定俄罗斯思想的性格是追求共同性，它的使命是实现人们及各民族兄弟般的团结。

三、推荐版本

《俄罗斯思想》，尼·别尔嘉耶夫著，雷永生、邱守娟译，北京三联书店，2004年版。

第十一节 ｜《五四运动史》(1967年)

一、作者简介

周策纵（1916—2007），1942年毕业于中央政治大学行政系，美国密西根大学博士，威斯康星大学东方语言系和历史系终身教授，国际著名红学家和历史学家，1980年和1986年曾发起并主持过第一届、第二届国际《红楼梦》研究会。主要著作有《五四运动史》(又译《五四运动：现代中国的思想革命》)、《四海红楼》(与余英时合著)、

《红楼梦案：周策纵论红楼梦》等。

二、内容精要

《五四运动史》书详细记载了“五四”前后的史实和促使该运动发生的各种因素，把历史细节和广大的社会政治背景巧妙地交织起来，论述了五四运动发生的社会、思想条件，发展过程，历史作用及其在中国思想史、文学史和革命史上的地位、意义，认为广义上的“五四运动”是由知识分子主导的思想革命、知识革命、文化（学）革命和社会革命，为新文化运动提供了一幅全景式的历史画卷和透视的焦点。该书是公认的对“五四运动”记述最详细、资料最丰富、研究最深入的里程碑式的著作。

该书由两部分十四章组成，第一部分按时间先后叙述、分析与“五四运动”有关的活动和事件。第一章陈述了“五四运动”的范畴、定义、起讫时间和历史意义，揭示运动爆发的经济、社会和政治背景。第二章分析促成“五四运动”的各种力量：(1)日本对华政策尤其是二十一条的签订引发了国内爱国分子强烈的国耻感和救国愿望；(2)“一战”期间中国留学生为实现中国现代化的改革热忱和实践赋予运动的思想内容。第三章论述了运动萌芽阶段的文学和思想活动：(1)《新青年》和《新潮》杂志的创办；(2)蔡元培引领北京大学的改革。这二者促成新知识分子的联合与改革热潮的兴起。第四至第六章讲述了“五四事件”的全过程和它的后续性发展，它的导火索是中国在巴黎和会外交上的失败，民众对和约的反对情绪与学生的爱国主义忠诚是“五四事件”的主要动力；针对北京政府对学生运动的报复性手段，各大城市新成立的学生联合会动员、组织学生游行示威和罢课、争取社会力量、新经济力量和都市工人罢市、罢工，逐步形成了对抗政府的联合阵线，把“五四运动”推向一个新的方向；分析了该事件能够成功的各种因素、所取得的各项重大胜利，最终导致新文化运动的深化和扩展。作者通过重估中国的传统和介绍西方的思想来创造一个新社会：(1)新思想出版物的增加和伴随而来的新观念的流行；(2)新知识、新社会、新政治团体的广泛建立和扩张；(3)倡导大众教育。第八章简述了日本、西方和苏俄对“五四运动”的不同态度。

第二部分分别剖析当时文学上、思想上的主要潮流以及对“五四运动”的再评价。第九、第十章叙述了运动在发展过程中观念与政治上的分裂状况及后果：(1)思想集团分化为自由主义者、左派分子、国民党和进步党，代表人物分别是胡适、陈独秀和李大钊、孙中山、梁启超；(2)关于问题与主义的论争；(3)对民主主义、资本主义、社会主义和西化等问题的看法分歧严重；(4)参与政治的途径和目标不同；(5)政治和经济组织的重新定向；(6)妇女解放、教育改革的兴起。第十一章论述了文学革命的背景、成就及取得成就的方式：(1)在对旧文学及其支持者的批判中提倡白话文学、国语文学，坚持现实主义传统；(2)表明文学革命胜利的两大成果文学研究会和创造社相继成立。第十二、第十三章主要讲述新文化运动对西方思想的介绍、对传统伦理道德的价值重估以及引起的争论：(1)借助于“民主”与“科学”（德先生和赛先生）打倒孔家店，扫荡了旧思想的核心儒家的“三纲五常”观念，在中国确立了现实主义、功利主义和自由主义等新思想的地位和实验主义、怀疑论、不可知论等方法论以及马克思主义的初步影响；(2) 在破除偶像崇拜和批判精神指导下对中国经典和历史采取怀疑主义和考证的方法，开展非宗教运动；(3) 整理国故（古籍研究）运动；(4) 东西方文化问题的论战、科学与玄学的论战。第十四章结论涉及对“五四运动”性质、成就和真正的领导者的阐释和评价问题：(1) 自由主义者称之为文艺复兴运动、宗教改革运动或启蒙运动，保守的民族主义者和传统主义者则批判其为中国的一场大灾难，中国共产党把它阐释为由列宁引起的一场反帝反封建运动；(2) 毛泽东认为这场运动是不同“社会力量”（包括中国工人阶级、学生群众和新兴的民族资产阶级）的统一战线；(3)“五四运动”的真正本质是一场根本的、彻底的思想和社会政治变革，是一条中国现代思想、文化和社会政治史的分界线，标志着一个新时代的开端；(4) 作者关于“五四运动”成就与不足的再评价和再思考。

三、推荐版本

《五四运动史》，周策纵著，陈永明等译，岳麓书社，1999 年版。

第十章 | 文 化 学

文化学（Cultural Studies），是一门研究文化系统起源、本质、结构、功能、类型、传播与变迁，揭示文化的创造和发展规律的综合性学科。

广义文化学的研究对象是人类特有的文化现象和文化系统，狭义文化学的研究对象则是精神文化子系统内部各要素之间的相互关系及其发展规律。具体而言，文化学以一切文化现象、文化行为、文化本质、文化体系以及文化产生和发展演变为研究对象，从总体上研究人类的智慧和实践在人类活动方式（包括思维方式和行为方式）上的表现及其发展规律。

文化学研究领域迄今已形成进化学派、传播学派、历史学派、社会学派、心理学派、结构主义学派、功能学派等七个主要流派。艺术与文化学的关系十分密切，艺术本身就是在不同文化的土壤中生发出来的，艺术领域是文化学研究不可忽视的对象。从文化学的视角研究艺术的发生、发展及其规律，历来是艺术研究的重要方法。

第一节 | 《士与中国文化》(1987 年)

一、作者简介

余英时（1930—），安徽潜山人，1930 年生于天津，是当代华人世界著名历史学者，现任普林斯顿大学讲座教授，“台湾中央研究院”院士。师承钱穆“从历史上去寻找中国文化的精神”的治学理念，治学贯通中西，中文、英文著述多达数十种。《士与中国文化》是其文化学代表著作。

二、内容精要

《士与中国文化》书不取通史式写法，而是从各历史阶段中选择若干中心论题进行深入的分析研究，突出展示“士”在中国文化史上的特殊地位，以及“士”作为一个社会阶层的精神风貌。

（一）中国古代知识阶层的兴起与发展

中国古代的“士”原本是底层贵族，其上有大夫，其下是平民。随着社会阶层的分化，“士”渐渐没落，后和庶民成为一等。“士”成为一个社会阶层是在春秋战国时代，礼乐是“士”的职业，礼崩乐坏之后，王官之学散入百家，学术界出现“百家争鸣”，这时“士”阶层才真正形成。孔子说“士志于道”，把“士”作为道的承载者和实现者，是一种理想描述和价值肯定，力争为“士”输入一种理想主义精神。孟子提出“士”的道德规范是“穷则独善其身，达则兼善天下”。荀子提出“士”要“从道不从君”的原则。

（二）“士”阶层的历史性和人间性

中国古代的“士”言必称尧舜，语必道上古，很重视自己的文化传统，同时关心的又是政治和生活，着眼于“日用伦理”。推崇“稷下学派”为古代“士”阶层的黄金时代，这时的“士”已从王侯走向私门，可以“不治而议论”，“士”的功能得到了最大程度的发挥。秦的博士制度和私门舍人制度就是在上述基础上发展起来的，这些舍人掌握着权力，有衣食的保证，但内在精神却发生了变化。历史进入秦汉以后，中国知识阶层发生了最根本变化，即从战国的无根“游士”转变为具有深厚社会经济基础的“士大夫”。

（三）汉晋之际“士”之新自觉与新思潮

汉晋之际的士大夫已经具有了鲜明的自觉意识，这是和文学艺术上的“自觉的时代”相呼应的。儒、道在魏晋时期并非完全对立，思想家进行了一系列的调和，以往牢不可破的君臣观念以及父子观念有了一定的松动。

（四）中国近世宗教伦理与商人精神

唐代的禅宗、道教和儒家出现了新的“入世”倾向。以韩愈为代表的新儒家继承了禅宗的入世精神，韩愈的《师说》只有纳入到新儒家的思想以及学术环境中才能得到深刻的理解。新儒家和旧儒家的最大不同在于“心性论”的出现，这就为以后朱熹、王阳明的思想奠定了基础。明清时代的儒家出现了“治生论”，士商关系也与以往有了明显的变化，“弃儒就贾”现象的出现是由于人口增加和科举录取人数之间的矛盾。从此，商人伦理中也有一些是和传统儒家伦理观相适应之处。

三、推荐版本

《士与中国文化》，余英时著，上海人民出版社，2003 年版。

第二节 | 《两种文化》（1959 年）

一、作者简介

C. P. 斯诺（Charles Percy Snow，1905—1980），英国科学家、小说家。1930 年获剑桥大学博士学位，1964 年加封为勋爵。斯诺领悟到研究人和社会较之研究科学更为重要，便放弃科学研究而从事文学创作。

1956 年斯诺在杂志上发表了一篇名为《两种文化》的文章，三年后他将文中思想加以扩充，在剑桥大学作了著名演讲《两种文化与科学革命》，在西方引起广泛争论。

他认为科学是当今世界上最强大的革命力量，可以使世界免除贫穷落后和疾病，但科学家又不为人所重视和了解，而科学家也对文学的兴趣淡薄；另一方面，文学家对新科学的发展陌生，甚至茫然无知，思想落后于现实，甚至趋于保守反动。因此，他主张在这两种文化之间架起一座相互了解、相互沟通的桥梁，以利于社会的发展。

二、内容精要

《两种文化》是20世纪的一部名著。著名科学家和作家C.P.斯诺，以其敏锐的洞察力，观察到随着科学技术的发展，人文知识分子和科技知识分子以及他们所代表的文化日益分化，形成两种不同的文化。这种文化上的两极分化给人类带来损失，作者为此提出警告，并呼吁两者的合作。

剑桥大学知识史教授斯蒂芬·科里尼认为，斯诺在一个多小时的演讲中至少做成了三件事：发明了一个词汇，阐述了一个问题，引发了一场争论。词汇，是“两种文化”；问题，是存在于人文学者和科学家之间的文化割裂，即所谓“斯诺命题”；争论，就是围绕着“斯诺命题”展开的一场旷日持久的思想论战。令人感到意外和兴奋的是，这场争论的意义远远超出了文化自身，它的政治、经济乃至生态学内蕴在今日全球政治经济格局中得以重新彰显。

（一）两种文化的基本观点

斯诺认为社会存在着两种相互对立的文化，一种是人文文化，一种是科学文化，它们彼此的分裂造成了社会的损失。由于大多数知识分子只了解一种文化，因此会对现代社会做出错误的解释，对过去进行不适当的描述，对未来做出错误的选择与估计。他指出：“在我们这个时代，任何一个发达的工业社会的最不寻常的特性之一，就是那些最根本性的选择不得不由少数人秘密地、以合法的形式做出。然而，做出这些选择的人不可能对做出这些选择所根据的因素或它们可能导致的结果都具有第一手的知识。”两种文化之间的分裂和分离就是错误判断的前提。

我们的社会，包括其教育系统和知识生活的一个特征就是两种文化的分裂。这一现象有很长的历史，但直到斯诺在1959年作演讲时才把它鲜明地提出来，并由此开始了至今仍在媒体上热烈进行的讨论。

（二）两种文化应寻求沟通和融合

斯诺发现，人文学者和科技专家，“他们的才智相近、种族相同、社会出身差别不大、收入相差不多，但却几乎没有什么沟通”，甚至“他们在学术、道德和心理状态等方面的共同点”也非常之少。简而言之，这两个群体的文化理念和价值观念产生了严重的差异，彼此不能认同。

在学校的知识传承过程中，两种文化的差异有可能造成受教育者在知识上的偏颇。时至今日，距斯诺对两种文化现象和关系发表见解已经过去半个世纪，但鸿沟依旧横亘在自然科学和人文科学之间，“两种文化”仍然在各自的轨道上运行，寻求“两种文化”的沟通和融合依旧不是一件易事。

三、推荐版本

《两种文化》，C. P. 斯诺著，纪树立译，三联书店，1995 年版。

第三节 |《原始文化：神话、哲学、宗教、语言、艺术和习俗发展之研究》(1871 年)

一、作者简介

泰勒（Edward Burnett Tylor，1832—1917），英国著名人类学家，古典进化论学派的代表人物。他于 1896 年创建牛津大学的人类学系，他的代表作《原始文化》和《人类学——人及其文化研究》，在学术上产生了很大影响，标志着文化人类学的真正成熟。

二、内容精要

该本书是“人类学之父”泰勒的代表作，自 1871 年首版以来，已成为人类学领域的经典之作。泰勒以进化论为理论基础，引证大量的民族学材料，对原始人类的精神文化现象，特别是宗教信仰等问题，进行了深入的开创性研究，阐述了文化发展阶段和发展脉络，反对当时广泛流行的认为落后民族已经衰退因而是不够格民族的“退化论”，提出了人类社会不断发展进化的思想，并把文化看做一个整体，认为所有民族对此都作出过贡献。

（一）文化发展论

从事原始文化研究，一个不可避免的问题就是人类文化的起源。在这方面，欧洲一直被“神启论”所主导。“神启论”认为人的状态从一开始就是高级的，是罪恶引人走向堕落，造成人的文化退化。而民族学家认为，人是从完全蒙昧的状态逐渐发展起来的。文艺复兴后，神学渐衰，人本主义兴起，特别是达尔文的进化论在欧洲广泛传播后，进化学说渐渐居于主导地位。

泰勒追溯了人类从野蛮状态到文明状态的进化过程，认为文化的发展是从蒙昧时代、野蛮时期向文明时代不断演进的。这种演进可从神话、比喻、传奇、寓言、器物、习俗、艺术等诸方面显示出来。这些方面保留有很多原始文化的历史痕迹，他称之为“遗留”。对原始文化遗留的研究，“可以回溯到我们民族的原始状态”，因而可以揭示人类文明的演进轨迹。

（二）文化与文化的分类

《原始文化》给“文化”的定义是：“文化是一个复杂的总体，包括知识、信仰、艺术、道德、法律、风俗以及人类在社会里所得到的一切能力与习惯。”面对纷繁杂乱的文化现象，泰勒提出两大研究原则：首先，诸多文化现象有着广泛的共同性，在很大程度上可以用相同的理由说明相同的现象，对各种文化现象，可以用普遍的原理去进行研究；其次，文化的不同阶段是文化发展和进化的不同阶段，每一阶段都是前一阶段的产物并影响未来发展的进程。

（三）文化遗留

为解释各种文化现象的历史联系，泰勒专门论述了文化遗留物学说，认为文化的演进也有痕迹可寻，即文化遗留。这种遗留存在于各个方面，例如存在于谚语、神话、语言、习俗之中。文化遗留体现了文化的稳定性，“已经存在过的那种东西，还将继续存在”。

当今的社会中，到处都遗留着原始文化的东西，即前一个文化阶段的礼仪、习俗，在下一个甚至以后若干个文化阶段仍然保留。旧有的文化既可以保留在较新的文化中，同时又是过去的见证，可以根据文化遗留，来判断文明社会和蒙昧时代的内在联系。

（四）万物有灵论

在各种文化现象中，泰勒主要注意的是精神文化，特别是宗教信仰的产生与发展。万物有灵观是“确凿无疑地组成的一种古代的和遍及世界的哲学，这种哲学在理论上表现为信仰，在实践上表现为崇拜”。这种万物有灵观虽被古典哲学、中世纪哲学和现代哲学无情地“在多方面改变了它”，但它直到现在仍然保留了如此之多的余光。

三、推荐版本

《原始文化：神话、哲学、宗教、语言、艺术和习俗发展之研究》，爱德华·泰勒著，连树声译，广西师范大学出版社，2005 年版。

第四节 | 《中世纪的衰落》（1924 年）

一、作者简介

约翰·赫伊津哈（Johan Huizinga，1872—1945），荷兰著名语言学家、文化史学家。他擅长印欧语文学、欧洲文化史、比较语言学和比较文化，曾任莱顿大学校长。

1942 年他被德国人逮捕囚禁，于荷兰解放前夕病逝。主要著作有《中世纪的衰落》、《游戏的人》等。

约翰·赫伊津哈是 20 世纪荷兰显赫一时的文化史大家。他最重要的成就是提出了文化“均衡论”和“游戏论”，推动了 20 世纪的文化史研究，为现代史学摆脱传统、最终形成新的体系作出了贡献。然而，对于这位卓越的荷兰大史学家，国内外学术界都未给予足够的重视，对他的关注度远远比不上对布克哈特、斯宾格勒、汤因比，甚至于比不上对马克斯·韦伯的关注。

二、内容精要

《中世纪的衰落》研究 14 世纪和 15 世纪的欧洲文化史，将论辩置入事实的陈述和作品的分析中，自 1924 年出版以来，一直被认为是关于中世纪后期研究的主要著作。此书重点研究的是中世纪文明的结束阶段，作者尽心于从艺术角度来考察一种文明结束与另一种文明开始这之间的过渡时期。因此，《中世纪的衰落》不仅因其史实广博著称，亦因其对这一时期艺术、文化与时代生活三者融合方式的独特感受和理解而闻名。

此书以 14—15 世纪法国和荷兰文化为重点，描绘欧洲基督教文化在古典文化、人文主义中的自我更新。这一时期欧洲社会风云激荡，十字军东征尚未收场，神秘主义蛊惑，人文主义萌芽，文艺复兴滥觞，宗教改革酝酿，这是一个历史大变动的时期。作者在书中展示了骑士精神、宗教生活、爱情与色情、死亡的恐惧、文学与艺术等内容，重点是对文学与艺术的赏析、比较与评述。作者的结论是：中世纪和文艺复兴并非黑白分明的两个时期，文艺复兴在中世纪中萌芽，中世纪孕育了古典主义、人文主义和文艺复兴；北欧的文艺复兴有别于意大利的文艺复兴。

书中所述凡·艾克兄弟，是指 14—15 世纪尼德兰画家胡伯特·凡·艾克（1370—1426）和扬·凡·艾克（1385—1441）兄弟。1415 年根特市长约多库斯·威德向胡伯特·凡·艾克订制祭坛画，他画了 10 年，未完成就去世了，后由其弟弟扬·凡·艾克继续完成，安置在根特圣贝文教堂。这是一组具有里程碑意义的划时代巨作，它标志着一个新时代的到来和人文主义艺术的诞生，并奠定了尼德兰文艺复兴艺术的基础，凡·艾克兄弟成为欧洲油画的创始人。作者试图从当时时代生活的联系中来理解、证实时代文明的种种形式与过去有着千丝万缕的联系，这种联系更甚于它们与正孕育的未来的联系。因此，那个时代取得的辉煌成就，不单对艺术家如此，对神学家、诗人、史学家等亦如此。

三、推荐版本

《中世纪的衰落》，约翰·赫伊津哈著，刘军、舒炜等译，中国美术学院出版社，1997 年版。

第五节 《文明的进程：文明的社会起源和心理起源的研究》（1945 年）

一、作者简介

诺伯特·埃利亚斯（Norbert Elias，1897—1990），1924 年获哲学博士学位，受卡尔·曼海姆教授的影响转向社会学研究，是 20 世纪德国著名的社会学家，被誉为 20 世纪百科全书式的人物。《文明的进程》是埃利亚斯的成名之作，他将历史学、政治学、心理学、经济学、种族学、人类学和社会学等熔为一炉，使这部著作成为 20 世纪不可多得的一本百科全书式的人文经典读本，出版后曾轰动西方世界，成为畅销书。埃利亚斯认为文明是一种过程，是历经数百年逐步演变的结果，是心理逐步积淀规范的结果。人和社会二者不可分割，宏观的社会和微观的人之间的互动激荡形成了个人、国家乃至社会的整个文明的进程轨迹。

二、内容精要

（一）人与社会

传统社会学把人与社会看成是两个各自独立的实体，而作者推翻了这种两分法，提出两者不可分割的新的历史研究方法。不仅研究社会、经济，而且考察人的情绪气质和思维方式的变迁；不仅重视重大事件，也从小处着手，探讨人的行为举止和日常生活，以小见大。

埃利亚斯以其《文明的进程》成了日常生活史研究的开拓者，克服了各个学科之间人为的藩篱，使其相互贯通，为 20 世纪的社会学研究指明了方向。该书对于西方近代化过程中的观念变迁给予了独到的历史社会学诠释。《文明的进程》的中心思想是在对历史事实进行不断观察、不断检验中逐步形成的。只有把这本书看做一个整体时，才能更好地理解其每一部分。

（二）礼仪文明

“礼貌”最初发源于上层社会，体现了上层社会的自我意识、品位和修养，随着下层社会对上层社会礼仪和行为方式的学习模仿，上层社会被迫不断细化礼仪规则和行为方式，以巩固越来越模糊的身份区隔。越是社会冲突剧烈的社会里，上层阶级越是重视等级的差别，礼仪就越受到重视。于是，情感控制不断强化和细腻的约束机制才得以发挥更大作用，推动文明发展到更高的阶段。

埃利亚斯所论述的这种机制在人类社会中尤其是现代社会中，或许真的普遍存在，显而易见，这种区隔机制与“时尚”等社会行为的演变机制类似：某些行为方式（无论是着装、发型，还是礼仪、用语）往往具备“地位标志物”的属性，“地位标志物”（比如名牌服装、豪华轿车、昂贵的首饰）作为身份的象征，能够帮助社会互动的双方识别对方的社会地位，地位较低的阶层为了在社会互动中获得互动对象更多的尊重，会通过追逐“地位标志物”来欺骗互动对象，使对方误以为自己拥有更高的社会地位。

埃利亚斯在讨论礼仪演变时，也很自然想到了中国。讨论餐桌礼仪中关于餐具使用的礼仪时，他写道：“特别是在具有更加悠久的‘文明’历史的中国，把分割牲畜置于幕后的做法比西方国家要早得多，彻底得多。在那儿，文明的进程已经发展到了牲畜的肢解和切割完全是在幕后进行的，在餐桌上根本就不用刀。”就餐桌礼仪所反映的对“残忍”行为的容忍界限和情感控制而言，中华文明的确是一个成熟的文明。

三、推荐版本

《文明的进程：文明的社会起源和心理起源的研究》，诺贝特·埃利亚斯著，王佩丽、袁志英译，上海译文出版社，2009 年版。

第六节 | 《共有的习惯》（1991 年）

一、作者简介

爱德华·帕尔默·汤普森（Edward Palmer Thompson，1924—1993），英国新左派思想家，历史学家。他在发表多部重要的社会史著作的同时，就当代政治、讲演、讨论和论战等一系列广泛的学术和非学术主题发表了意见。

《共有的习惯》是汤普森在 20 世纪 90 年代的代表作，对 18、19 世纪英国社会的乡规民俗进行了再考察，对于当年贵族与平民的关系、乡间的风俗等作了深入的描绘。作者独特的“道德经济学”的观点非常具有借鉴意义。

二、内容精要

（一）习惯以极为复杂的方式约束社会生活

人类学家赛德尔在 20 世纪 80 年代研究纽芬兰地区渔村时对“习惯”作了一番界说，它可以概括汤普森书中所描述的群体行为：“习惯可以保持对集体行动的需要，调整集体的利益，并在以往一直共同参与领域和范围内，集体表达感情和情绪，提供一种排斥局外人的边界。”汤普森指出，与 17、19 世纪相比，18 世纪的英格兰社会矛盾不是非常尖锐，当时的平民并不是无助的失败者，他们以集体行动保护习惯法赋予他们的权利以确保相应的利益。在荒年，他们推翻磨坊主和面包师的房屋，提倡博爱和仁慈的精神，要求扩大都铎王朝最后几年制定的“济贫法”的施用范围，从而使得饥荒不至于升级为生存危机。他们还享有其他一些自行其是的自由，如：在圈地的围墙打开缺口一拥而入，在街上横冲直撞，用锅罐瓢盆发出喧闹之声，从而表明集体情绪和道德伦理立场。尽管当时的平民与乡绅的关系是平等的，但是习惯的力量使得两者相互需求，有一条互惠的脉络清晰可辨。

（二）“惯例”为行动提供合法性

显然，汤普森在考察这种互相依存的关系时跳出了我们十分熟悉的模式——不同的阶级利益互相冲突，水火不容。贵族乡绅与平民之间的“家长制—服从的均衡”有点像中国传统政治话语中的“尊上亲下”。如果“上失其位”，那么“下逾其节”。皇帝发“罪己诏”也是“戏台”上的象征性行为。可惜这种“家长制—服从的均衡”在中国极易被打破，因而社会屡屡遭受毁灭性打击。英国在 18 世纪时国家机器相对虚弱，但是平民的某些反叛行为并不纯以破坏为目的，他们发出不平之鸣，是想保护他们在家长制统治下的权利，“惯例”为他们的行动提供了合法性。汤普森注意到，在平民争取自身权益的行动中，激进与保守的成分兼而有之，“他们时常回顾一个更加独裁的家长制社会的规章，例如粮食骚动的参加者求助于过去的《政令手册》（指 1630 年颁发的 Book of Orders，也译作《敕令册》），由此诉诸立法来反对囤积者，工匠则求助于都铎时期的法典。”习惯（法）在社会转型期反而为弱势群体提供了某种安全网。

三、推荐版本

《共有的习惯》，爱德华·汤普森著，沈汉、王加丰译，上海人民出版社，2002 年版。

第七节 |《欧洲近代早期的大众文化》（1978 年）

一、作者简介

彼得·伯克（Peter Burke，1937—），英国历史学家，剑桥大学文化史教授和伊曼纽尔学院研究员。伯克的研究专长在欧洲近代早期的社会史、思想史和文化史等领域，主要著作有《文艺复兴时代的历史观》和《欧洲近代早期的大众文化》等。

二、内容精要

本书以欧洲作为一个整体，把丰富多彩的大众文化风景呈现在读者的眼前，涵盖的地域西起爱尔兰的戈尔韦、东到乌拉尔山脉、北及挪威、南到西西里，时间跨越了三个世纪。读者将会从大众文化中的英雄、恶棍和傻瓜形象中，看见不善言辞的群体的态度和价值观，以及这些态度和价值观如何由当时的社会条件所塑造。“大众文化是每个人的文化，对所有的人开放的文化。尽管存在两种文化，但不是一边是大众文化，另一边是精英文化，而是一边是所有人的文化，另一边是部分人的文化。”

（一）探寻大众文化

第一部分，作者以19世纪的民俗学研究为起点，回顾了对大众文化的研究历史。但他又不仅仅是在回顾，而是将自己也视为这些研究者之一，深刻地思考在此种研究过程中会遇到什么困难。为此，作者概括了大众文化的特点（多样性、多层性、差异性、与精英文化的互动性），反思了所要涉及的史料并分析这些史料的真实性，最后辨析出最有价值的史料类型和史料来源，谦虚地给出一种最可接近“历史真实”的研究路径。

（二）大众文化的结构

第二部分，虽然小标题的中心词是“结构”，但是这一作为主体的篇章的叙述中心，却是大众文化中的“人”。其中，“大众文化的传播”一章以传播者和创造者为中心，研究了创造者和“作者”的关系，描绘出这一复杂体系的完整图景。“传统的形式”一章虽然力图构建一座大厦，但是作者指出，大众文化作品的类型并不单纯，必须依靠人民来对它进行组合，最后展现出来的是经过人民加工了的各种主题及其变体。“英雄、恶棍与傻瓜”谈论大众文化中的人物形象，然而作者论述的重点却在于揭示这些形象与人民价值标准之间的关系，也在于探索人民利用这些特殊形象的内在心态。“狂欢的世界”一章集中研究了包含大众文化最多的大众节日，作者力图说明：人民想在节日中做什么？他们为什么要这么做？他们这么做同上层阶级和当局又发生了什么互动？

（三）大众文化的变化

第三部分，作者将视角上移，上层阶级和受过教育的人们成了研究的中心。之所以这样做，是因为作者在其“修订版前言”中，在第二章论述“大传统”与“小传统”的关系时已经明确指出，从来没有孤立的大众文化，只有与精英文化产生互动的大众文化，我们没有任何理由去将作为一个整体的文化历史割裂为两部分。所以，虽然这一部分是在论述改革者与大众文化，是在论述社会变化与大众文化，但本质上，作者已经把大众文化置于历史大背景下考虑了。在谈到“历史背景”时，我们不能为这个词的字面意义所欺骗，而需要时刻注意：历史背景不仅仅是物质的背景，也不仅仅是布罗代尔类型中的一片死寂的“中时段”和“长时段”，而是包含了除却论述主体之外的其他生活在历史中的人物。成功的历史专题研究，往往就是一幅描绘所有相关人物的长卷。

三、推荐版本

《欧洲近代早期的大众文化》，彼得·伯克著，杨豫等译，上海人民出版社，2005年版。

第八节 《死亡文化史：用插图诠释1300年以来死亡文化的历史》(1983年)

一、作者简介

米歇尔·沃维尔（Michelle Vovelle，1933—），巴黎第一大学名誉教授，在法国集体思想史领域成就卓著，著述甚丰。多年来从事死亡文化史的专题研究，自1970年起，先后发表了《从炼狱灵魂祭坛画看普罗旺斯对死和另一世界的认识》、《法国大革命的地缘政治学》等论著。

二、内容精要

死，令人畏惧，而死的历史却扣人心弦。对死亡和对死亡史的研究必然在新的思想史中占有不容忽视的地位。作为一部综合性研究的著作，它集人口学、医学、宗教学、社会学、艺术文学研究之大成。沃维尔引领我们从死亡出发，在丰富资料的佐证下，回顾自1300年以来西方死亡历史的发展，探究面临死亡的集体态度的变化，研究不同时期、不同地区的人们在走向死亡这一途程上的各种反应，甚至在一定程度上通过死亡体制去判断或评价一个社会。

打开《死亡文化史》，就像经历了一次死亡历史的时光旅行。在丰富资料的佐证下，作者提出了一个完整的、具有权威性的西方死亡史图景——从中世纪黑死病肆虐开始，人们对死亡的认识经过了巴洛克式的大规模仪式的死、自然哲学的“明智”的死、复古派的“英雄”式的死、立遗嘱的“市民阶层”的死、最后进入现代的对死的禁忌。在本书的最新版本（2000年版）中，作者新写的序言又总结了近20年研究的新成果。

（一）黑暗笼罩

中世纪的人是如何死亡的？蒙塔尤村史中的记载具体而微——在胃出血、肠胃中毒、癫痫、狂犬病、溃疡、脓肿以及皮肤病和麻风病面前，缺乏卫生知识的人们无助地暴卒。大量殉教者的形象则让死亡显得更加暴烈。随后是瘟疫的肆虐。从著名的《十日谈》开篇，到一些缺乏才气但却更为准确的纪事著作中，记载了当年的情况：活人的恐惧、家庭的破裂、堆积如山来不及掩埋的尸体，最有效的救助方法仍然是逃亡。更可怕的是瘟疫不断地卷土重来。人们从那时起制定了最早的防御规则，学会了设立检疫站和检疫隔离区。

到14、15世纪，死亡在文学和图画中取得了胜利。直到1350年，人们还不懂得如何表现死，因为死神还不存在，但随后死开始人格化，身披黑衣手执镰刀的死神形象开始面目清晰地进入人们的梦魇：他有翅膀，有一把镰刀可斩断一切；他是盲目的，对年龄、身份、品质和地位不加区分；他没有眼睛，不听祈祷，也不听抱怨……

在随后的巴洛克时代，人们的焦虑开始更多地出于个人的原因而不是集体的恐惧。它反映了对生命的热爱，对文艺复兴的眷恋。概括这个新姿态的用词是“虚荣”，它是从文学到艺术的动力。

（二）光明进现

对死亡和后世进行理性的解读，最大胆的想法来自斯宾诺莎，他认为从人文主义哲学出发，对死后的假设不但多余，而且有害。“自由人并不回避死亡，他的智慧在于对生命而不是对死的思考。”笛卡儿呼吁人们不要害怕死亡，梦想着延长人类生命的方法。莱布尼茨则将死亡放入整个自然体系中考量，任何生物因此都不会完全死亡。

18世纪大规模的瘟疫结束，新的自然史观形成对死亡的禁忌，人们已经少谈甚至不谈死了。弗洛伊德写道：“我们不能再保留旧的对死的态度，但我们还没有找到新的。”

（三）死亡动人

当漫长的时光旅程结束时，《死亡文化史》没有结论。作者说，对于死亡，每个人都应当进行自己的思考。对死的关注与投入不是对生命期望的延伸，而是对幸福的期待。

三、推荐版本

《死亡文化史：用插图诠释1300年以来死亡文化的历史》，米歇尔·沃维尔著，高凌瀚译，中国人民大学出版社，2004年版。

第九节 《文明冲突与世界的重建》（1996年）

一、作者简介

塞缪尔·亨廷顿（Samuel P. Huntington，1927—2008），国际政治研究领域著名学者，哈佛大学国际和地区问题研究所所长，曾任卡特政府国家安全委员会安全计划顾问，《外交政策》杂志发起人与两主编之一，美国政治学会会长。有大量学术著作及论文问世。

该书试图对冷战之后全球政治的演变作出解释，提出一个对学者有意义、对决策者有用的看待全球政治的框架或范式。对于其意义和有用性的检验不在于看它是否说明了全球政治中正在发生的所有事情，而在于它是否能比其他范式提供更有意义的观察视角。虽然对该书所持观点尚有很多争论，但其对现今世界各种文明的深入研究和剖析，具有重大参考价值。

二、内容精要

亨廷顿认为，冷战后世界格局的决定因素表现为七大或八大文明，即中华文明、日本文明、印度文明、伊斯兰文明、西方文明、东正教文明、拉美文明，还有可能存在的非洲文明。冷战后的世界，冲突的基本根源不再是意识形态，而是文化方面的差异，主宰全球的将是“文明的冲突”。冷战结束后的许多重要发展都与文明的范式相一致，如：苏联和南斯拉夫发生分裂，宗教原教旨主义正在世界各地兴起，俄罗斯、土耳其和墨西哥国内进行着关于认同的斗争，伊斯兰教国家在伊朗和利比亚问题上抵制西方的压力，中国继续扮演“局外者”大国的角色……

冷战初期，加拿大政治家莱斯特·皮尔逊就富有先见之明地指出了非西方社会的复兴和活力。他警告说：“设想这些诞生于东方的新的政治社会将复制那些我们西方人所熟悉的政治社会是荒谬的。这些东方文明的复兴将采取新的形式。”他在指出“几世纪以来”国际关系一直是欧洲国家之间的关系之后，提出“最广泛的问题不再出现在同一文明的国家之间，而是出现在各文明之间”。旷日持久的冷战两极化推迟了皮尔逊预料的即将来临的发展。冷战的结束使他在 20 世纪 50 年代确认的文化和文明力量得以释放出来，广大学者和观察者已承认并强调了这些全球政治中的新因素的新作用。费尔南·罗代德尔曾明智地警告说：“对于对当代世界感兴趣的人来说，尤其对那些不仅对当代世界感兴趣，而且还想有所作为的人来说，‘值得’了解怎样在一幅世界地图上发现今天存在着什么文明，了解怎样能界定它们的边界、它们的中心和它们的外围、它们的范围和人们在那儿呼吸的空气，它们内部一般的和特殊的存在‘形式’和结合形式。否则，可能会产生怎样的灾难性的观点错误啊！”

三、推荐版本

《文明的冲突与世界秩序的重建》，亨廷顿著，周琪译，新华出版社，2010 年版。

第十一章 | 艺 术 学

艺术学（Fine Arts），是一门系统性地研究关于艺术的各种问题的科学，是研究艺术实践、艺术现象和艺术规律的专门学问，它是带有理论性和学术性的有系统知识的人文学科。主张从多种角度和深度研究艺术的现象和本质，从艺术本质、艺术起源、艺术发展、艺术创造等各个方面，探讨人类艺术发生与发展的规律以及未来的走向。

艺术学包括：美术学（绘画、雕塑、陶艺、设计、建筑、书法、篆刻、摄影、行为艺术、装置艺术、大地艺术、波普艺术、现成品艺术等）、音乐学（声乐、器乐、歌舞剧等）、文学（诗学、散文学、小说学等）、戏剧学、电影学、舞蹈学、曲艺学、杂技学、周边艺术学（指游离于艺术中心之边际的一种艺术形式，如牡丹花观赏艺术、金鱼观赏艺术等）等十大子门类的领域及内容。

第一节｜《论画》（东晋）

一、作者简介

顾恺之（约346—407），东晋人，字长康，小字虎头，晋陵（今江苏无锡）人。义熙初年（405—418）任通直散骑常侍，博学多能，工诗善书精丹青，有“才绝、画绝、痴绝”之称。绘画师从卫协，擅作佛像、人物、山水、走兽、禽鸟。唐代张怀瓘对其画评价甚高，云：“张僧繇得其肉，陆探微得其骨，顾恺之得其神。”史称曹不兴、顾恺之、陆探微、张僧繇为“六朝四大家”。顾恺之的作品真迹，今已无传，只有若干流传已久的摹本。其中最精美的是《女史箴图》（隋代摹本，现藏英国伦敦不列颠博物馆）和《洛神赋图》（宋代摹本，故宫博物院藏）。顾恺之的绘画及其理论上的成就，在中国美术史上占有极其重要的地位。其画论由于张彦远《历代名画记》的记录而保存了3篇，即《魏晋胜流画赞》、《论画》、《画云台山记》。顾恺之著有《启蒙记》3卷，另有文集20卷，均已佚。

《论画》乃是对前辈卫协等人的绘画评论，也是我国历史上留存至今的第一篇绘画评论。书稿文字因相传错脱，不易通读，只能揣其大意。《论画》用极精练的语言评论前人画作中人物形象和神情表现的优劣，篇幅很短，但字字珠玉。真正意义上的中国绘画批评是从顾恺之开始的。

二、内容精要

（一）传神论

顾恺之绘画思想的核心是“传神”，他将“传神”作为绘画批评的标准运用到了批评实践中。在顾恺之看来，人物之神与人物之形（即所谓“四体妍媸”）相比，具有更本质的意义，绘画的价值就是要传达出这种“神”。形与神之间，神是第一位的，形是第二位的，神是目的，形是依托。顾恺之在《论画》中紧紧围绕着“传神”来形容卫协等人的画作。评《汉本纪》曰：“至于龙颜一像，超豁高雄，览之若面也。”评《嵇兴》：“如其人。”评《陈二丘二方》则曰：“太丘夷素似古贤。”这都是肯定画家能传人物之神。

（二）以形写神

为了达到传神的目的，顾恺之不光重视人物类型化的描绘，更重视个性与细节的表现，“一点一画皆想与成其艳姿”，还特别强调“生气”和“自然”在传神中的作用，要求绘画要传达出人物的“生气”来，“面如恨，刻削为容仪，不尽生气。又插置丈夫支体，不以为然。”画出人物的姿态、动作及表情也是传神的重要方法，“二婕以怜美之体，有惊剧之则”。他还要求画家要画出具体情景中人物的具体姿态、动作、表情，不能有任何偏差。自然山水也要画出其“形势”，“作山形势者，见龙虎杂兽。虽不极体，以为举势，变动多方”。是否能够画出人或事物的“骨俱”，也是能否传神的重要指标，“重叠弥纶有骨法”，“有奇骨而兼美好”，“作人形，骨成而制衣服幔之，亦以助醉神耳，多有骨俱”。

“以形写神”、“传神写照”的绘画理论，其目的是达到形神兼备。这种绘画理论与魏晋人物品藻和诗文评价的注重神韵是相通的。以风姿神貌的品评替代先前道德伦理的评价，这使顾恺之的画论有了更为重要的审美意义。

（三）迁想妙得

《论画》在开头就写道：“凡画，人最难，次山水，次狗马，台榭一定器耳，难成而易好，不待迁想妙得也。”“迁想”是画家在观察对象体验生活中的揣摩、体会以及构思、想象的过程。“妙得”就是巧妙地把握对象内在的本质。“迁想妙得”要做到主客观的统一和作者与表现对象及读者相互之间思想的交融。而传神中最根本的问题是心灵感知与想象力的发挥。“迁想妙得”、“巧密于精思”是“神仪在心而手称其目者”、“直绝夫人心之达”的前提，换句话说，只有通过心灵想象的创造性劳动，才能达到传神的目的。这里他指出理解对象的深入的程度以人物画要求最高，对于山水画也很重要。这些论点实为谢赫六法论的先驱，对后来的中国画创作和绘画美学思想的发展产生重大影响。

三、推荐版本

《画品》（收选了《论画》、《魏晋胜流画赞》、《石涛画语录》等书），顾恺之等撰，孟兆臣校释，北方文艺出版社，2000 年版。

《六朝画论研究》，陈传席著，天津人民美术出版社，2006 年版（此书中有《论画》点校注释和译文）。

第二节 《古画品录》(南朝)

一、作者简介

谢赫(479—502),中国南朝齐、梁间画家,绘画理论家。事迹不可考。善作风俗画、人物画,著有《古画品录》。

二、内容精要

(一)绘画的功用:明劝诫,著升沉

《古画品录》的序中首先提出绘画的功用和绘画的批评原理。绘画的功用是:"明劝诫,著升沉,千载寂寥,披图可鉴。"指出通过绘画的直观性,起到劝善戒恶、褒贬人物的教育作用。

(二)绘画的批评原理:六法

《古画品录》的重点在于批评原理。"夫画品者,盖众画之优劣也"。画品就是要评出众画的优劣高下来,批评的标准即"六法"。"迹有巧拙,艺无古今",在考量作品优劣高下时,不必考虑时代的古今差异,而应该把水平作为考量的依据。在中国绘画史上,"六法",尤其是其中的"气韵生动"的概念,之所以能够千年沿用不衰,除了中国文化中注重"述古"的传统所起作用之外,其概念本身的超时空性才是根本的原因。这种共时性批评模式,在绘画批评初期,对于确立通行的批评标准,建立绘画批评的威信——合法性、一贯性,具有重要的意义。

《古画品录》提出绘画的"六法"是:一曰气韵生动,二曰骨法用笔,三曰应物象形,四曰随类赋彩,五曰经营位置,六曰传移摹写。"气韵生动"是指表现的目的,效果与意境。"骨法用笔"主要的是指作为表现手段的"笔墨"的方法与效果。"应物象形、随类赋彩、经营位置"是绘画艺术形、色、构图等造型要素与步骤。"传移摹写"是艺术客观表现自然的规律与方法。

谢赫的"六法论"之重要,在于他形成的一套理论,反映了中国传统绘画艺术发展阶段上的认识已趋于成熟。作者既肯定了根据对象造型的必要性,也提出了理解对象内在神韵的重要性,同时也指出笔墨是表现对象的手段。六法论提出了一个初步完备的绘画理论体系框架——从表现对象的内在精神、表达画家对客体的情感和评价,到用笔刻画对象的外形、结构和色彩,以及构图和摹写作品等都一一概括。自六法论提出后,中国古代绘画实践进入了理论自觉的时期。后代画家始终把六法作为衡量绘画成败高下的标准。宋代美术史家郭若虚说:"六法精论,万古不移。"从南朝到现代,六法被不断运

用、充实、发展，从而成为中国古代美术理论最具稳定性、最有涵括力的原则之一。

三、推荐版本

《古画品录》，谢赫著；《续画品录》，姚最著，王伯敏注译，人民美术出版社，1959 年版。

第三节 《历代名画记》(847 年)

一、作者简介

张彦远（815—907），字爱宾，唐朝河东猗氏（今山西永济）人，生于宰相世家，其高祖张嘉贞、曾祖张延赏、祖父张弘靖，曾先后做过宰相，对于绘画和书法都有浓厚的兴趣，张家的世交李勉父子也是身居显职，而且爱好书画。他们和当时的皇室及其他贵族一样，承继了南朝的重鉴赏收藏的传统。这样的社会条件培养了张彦远对于绘画和书法的研究兴趣，他的两部著作：《历代名画记》和《书法要录》分别就绘画和书法搜集了丰富的前代的材料，特别是《历代名画记》更是提出了自己的见解，对于中国古代绘画的科学研究与品鉴做出重要贡献。

二、内容精要

《历代名画记》的内容大致可以分为三个部分：绘画历史评述与绘画理论阐述、作品鉴藏叙述、画家传记及有关资材评论。

《历代名画记》是中国古代第一部系统而完整的关于绘画艺术的通史。张彦远集中整理了前人的著作，又单独搜求了一些历史材料，写出了《历代名画记》十卷。该书成书于大中元年（847），是张彦远盛年之力作。

（一）对绘画历史发展的评述与绘画理论的阐述

在绘画历史发展的评述的一部分中，作者概括了自己对于中国古代绘画传统的形成与演变的理解。在“叙画之源流”一节中，他指出了绘画艺术是一个重要的文化现象，绘画是形象的教育工具。在“叙师资传授南北时代”一节中，作者从师资传授的关系追溯画家们的一脉相传的承继关系，强调绘画艺术的传统性，而同时又指出“衣服、车舆、风土、人情，年代各异，南北有殊”，要认真对待内容上的现实性。在“论画六法”及“论画体工用搨写”两节中，他发挥了对于谢赫“六法论”的精辟的见解，认为对象的生动神韵是刻画形似的目的，反对琐碎的描绘，赞美南北朝画家们刻画形似产生一定美的效果，并同时创造一定的风格。在“论顾陆张吴用笔”一节中，张彦远讨论了以造型为目的的线的节奏感、线在中国绘画中形成画家独特风格时的决定性作用。在“论画山水树石”一节，他对于在唐代方始成为一种绘画体裁的山水画的演变有精辟的论述。

（二）有关鉴识收藏方面的叙述

关于鉴藏，张彦远叙述了书画鉴藏工作的历史发展、唐代鉴藏的情况以及印鉴的辨识验证、装褙裱轴、复制临摹等内容。可见中国传统的书画鉴识研究早在唐代已具有一定的科学水平，《历代名画记》中的评述是正式予以整理及记录的开始。作者从绘画创作欣赏的全过程着眼，把著录、鉴藏、流传以至装裱也纳入进研究画史的必要组成部分，形成了中国画史鉴藏研究的完整体系。

（三）画家传记及有关资料

《历代名画记》中画家传记及有关资料这一部分占全书篇幅较多。所记画家从远古时代开始而截止到作者的生活年代（唐武宗会昌元年，公元 841 年）。370 余名画家传记大体按时代先后排列，或一人一传，或父子师徒合传，内容有详有略，大略包括画家姓名、籍里、事迹、擅长、享年、著述、前人评论及作品著录，并有张彦远所列的品级及所作的评论。其中最重要的是魏晋南北朝隋唐的一段，该书中保存的资料中包括史书的记载，南朝人士的评论，画家自己的著作和唐代尚在的画迹，这些资料成为后世研究古代绘画史的仅有的根据。该书比较全面地汇集画家生平、思想、创作等有关资料，充分引证古人的评价，但又不受前人的局限，做到有分寸地评价画家的得失。但其中也有严重的缺点，即较缺少北朝绘画的史料，因而使后世形成唯有南朝才发展了中国绘画艺术的不恰当的认识。

三、推荐版本

《历代名画记》，张彦远著，肖剑华注释，江苏美术出版社，2007 年版。

第四节 | 《画旨》（明代晚期）

一、作者简介

董其昌（1555—1636），字玄宰，号思白，又号香光居士，华亭（今上海松江）人，“华亭派”的主要代表，明万历十六年（1588 年）进士，官至礼部尚书。作者精于书画鉴赏，在书画理论方面论著颇多，其“南北宗”论对晚明以后的中国画坛影响深远。他工书画，尤其是以“禅”入画的思想，体现出文人画“心”、“性”的境界，对后世影响很大，将文人画的发展推向一个高峰。其书画风格名重当世，并成为清代艺坛的主流。著有《画禅室随笔》、《容台集》、《画旨》等文集。

二、内容精要

一般认为，董其昌完成了“南北宗论”，并把它总结为较系统的学说。董其昌论及“画分南北宗”说：“禅家有南北二宗，唐时始分；画之南北二宗，亦唐时分也。但其人非南北耳。”这段话收在莫是龙所著《画说》中，董其昌在世时即已出版，故有人认为董其昌的“南北宗论”是承袭莫说。然而研究认为，细考起来，“南北宗论”的创始人应该是董其昌。

中国绘画史上文人画家与职业画家两大不同的风格体系是董其昌提出的。他将唐至元代的绘画发展，按画家的身份、画法、风格分为两大派别，认为南宗是文人之画，而北宗是宫廷画院画家，崇南贬北。即提倡文人画的南宗，贬抑宫廷画院画家的北宗。董其昌的“南北宗论”一出，加上同时代的陈继儒等人都竞相附和，迅速流传开来，并且逐渐成为一个品评画家的理论准则，对明末及清代的绘画发展产生了较大影响。但在“南北宗论”中，董其昌亦有自相矛盾、标准不一之处，对同属南宗的文人画家的评价亦有褒贬等等，反映了理论上的混乱。故而“南北宗说”成为系统学说以后，受到了尖锐的抨击。

董其昌非常注重笔墨，认为笔墨是有其自身的价值的，而绘画艺术有着自己的艺术语言。在笔墨的运用中，包含了画家的功力、感受及情思，所以笔墨既来自于山水自然，又有超越于山水的艺术价值。他强调“以草隶奇字之法为之”，就是在绘画中引入书法用笔，由此达到笔墨中既包含骨力又富于随兴变化韵味的境界，突出笔墨决定艺术水准高下的作用。

董其昌同时又很注重向自然学习。他继承了姚最以来的“心师造化”的思想，认为应当以自然为师。而师造化与师前人是有先后顺序的，“画家初以古人为师，后以造物为师”，应当先学习前人，再去学习自然，这是学画的必然途径。

三、推荐版本

《画旨》，董其昌著，毛建波校注，西泠印社，2008 年版。

第五节 | 《人间词话》（1908 年）

一、作者简介

王国维（1877—1927），字伯隅、静安，号观堂、永观，浙江海宁人，近代中国著名学者，杰出的古文字、古器物、古史地学家，诗人，文艺理论学，哲学家，国学大师。王国维世代清寒，幼年为中秀才苦读。他早年屡应乡试不中，遂于戊戌风气变化之际弃绝科举。他 22 岁起至上海《时务报》馆充书记校对，利用工余时间到罗振玉创办的“东文学社”研习外交与西方近代科学，后在罗振玉资助下于 1901 年赴日本留学。1906 年他随罗振玉入京，任清政府学部总务司行走、图书馆编译、名词馆协韵等。其间，他著有《人间词话》等名著。1925 年，王国维受聘任清华研究院导师，教授古史新证、尚书、说文等，与梁启超、陈寅恪、赵元任、李济被称为“五星聚奎”的清华五大导师，其门生、弟子遍充几代中国史学界。

作为中国近代著名学者，王国维平生学无专师，自辟户牖，成就卓越，贡献突出，在教育、哲学、文学、戏曲、美学、史学、古文学等方面均有很深造诣和创新，为中国的文化宝库留下了广博精深的学术遗产。这位集史学家、文学家、美学家、考古学家、词学家、金石学家和翻译理论家于一身的学者，生平著述 62 种，批校的古籍逾 200 种。主要著作有《静安文集》、《王国维遗书》、《王观堂先生全集》、《宋元戏曲考》、《曲录》、《人间词话》、《殷周制度论》、《王国维诗词全编》、《红楼梦评论》、《流沙坠简》、《罗振玉王国维往来书信》等。因此他被誉为“中国近三百年来学术的结束人，最近八十年来学术的开创者”，“不独为中国所有而为全世界之所有学人”。

二、内容精要

《人间词话》是一部文学评论，宣统庚戌九月脱稿于京师定武城南寓庐，1908 年在《国粹学报》上公开发表。这是王国维关于文学批评的著述中最为人所重视的一部作品。他是在接受了西洋美学思想之洗礼后，以崭新的眼光对中国旧文学所作的评论，但又脱弃西方理论之局限，力求运用自己的思想见解，尝试将某些西方思想中之重要概念，融入中国传统批评中。《人间词话》在词论界里被奉为圭臬，影响深远，是中国近代最有影响的著作之一。

（一）“境界”说

“境界”说是《人间词话》的核心，统领其他论点，又是全书的脉络，沟通作者的全部主张。王国维不仅把它视为创作原则，也把它当做批评标准，论断诗词的演变，评价词人的得失、作品的优劣、词品的高低，均从“境界”出发。因此，“境界”说既是王国维文艺批评的出发点，又是其文艺思想的总归宿。他提出“诗词以境界为上”。能写真景物真感情者，谓之有境界。理想派写境，浪漫派造境。无我之境静雅，有我之境宏壮。物境和心境都属于境界。他所说的境界就是“其言情也必沁人心脾，其写景也必豁人耳目”。情景交融、鲜明生动，具有强烈的感染力。他认为能如此就是“不隔”，否则就是“隔”。

清朝词派，主要有浙派和常州派。浙派词致力纠正明词末流迂缓淫曼的毛病，崇尚清灵，其流弊在于主清空而流于浮薄，主柔婉而流于纤巧。于是常州派词起而纠正浙派的流弊，提倡深美闳约，沉着醇厚，以立意为本，发挥意内言外之旨，主张应有寄托。这的确使词论前进了一大步。而王国维的《人间词话》更是突破浙派、常州派的樊篱，克服两者之弊，有了更进一步的发展。王国维纠正浙派词的流弊，强调写真景物、真感情，要写得真切“不隔”。这确实击中了浙派词的要害。对于常州派，他反对所有词都必须有寄托的说法，认为并不是有寄托的词才是好词，指出：“若屯田之《八声甘州》，东坡之《水调歌头》，则伫兴之作，格高千古，不能以常调论也。”他认为，伫兴之作，写情语，写景物，只要真切“不隔”，有境界，便是好词。这种观点有利于纠正常州派词偏于追求寄托的狭隘见解。

王国维的“境界”说，明确地揭示出艺术境界内在的特殊矛盾，说明了文艺的本质特征。与前人相比，这是一个新的贡献。文学批评史上，那种只重“言志”、“抒情”的论点，偏执一端；那种只重形象、画面的论点，偏执另一端。虽然这些论点已为境界说的本质论奠定了基础，但毕竟是王国维最明确、最系统地阐述了艺术境界中“景”与“情”的关系，自觉地“探其本”，完成了境界说的本质论。王国维认为，景多无限，情也不尽，“境界”本质上是“景”和“情”两个元质构成的。但不论是客观的“景”，还是主观的“情”，都是人“观”精神活动的结果。“情”、“景”这种特殊矛盾的多样化的对立统一，便形成千姿百态、丰富多彩的文学艺术作品。

（二）“造境”与“写境”

王国维根据其文艺观，把多种多样的艺术境界划分为三种基本形态：“上焉者，意与境浑；其次，或以境胜；或以意胜。”王国维比较科学地分析了“景”与“情”的关系和产生的各种现象，在中国文艺批评史上第一次提出“造境”与“写境”概念、“理想”与“写实”的问题。“造境”，是作者极逞“创意之才”，充分发挥想象力，使万物皆为我驱遣，“以奴仆命风月”，这正是浪漫主义创作方法的基本特征。“写境”，则是作者极逞状物之才，能随物婉转，“能与花鸟共忧乐”，客观的真实受到高度的重视，这正是现实主义创作方法的基本特征。王国维还提出，“理想派”与“写实派”常常互相结合起来，形成一种新的创作方法。而用这种方法创作出来的艺术境界，则不能断然定为“理想派”或“写实派”。在这种境界里，“二者颇难分别，因大诗人所造之境必合乎自然，所写之境亦必邻于理想故也。”自然与理想熔于一炉，“景”与“情”交融成一体。王国维认为，这是上等的艺术境界，只有大诗人才能创造出这种“意与境浑”的境界。王国维还进一步论说文艺创作必有取舍，有主观理想的注入；而虚构或理想，总离不开客观的材料和基本法则。所以，“理想”与“写实”二者的结合有充分的客观根据，现实主义与浪漫主义两种创作方法相结合也有其客观可能性。“所造之境必合乎自然”，虽“虚构之境，其材料必求之于自然，而构造亦必从自然之法则”。王国维的见解可谓透彻、精辟，在当时来说，是一种比较卓越的艺术见解。

王国维还指出，词中所写的形象（境界）不管是素描式地写出来，还是由作者综合印象创造出来，它们都不是对事物作纯客观的、无动于衷的描写，而是贯穿作者的理想，即按照作者的观点、感情来选择并安排的。这就进一步说明了文学艺术中的形象是客观事物在作者头脑中的主观反映的产物。

（三）治学三境界

王国维在《人间词话》里还谈到了治学经验：“古今之成大事业、大学问者，必经过三种之境界。”三种境界是：“昨夜西风凋碧树，独上高楼，望尽天涯路”（晏殊《蝶恋花》)，此第一境也；“衣带渐宽终不悔，为伊消得人憔悴”（柳永《蝶恋花》)，此第二境也；“众里寻他千百度，蓦然回首，那人正在灯火阑珊处”（辛弃疾《青玉案·元夕》)，此第三境也”。在《文学小言》一文中，王国维又把这三境界说成“三种之阶级”，并说：“未有不阅第一第二阶级而能遽跻第三阶级者，文学亦然，此有文学上之天才者，所以又需莫大之修养也。”

三、推荐版本

《校注人间词话》，王国维著，徐调孚校注，中华书局，2003年版。

第六节 | 《芬奇论绘画》(16世纪)

一、作者简介

列奥纳多·达·芬奇（Leonardo di ser Piero da Vinci，1452—1519)，意大利文艺复兴时期最负盛名的美术家、雕塑家、建筑家、工程师、科学家、科学巨匠、文艺理论家、哲学家、诗人、音乐家和发明家。他同时具有科学家的观察力与艺术家的表现力，是艺术史上第一位对人体和动物的比例做过系统研究的艺术家。他几乎在每个领域都做出了巨大的贡献，被誉为“文艺复兴时代最完美的代表”、“第一流的学者”、“旷世奇才”。达·芬奇生于佛罗伦萨郊区的芬奇镇，其父为律师兼公证人，其母为农妇。达·芬奇并不是姓，而是表示在芬奇镇出生之意。他的全名列奥纳多·迪·瑟皮耶罗·达·芬奇，意思是芬奇镇梅瑟·皮耶罗之子——列奥纳多。他去世时留下大量笔记手稿，内容从物理、数学到生物解剖，几乎无所不包。他一生完成的绘画作品并不多，但件件都是不朽之作，如《蒙娜丽莎》、《里达与鹅》、《安加利之战》、《最后的晚餐》、《岩间圣母》，以及晚年在《世界末日》的素描中所表现的大自然可怕的威力，还有画家62岁时的自画像，寥寥数笔，都为后人留下了素描艺术史上的典范之作。

二、内容精要

达·芬奇的画论笔记，大部分写在1490—1513年间，正值他艺术和科学生涯最辉煌的时候，也是文艺复兴绘画艺术达到极峰的时候，所以，他的画论既是自身创作经验的总结，又是文艺复兴盛期绘画艺术的经验总结。达·芬奇的画论笔记，可以按内容大致分为美学理论和绘画的基础科学两部分。美学理论部分讨论了绘画的性质，绘画和现实的关系等，绘画和其他艺术的异同等问题，而基础部分则阐述透视学、光影学、人体比例和解剖学，人体的动态和表情以及自然现象等知识。

达·芬奇的美学思想，集中在历来被称为《艺术比较篇》的一部分笔记里。将绘画和诗、音乐、雕塑等艺术加以评比，本是文艺复兴时代颇为盛行的一种文艺批评形式，自古以来，由于绘画和手工生产关系密切，不被认为是一门高尚的艺术，反而比其他艺术低一等。相反，达・芬奇却证明绘画高于其他艺术。但在我们今天看来，比高下完全不是重要的问题，重要的是通过绘画和其他艺术的比较，可以看出达・芬奇对绘画艺术的见解。

（一）师法自然：镜子说

中世纪的教父美学鄙视正常的肉体欲望，蔑视世俗文艺对现实生活的反映，他们认为艺术是神学的奴婢，归根到底只能表现上帝的心灵。而文艺复兴时期，人文主义艺术家为了把艺术从神学的桎梏下解放出来，致力复兴古希腊的模仿说，艺术模仿自然，把师法自然作为自己的审美标准和行动纲领。达・芬奇根据“我们的一切知识都来源于知觉”这一个基本观点分析绘画和现实的关系，指出自然是绘画的源泉，绘画是自然的模仿者。如果画家取法自然，绘画昌盛，不取法自然，绘画就衰微，并从哲学和历史两方面说明画家必须以自然为师。即绘画是反映在画家心里的自然，借艺术手段再现。他还进一步用了很别致的方法阐明绘画怎样反映自然，这就是他著名的“镜子说”。他认为，“画家的心应该像一面镜子，永远把它所反映事物的色彩摄进来，用这种方法，他的心就会像一面镜子真实地反映面前的一切。”达・芬奇一方面是以自然为师，一方面又十分强调理性的重要，要求画家们具备透视学、光影学、人体解剖学等方面的知识，以指导创作，忠实地反映自然万物的形态，并和丰富的想象力结合，创造出高于自然的形象。

（二）绘画科学：重视觉

达・芬奇认为，以视觉为基础的绘画最适于描绘物体的形态美和揭示自然现象的规律——即人类认识自然和传播真与美的最有力手段。他认为绘画是一门科学，绘画的任务是艺术地再现自然，对人和自然界的研究也就成为画家的重要课题。这些研究应当包括物体的空间关系、形态、明暗、色彩、运动和内部构造等方面内容。

达・芬奇独特的艺术语言是运用明暗法创造形象的空间感和立体感。他曾说过，绘画的最大奇迹，就是使平的画面呈现出凹凸感。透视学可以在二维的平面上表现出深度，并只有借着物体的明暗方能表现。他在明暗处理上偏爱丰富的层次，首创渐进法。传记作家瓦萨里说：“达・芬奇的明暗转移法是绘画艺术的一个转折点。”一直到印象派出现的几百年内，无人能够逾越达・芬奇建立的三度空间绘画体系。

文艺复兴时期在人文主义思想的影响下，绘画思想内容和主要形象都渐渐转变，人成为绘画的中心。达・芬奇在论绘画的主旨时说：一个画家应当描绘人和他的思想意图。他以极大的热情研究人体的比例，认为人体是自然界中最完美的，人体的比例是绘画、雕塑和建筑中和谐美的基础。“美感完全建立在各部分之间神圣的比例关系上，各特征必须同时作用，才能产生使观者往往如醉如痴的和谐比例。”他还十分重视解剖学，研究这门学问前后有 40 余年。他认为人体解剖是了解人体动态的钥匙，运动是一切生命的源泉，动态、手势、表情是绘画里揭示人物内心世界的手段，要求画家笔下人物的动作在任何情况下都应当表现它们的思想感情。达・芬奇的人体动态理论对后世的艺术理论和实践有着深刻的影响力。

(三) 诗画区别："画是哑巴诗，诗是盲人画"

达·芬奇认为，在各类艺术中，绘画是最为完美的艺术形式。他认为，一门真的科学必须具备两个条件，其一是以感性经验为基础，其二是能像数学一样严密论证。绘画恰恰最符合这两个条件，所以它比诗、音乐、雕像和其他一切艺术种类更高贵。绘画高于诗，绘画是事实，诗是辞令。绘画可以直接摹形状物，而诗使用语言描述具有不确定性，并且更依赖于想象。他认为："画是哑巴诗，诗是盲人画。"虽然在选材上诗人也有和画家一样广阔的范围，但诗人的作品却比不上绘画那样使人满意，因为诗企图用文字来再现形状、动作和景致，画家却直接用这些事物的准确的形象来再造它们。眼睛是更高贵的感官。达·芬奇将绘画和诗、音乐、雕塑等艺术加以评比，是早于莱辛《拉奥孔》系统阐述诗与画区别的第一人。

三、推荐版本

《芬奇论绘画》，达·芬奇著，戴勉译，人民美术出版社，1979 年版。

第七节 《艺术》(1913 年)

一、作者简介

史莱夫·贝尔 (Clive Bell，1881—1964)，英国艺术批评家，哲学家，早年在剑桥大学攻读历史学，后转向绘画和美学研究，曾参加英国 20 世纪著名学术团体布鲁姆斯伯里集团，并成为其主要成员之一。代表著作有《艺术》、《塞尚之后》、《19 世纪艺术的里程碑》和《普鲁斯特》等。其中《艺术》一书集中体现了他的形式主义理论。《艺术》紧密联系后期印象派以及立体主义等现代艺术实践，围绕"艺术的本质属性乃是意味的形式"这一著名美学观点，阐述了艺术与宗教、艺术与社会、艺术创造与自由等问题。贝尔的这一理论在世界上产生了很大的影响，被誉为最令人满意的现代艺术理论，其"艺术的本质属性乃是有意味的形式"已成为现代美学中最流行的警句。

二、内容精要

(一)"有意味的形式"的含义

贝尔最著名的美学命题是认为美是一种"有意味的形式"。他认为在不同的艺术作品中，线条、色彩等以某种特殊方式组成某种形式或形式间的关系，激起我们的审美感情，这种线、色的关系和组合，这些审美的感人形式，就是“有意味的形式”。“有意味的形式”是一切视觉艺术的共同性质。形式在此指的是艺术品的色彩和线条等要素所构成的纯粹形式，它不同于一般现实形式的地方在于它具有一种“简化性”，即“把互不相干的细节转化成有意味的形式”。艺术形式是灌注了审美情感的形式，而不是其他的形式，这种灌注了审美情感的形式以其抽象性和非再现性区别于日常生活中的一般形式。而所谓“意味”则指的是消除了任何利害关系、不同于一般日常情感的审美情感。日常情感的任务是叙述、记载、传达信息，表达思想，宣扬道德，是现实的和功利的，而审美情感则是完全非功利、完全超越的情感。审美情感是由对艺术的纯粹的形式关系的凝神观照所引起，而不是由艺术品的种种表现、再现和思想内容唤起的。贝尔将审美情感与日常情感对立起来，认为二者互不相容，尤其对于艺术家来说更是如此。贝尔认为，一个非常低能的艺术家创造不出来一丁点能唤起审美情感的形式，就必然会求助于生活情感，而他要唤起生活情感，就必然会丧失审美情感；对于观赏者来说也是一样，如果某位观众在艺术形式之内寻求生活情感，那么这就是他缺乏艺术敏感力的症状。贝尔将美的艺术看作是一种有意味的形式，也就是说它是能激起审美情感的纯粹形式。这种有意味的形式既不同于传统的美的形式（因为美可能意味着某种潜在的功利或诱惑），也不同于对于现实物象的模拟（对现实物象的模拟是具体的，而有意味的形式是纯粹抽象的）。有意味的形式是在纯粹抽象的形式中表现纯粹抽象的情感。真正的艺术排除信息和知识的东西，亦即反对对任何外部世界的模仿和复制；同时也排除思想和理性的东西，亦即反对对内在世界的精确传达。真正的艺术既不涉及现实的对象，也不涉及具体的思想，真正的艺术只是纯粹抽象的形式加纯粹抽象的意蕴。真正的艺术既不是纯粹再现的，也不是纯粹表现的。显而易见，这是一种极端的形式主义理论。

（二）“有意味的形式”的理论背景和现实艺术实践

要正确理解和把握贝尔的“有意味的形式”理论，需要从理论背景和现实艺术实践两方面来进行。形式主义作为西方现代美学的一个重要组成部分，并不是凭空产生的，它的起源可以追溯到康德。在《审美判断力批判》中，康德认为“美是对象的合目的性的形式”，美的概念不涉及欲念及概念，只是一种纯粹的形式的存在。康德的这一理论经叔本华和尼采的传递，在 19 世纪末 20 世纪初的英国，在克莱夫·贝尔与罗杰·弗莱理论中得到进一步发展。

其次从艺术实践方面来看，19 世纪末，注重再现现实的古希腊艺术、文艺复兴艺术和 19 世纪以前的诸艺术受到猛烈抨击，对形式的强调逐渐成为一种潮流。尤其以塞尚为代表的后期印象主义彻底抛弃了绘画的再现性因素，力图重新构建出一种符合主观抽象感性的绘画形态。从此形式主义思潮影响和主宰了整个西方艺术，而一直崇尚原始艺术、拜占庭艺术、东方艺术的贝尔则提出“有意味的形式”，对这一思潮进行美学上的辩护和总结，也是理所当然的。贝尔正是从反对传统再现出发，认为它不过是一种暗示日常感情、传达信息的手段，使人产生无关的联想，使人们从超凡脱俗的审美境界回到尘世，阻碍了审美情感的产生。“再现艺术往往是艺术家低能的标志”，“描写入微是现实主义的核心，是艺术的脂肪性病变”。

(三)“有意味的形式”的理论贡献与局限

“艺术是有意味的形式”，被人们看做是解释现代艺术的最令人满意的理论，认为它脱离了“内容和形式”这一机械模式，使形式获得了自律和自由。作为一个新的美学命题，“艺术是有意味的形式”和克罗齐的“艺术即直觉”、桑塔亚那的“美是对象化了的快感”等命题一样，在 20 世纪初的西方美学界曾闪耀过耀眼的光芒。但是用今天的眼光来看，这一理论的缺陷也是很明显的。首先它是一种循环论证，即形式和意味两方面互相论证，用形式来说明审美情感，反过来又用审美情感来说明艺术形式；其次，完全脱离人类具体的社会历史实践来侈谈抽象的意味和抽象的形式，只会走向神秘主义和不可知论的死胡同。

三、推荐版本

《艺术》，克莱夫·贝尔著，周金环、马钟元译，滕守尧校，中国文联出版公司，1984 年版。

《艺术》，克莱夫·贝尔著，薛华译，江苏教育出版社，2005 年版。

第八节 《艺术的涵义》(1975 年)

一、作者简介

德西迪里厄斯·奥班恩 (Desiderlus Orban , 1884—1986)，澳大利亚著名美术家、哲学家、教育家和作家，曾被选为联合国教科文组织澳大利亚视觉艺术委员会主席。奥班恩 1884 年 11 月 26 日生于匈牙利，1902 年进入布达佩斯大学攻读物理和数学，1906 年到巴黎学习绘画，与现代艺术大师马蒂斯、毕加索相识，并深受其影响，从此献身于绘画事业，荣获过西班牙巴塞罗那国际展览会金质奖。1939 年定居澳大利亚悉尼。《艺术的涵义》是奥班恩晚年的一部成熟之作，并没有周密的理论架构，而是于随笔式行文中表露了作者对艺术的真知灼见。

二、内容精要

(一) 画匠和艺术家的差别

画匠和艺术家之间的差别是贯穿《艺术的涵义》的基本思想。奥班恩认为区别两者的永恒准则是：“创造等于艺术的论断，应该成为所有致力于建立某种艺术观念的基础。即使是想解释最细小的问题，如一幅画是艺术家的作品还是画匠的产品，也应该从这种角度来认识”。依据这一原则，奥班恩勾勒了艺术家和画匠的不同之处。

1. “画匠用的是基于日常经验和记忆的机械的观察方法”，“由于缺乏创造想象力，画匠被动地模仿自然”。而艺术家是“怀着创造精神观察自然，从形体、色彩和空间的诸方面来看待自然时，客观构造就被他的视觉感受所代替了”。

2. 画匠是根据教条和原则来工作，目标是使一幅画成为情节性的作品。而在艺术家的作品里，情节是副产品，而不是目的。奥班恩把绘画因素（形体、色彩、空间）看成是创造性作品的内容，显然受抽象艺术的影响。

3. “画匠的快乐常常是建立在他的尘世的成功的基础上的”。他们更多地考虑金钱和得失。而“对于艺术家来说，创造的过程远比结果更有吸引力”。

4. “画匠担当不起自由和责任”，“因为他们害怕责任感而把创造力推置一边，他们绝不会相信创造中的自由和责任不可分割地连接着”。“艺术家的创造性自由是在精神的高度上，与创造的责任不可分割地联系着的”。奥班恩认为：“没有责任的自由是混乱，没有自由的责任是奴化。”

（二）艺术的本质是创造

奥班恩划分艺术家和画匠的界限，目的在于通过排除非艺术的东西，来揭示艺术的含义。

艺术的本质在于创造。“艺术作品的本质，不在于它告诉我们情节，也不在于它显示的技巧，而在于通过风格和富于想象的内容，揭示出来的创造的特性”。他深信：“每个时代中艺术一直在变化，变化是艺术的共同准则——创造性。”他认为，创造性是人与生俱来的一种精神特性，多数人失去了这种天赋归咎于束缚想象力的家庭和学校教育。

（三）艺术功能的实现

对艺术本质的发现，直接影响了他对艺术功能含义的理解。奥班恩认为，“没有人能用语言来表达广义上的精神的含义，它只能通过观看优秀的原作以个人的体验来发现……”，“艺术的功能是把我们的精神生活提到日常事务的枯燥单调之上”。“艺术对我们的目的和习惯起着持久的影响”。

奥班恩把艺术功能的实现，看成是观众和艺术家之间密切的精神上的融合，对艺术家由作品中所散发出来的创造性的感受，需要欣赏者也同样怀着创造精神去体验。正是在这个意义上，他提出了“看画”和“读画”的区别。他认为，“看画”只能看到画的表面，“只能看到情节”，而“读画产生一种大多数外行从未体验过的激动和一种画匠确实无法知道的意味”。奥班恩所说的“读画”是对于创造性艺术作品而言的。能“读画”的观众才能进入艺术家创造的新世界，而“看画”者缺乏与艺术家精神上的融合。

三、推荐版本

《艺术的涵义》，奥班恩著，孙浩良等译，学林出版社，1985年版。

第九节 《艺术形态学》(1972年)

一、作者简介

卡冈(M.C.KaΥaн,1921—),前苏联著名美学家、哲学家,1944年毕业于列宁格勒大学语文系,毕业后一直在该校任教。卡冈学术兴趣广泛,是位多产的学者,他的主要研究方向是美学理论发展的现实问题,同时也涉及俄国和西欧美学思想问题。据1961年《列宁格勒大学校刊》报道,他当时的学术论著已达200种以上。他在美学上倡导系统分析方法,在国内外学术界享有较高声誉。主要美学著作有《车尔尼雪夫斯基的美学学说》、《论实用艺术》、《马克思列宁主义美学讲义》、《艺术形态学》、《人类活动》,另外还主编了《美学史讲义》。卡冈的《艺术形态学》是前苏联美学中第一部探讨整个艺术世界内部结构规律的著作,自1972年出版后,曾在苏联美学界和文艺理论界引起激烈的争论。

二、内容精要

卡冈对艺术形态学作的概念界定是:“形态学——这是关于结构的学说。”文艺形态学作为美学的一个领域,是研究艺术世界内部的结构。在《艺术形态学》这部著作中,卡冈总的指导思想是把文艺看做某种内部组织起来的、合乎规律地被安排、被调节的整体,而不是杂乱无章的堆积。他根据这个指导思想研究了艺术创作活动的分类问题,目的是寻求和发现各门艺术反映现实的特征和规律,以便自觉地认识和掌握。

(一)揭示艺术创作活动分类的所有重要水准

卡冈把文艺样式的划分作为形态学分类的中心,而文艺的每个样式本身又可以进行品种、种类和体裁诸水准的划分。这样,类别、门类、样式、品种、种类和体裁等形成了文艺形态学的术语系统。卡冈认为,以作品的现实存在为基础的本体论原则,应该成为首要的和原初的分类原则。根据文艺作品为各种物质结构所显示出来的联系和差异,可以把文艺分为三个类别:空间艺术、时间艺术和空间时间艺术。

同时,艺术分类的本体论原则要求符号学原则来补充。文艺可以以两种方式反映世界:第一种,以现实外貌反映世界;第二种,不显现现实世界。在第一种情况下,形象符号具有再现性;第二种情况下,符号系统具有非再现性。例如,在空间艺术中,绘画、雕刻、摄影艺术的语言具有再现性,建筑、实用艺术的语言具有非再现性。文艺的三个本体论类别(时间艺术、空间艺术和空间时间艺术)和三个符号学类别(再现艺术、非再现艺术和再现非再现艺术)相互交叉,就产生出九种艺术门类:语言艺术、音乐艺术、语言创作和音乐创作综合体，造型艺术、建造艺术（包括建筑、实用艺术等）、造型创作和建造创作综合体，表演艺术、舞蹈艺术、表演创作和舞蹈创作综合体。这九种艺术门类囊括了历史上形成的所有艺术活动形式。

（二）揭示文艺分类标准的联系，理解其内部组织规律

在这个问题上，卡冈所依据的方法论立场是“光谱系列”概念。区分文艺的毗邻的样式、品种、种类或者体裁的疆界，不是不可穿透的墙壁或者不可逾越的鸿沟，而是一种现象向着另一种现象过渡的边缘地带。这种过渡不是急剧的、跳跃式的，而是平稳的、逐渐的，它在两种因素形态的广阔地带中展开。

在文学中，这种光谱由散文向诗歌的运动而形成，在音乐中则由所谓“纯音乐”向再现音乐的运动而形成。在空间艺术和时间空间艺术中，也可以看到类似的规律。卡冈还从“光谱系列”的概念出发，分析了各种文艺门类的内部构造，以及艺术世界和非艺术世界的相互联系。

（三）从发生学观点研究文艺系统形成的过程

在进行文艺形态学研究时，卡冈所要达到的第三个目标是从发生学观点研究文艺系统形成的过程：历史研究——研究这个系统不断演变的过程——研究它可能发生的变易的前景。

1. 卡冈揭示出人的艺术活动作为混合活动形成的规律性。原始艺术和非艺术领域混为一体，因为原始人对世界的认识、理解和评价还不是独立的行动，它们只有在与实践行为的统一中才能实现。同时，原始意识尚不能区分物质和精神、自然和人、现实和幻想、实践和想象。

2. 卡冈分析了原初的艺术混合性解体和独立艺术结构形成过程的规律性。原初的艺术混合性解体的原因是为了使人能够充分地和专门地从事艺术体验，使他的现实活动能够得到艺术中的“生活”的补充。

3. 卡冈论述了艺术发展高级阶段新艺术形式的产生和某些旧创作形式衰亡的规律性。由于艺术的技术基础的扩大，艺术创作一系列新形式得以形成。另一方面，由于社会存在和社会意识的改变，文艺中的某种分支则枯萎和凋落了。

4. 卡冈探讨了艺术整体化过程的规律性。文艺的形态学变化并不局限于创作的原始混合方式的解体过程，取得独立存在的艺术通过相互作用，也可以产生新的复杂的艺术结构。

三、推荐版本

《艺术形态学》，卡冈著，凌继尧、金亚娜译，学林出版社，2008年版。

第十节 《情感与形式》(1953 年)

一、作者简介

苏珊·朗格（Susanne K. Langer，1895—1985），德裔美国人，著名哲学家、符号论美学代表人物之一，生于纽约，先后获哲学、文学博士学位，曾在美国哥伦比亚大学、纽约大学等校任教。主要著作有《哲学新解》、《符号逻辑导论》、《情感与形式》、《艺术问题》、《哲学随笔》、《心灵：论人类情感》等。其艺术哲学全面继承、发展和完善了卡西尔的符号论，使符号论美学在 20 世纪 40—50 年代达到鼎盛，产生了巨大影响。没有人能够否认，她是迄今为止美学史上女性学者中最为出色的一位。美国一位评论家说："战后十年，在美国几乎没有一种艺术哲学比苏珊·朗格所阐述的理论占据更大的优势。"

二、内容精要

《情感与形式》分为三个部分：艺术符号、符号的创造、符号的力量。这三部分有机地组成一个对艺术问题研究的完整的理论体系。首先，苏珊·朗格把艺术问题提升到哲学的角度，然后具体分析艺术符号的创造，不仅探讨了某几种艺术的相对独立性，而且也关注到其本身作为艺术的基本统一性。最后，通过艺术符号的表现力及作品与观众关系的研究，探寻艺术"传达"的问题。苏珊·朗格作为符号主义美学的一个重要代表人物，关注艺术情感符号的创造，但是在研究探讨这一问题上，与她的老师卡西尔所侧重的却不同。她并不是从人类文化的角度看问题，而是关注具体的艺术活动的个别现象，从而使符号创造活动和理解活动给人以更为清晰的印记。

（一）艺术符号

苏珊·朗格认为，人本能的智力活动就是符号活动，但是智力活动之间存在着差别，对此她重点探讨了语言与艺术。认为语言是一种推理形式的符号体系的的逻辑结构中所包含的对象之间是同一性关系，这种明确与固定排除了情感的混沌、矛盾状态。而艺术是表现符号体系，它包含了多种复杂含义的综合体，必须直接呈现在人类知觉面前。因为它的不确定性，所以留给了人类更大的余地，并使其本身的包容量和承载能力均发展到最大程度。在苏珊·朗格看来，艺术比语言更能呈现符号的基本功能——将经验客观地呈现出来供人们观照、认识和理解。

在艺术本质问题上，苏珊·朗格认为艺术并非自我表现，而是人类普遍情感的表现。在艺术创造过程中，艺术家借用具体真实的情感、知觉和想象，进行情感概念的抽象，其抽象出的形式即成为情感符号。这是从真实到虚幻的过程，但同时也是从个别到普遍的过程。苏珊·朗格认为艺术的抽象不同于语言的抽象——不是概念，也不是某一类相似事物中的共同形式，而是体现情感结构的可感形式。这种可感形式虽然仍是具体事物，但却包含了比现实某物多得多的内容，强烈地透露着人类的情感。她如何使具体事物表现为艺术抽象呢？其途径是制造虚像。断绝这个某物与现实的一切关系，并使其外观表象达到高度的自我完满，成为一个不用分析解释便可直观把握的概念性形式。

（二）符号的创造

在具体探讨“符号的创造”时，苏珊·朗格从意象入手，认为当艺术品作为纯粹的视觉形式与实物没有实际的关联时，就变成了意象。而意象的实质乃是抽象之物，荷载着思想，所以艺术是以幻象或类似幻象为媒介的范型化，使事物的形式抽象地呈现它们自身。由此苏珊·朗格认为艺术分类取决于基本幻象。绘画、雕塑、建筑呈现了“虚幻的空间”；音乐表现了“虚幻的时间”；舞蹈则是一种在连续的“虚幻时间”上可见的“虚幻的力”；诗的材料是语言，它所描述的事件也非现实的，只是纯粹的意象；戏剧实质是一种诗的艺术。那么它的意义在何处呢？苏珊·朗格认为艺术并不是我们要借助其探求某种有形之物，而是引导我们去体味与之关联的象征，进行一种关于感觉性质的超然的思考。因此，艺术创造的关键在于抽象形式，它的过程有三步：首先要使形式离开现实，赋予它“他性”，“自我丰足”，使之只是纯粹的表现，无现实里的功能；其次，使形式具有可塑性，可去表现什么而非指明什么，是可想象、能表现或使人能体味的情感之物，与实际生活分离，抽象化而成为游离的概念上的（即脱离概念）虚幻之物；最后使形式“透明”，“透明性”是艺术的最高特性。在这里，苏珊·朗格更注重逻辑地表现的情感，而轻视艺术品呈现的实际意义引起的情感。认为前者表现的是人类情感，而后者则倾向于个人情感，如果被模仿对象的意义分散了我们的注意力，我们就不会发现艺术形式的情感内容，透明性也就不存在了。可以看出苏珊·朗格对艺术本质的看法实际上就是基于情感与形式的关系。

（三）符号的力量

苏珊·朗格认为一件艺术品的情感价值在于智力水平，而不在于其基本含义。因为艺术品所表现的知觉、情感、情绪的过程，以及旺盛的生命力本身，用任何词汇都难以准确表达。因此，艺术品的各因素，只有在典型情境和动作中，被形象地反映出来时，我们才能经过推理认识它们，我们把它们叫做联系条件。如何使一件艺术品的意义不仅能被其创造者所了解而且能被每个人所了解，这需要直觉的基本理性活动来认识艺术符号的意义。在艺术真实与虚假问题上，苏珊·朗格认为艺术就是对情感的处理，但缺乏坦率从而受到严重歪曲的艺术是低劣的艺术，它让人看不明白。优秀艺术的标准在于它把握人的思维和表露一种人们信以为真的情感的能力。对于观众来说，为了理解艺术，必须具备反应敏锐的能力，这样才能体悟到表现力。那么艺术符号的力量到底何在呢？苏珊·朗格认为它影响了生命的质量，因为它规定和发展了人类的情感，这就是艺术符号的社会功用。

三、推荐版本

《情感与形式》，苏珊·朗格著，刘大基等译，中国社会科学出版社，1986年版。

第十一节 《艺术与视知觉》(1954年)

一、作者简介

鲁道夫·阿恩海姆（Rudolf Arnheim，1904—2007），生于德国柏林，1928年获柏林大学哲学博士学位，1939年移居美国，后加入美国国籍，曾任美国美学学会主席。他广泛地研究了许多与美学有关的心理学课题，他的美学思想是以格式塔心理学为基础的，是格式塔心理学美学流派的代表人物之一，著有《艺术与视知觉》、《视觉思维》、《走向艺术的心理学》等。

二、内容精要

《艺术与视知觉》写作目的之一就是通过对视觉效能的分析来指导视觉并恢复它的效能。从平衡、形状、形式、发展、空间、光线、色彩、运动、张力和表现等十个方面探讨了艺术中的视觉问题，本书将格式塔心理学运用于对视觉艺术的分析，在艺术方面提出了很多有价值的见解：艺术是建立在知觉的基础上理解自己和生活的一种工具，艺术的本质就在于它是理念及理念的物质显现的统一；视觉艺术不是诸要素的简单相加和机械的复制，而是对整体的结构式样的把握；艺术的表现性不在移情，而在于结构等。本书系统地阐述了格式塔心理学美学的主要理论，成为格式塔心理学的扛鼎之作。英国美学学会主席赫尔伯特·里德说它是“系统地尝试将格式塔心理学应用于视觉艺术的一本极为重要的著作，艺术心理学的各个方面第一次获得了科学的基础”。

（一）理论来源及其依据的原则

格式塔（完形）心理学认为，视觉不是对视觉对象的各种要素的机械记录、简单相加，而是对结构样式的整体把握。本书就是以此为基础进行分析的。作者美学思想依据的完形心理学原则主要有知觉结构说、大脑力场说和同形同物说。“知觉结构说”认为，知觉结构是一种特殊的“力的结构，即对力的感受结构”，审美经验是一种对“具有倾向性”（不动之动）的张力的体验，张力结构是由知觉对象本身的结构骨架决定的，这种张力在本质上是生理力的心理对应物。“大脑力场说”认为，大脑力场按照韦特默组织原则（相近原则、相似原则、方向原则和闭合原则）进行恢复平衡、完形组织的活动。“同形同构说”认为，引起大脑的相同皮质过程的事物，即使在性质上截然不同，但其力的结构必然相同。

（二）艺术中的视知觉问题

阿姆海姆强调视觉在知觉中的重要地位，认为知觉实际上是大脑皮层按照韦特默原则将视觉刺激转化，传达给生物有机体的过程。艺术作品以主体的知觉为主体，与知觉的协调相关。艺术中视觉问题的产生关键在于将视觉现象简单化、机械化。但视觉形象绝不是机械复制的结果，而是对现实的创造性把握，是对象的刺激形象经视觉能力加工的结果。视觉的形象具有美的特性，是想象的、敏锐的、创造的。艺术的表现力的根源在于艺术形象中有审美对象的刺激力，而艺术的丰富表现力源于人脑的记忆和想象效能，源于人的情绪体验。人的形体与心灵相对应，当艺术作品的形式与人的形式相类似时，便在人的精神中唤起情绪反应，艺术形式与情感生活的联系即建立在这种同形结构上。欣赏者不是单纯、被动的接受者，而是处于一种激动的参与状态中，作品的物理样式，经过欣赏者的视觉、知觉加工被类似地然而是升华地复制了出来。

（三）关于艺术

作者给艺术下了个定义：“艺术的本质，就在于它是理念及理念的物质显现的统一。”“理念”是指对于对象在知觉中整体把握的情感表现性和思想意义等，“理念的物质呈现”则指艺术家凭借某种物质媒介所选取的用以表现这一整体把握的形式结构。艺术要求意义的结构与呈现这个意义的式样的结构之间达到一致（即“同形”）。一件作品要想成为名副其实的艺术品必须满足两个条件：一是它必须严格与现实世界分离，二是它必须有效地把握住现实事物的整体性特征。

在艺术思维上，他认为“知觉概念”是艺术思维的基础，“再现概念”则是艺术思维的完成。知觉可以创造出一种与对象相对应的一般形式结构，这种结构具有整体性和普遍性的特点，这正是概念所具有的特性，因此阿恩海姆称之为“知觉概念”。“‘再现概念’是指某种形式概念。通过这种形式概念，知觉对象的结构就可以在某种特点性质的媒介中被再现出来”。

三、推荐版本

《艺术与视知觉》，鲁道夫·阿恩海姆著，滕守尧、朱疆源译，中国社会科学出版社，1984 年版。

第十二节 |《艺术与错觉》(1960年)

一、作者简介

贡布里希（Ernst Hans Josef Gombrich，1909—2001），英国美学家、艺术史家，1909年生于奥地利维也纳，后移居英国并入英国籍。他1936年起就职于伦敦大学瓦尔堡学院，并在牛津大学、剑桥大学等大学任客座教授，曾荣获史密斯文学奖、奥地利科学与艺术十字勋章、黑格尔大奖、法兰西学院勋章等荣誉，以及牛津、剑桥、哈佛、伦敦等大学的名誉博士学位。

贡布里希被称为西方传统美术史意义上最后一位大师。作为人文主义的学者，他是一位百科全书式的人物，就像宝石那样，每面都闪耀着光芒。其代表著作有《艺术的故事》、《艺术与错觉》、《秩序感》、《图像与眼睛》、《艺术与人文科学》、《象征的图像》、《文艺复兴：西方艺术的伟大时代》、《木马沉思录》、《艺术与科学》、《理想与偶像》等。其中，有"西方美术史圣经"之称的《艺术的故事》已被译成30种语言，仅英文版就印刷了70次，数量在600万册以上。《艺术与错觉》的英文版也印刷了30次，被译成了18种语言。

二、内容精要

《艺术与错觉》的主题旨在回答艺术为什么会有一部历史，重新检验了许多在我们看来已经理所当然的观念，改变了我们对一些关键性问题的理解。作者在论证中广泛涉猎了大量的古典文献和现代科学的许多分支，使其论题不仅具有渊博的知识基础，而且还获得了科学的精确性。这部著作出版于1960年，至今仍在艺术界、美学界、哲学界引起广泛的讨论，已经成为20世纪西方思想史上的重要文献，不仅在人文科学领域产生了重大影响，而且也影响到了自然科学领域。

有学者称"E. H. 贡布里希最具革命性和刺激性的贡献就是《艺术与错觉》"，"这是一部不断令人思索、不断产生硕果的著作，因为它让我们重新看待了艺术批评、艺术鉴赏和艺术史如此众多的假定，它所涉及的范围远远超越了它所叙述的界限"。

（一）关于艺术模仿自然的理论和视觉知觉的理论

贡布里希是传统艺术模仿自然理论的最有力的批评者。在他看来，所谓模仿自然实质上不过是按等效关系把客体整理为艺术手段（模式、语汇、图式等）所能容纳的表现形式。贡布里希的模仿论大体上是建立在认知心理学派的基础上的，强调视觉过程不是客观世界的简单映像，而是主动的认识过程，其中包括对客体的假设、推理和理解，包括依靠事先的主观期待和图式作参照系统、把瞬间的信息组织起来的最终形成知觉。既强调先验的秩序感，又强调经验图式的巨大作用。

（二）关于透视法

映射关系渗透在各个学科之中，具体到艺术再现，跟它所对应的“艺术表现世界”之间也是一种映射关系，这就是《艺术与错觉》中所说的“转换”。艺术中的透视法就是一种著名的映射法则。映射既是一种对应关系，当然必须有集合甲和集合乙，而且二者必须存在某种关系，依靠这种关系可以从一方得出另一方。《艺术与错觉》对这些现象举例丰富，阐述精当，从映射观点看，可以清楚地看出贡布里希论点的本质、艺术跟其他学科的关系，以及艺术学跟现代学术思想的密切联系。

（三）关于语言和艺术的关系

语言在 20 世纪得到了空前的重视，现代语言学在艺术、文学、哲学、心理学以及其他社会科学中所起的作用，多少有点像数学所起的作用。贡布里希在《艺术与错觉》的论证中，经常用艺术同语言和修辞作比较，反复地强调了语言和艺术的相似之处。

从柏拉图以来，在图画和语言之间常作的比较就是把语言看作程式符号，而图画或形象则是自然符号。贡布里希则否认这种传统区分。不过，绘画的真实性受自然的限制，语言的任意性不受自然的限制，这是显而易见的。至于抽象艺术和一切非具象艺术，如果它们解除了自然形象的约束，自然就走向了语言符号的一方，如果它们还在一定程度上受自然形象的约束，那么它们就还不是彻底地与自然符号的决裂。

三、推荐版本

《艺术与错觉》，E. H. 贡布里希著，林夕等译，湖南科技出版社，2004 年版。

第十三节 | 《电影的本性》（1960 年）

一、作者简介

齐格弗里德·克拉考尔（Siegfried Kracauer，1889—1966），著名批评家、社会学家和电影理论家，生于法兰克福，卒于美国纽约。他早年当过报刊编辑，1933 年因遭纳粹迫害流亡国外，开始艺术史的研究，1941 年定居美国，进行电影史和电影理论的研究。主要著作有《雇员们》、《大众装饰》、《宣传和纳粹战争片》、《从卡里加里到希特勒》和《电影的本性》等。其中影响最大的是《电影的本性》一书。

二、内容精要

克拉考尔是公认的西方写实主义最具代表性的电影理论家，《电影的本性》是他最具影响力的代表作品。他在书中建立起一个完整而严密的电影理论体系：从电影是“物质现实的还原”这一基础命题出发，阐明电影的全部功能是记录和揭示我们周围的世界，而不是讲述虚构的故事。他的结论是：只有拿着摄影机到现实生活中去发现和拍摄那些有典型性的偶然世界，才能拍出符合电影本性的影片。本书被誉为“有史以来最重要的电影美学专著”。克拉考尔在书中力求界定电影的特殊性。他的出发点是：电影与一切艺术不同，它是展示原初素材——即现实本身的唯一艺术。因此，电影工作者的目的是揭示现实，而不是提供自己的内心想象。艺术家在组织自己的印象时，必须选择那些能再现现实和揭示现象的东西。

《电影的本性》论述了电影的三个特性：电影演员不同于舞台演员的技能和职能；电影音乐的美学职能、电影和小说的异同、电影观众在故事片和非故事片两大片种中的重点审美心理特征；从多方面进一步论证了电影的照相本性和电影的艺术功能。

（一）电影的基本特性：照相的特性

电影是照相的产物，照相的特性是电影的基本特性。克拉考尔认为他的理论体系是一种实体的美学，而不是一种形式的美学。他关心的是内容，立论基础是：“电影按其本质来说是照相的一次外延，因而也跟照相手段一样，跟我们的周围世界有一种显而易见的近亲性。”照相的结果是未经改动的现实，而摄影机抓住瞬息即逝的自然形态则更是不可能加以改动了。

（二）电影的第二特性：技巧特性

电影应当记录物象，但并不能停止在记录上，它还具有揭示现实世界本身固有意义的功能，这就构成电影的第二特性，即技巧特性。在电影的各种技巧特性中，“最一般但又不可缺少的是剪辑”。克拉考尔声明《电影的本性》的任务“不在于孤立地论述一切可能有的剪辑方法”，而是“在于确定剪辑在高度电影化的作品中可能起的作用”。“在某种情况下，有意识地运用一大堆技巧的结果，也会使一部本来将是非现实主义的影片获得一种电影化的情趣”。

（三）电影的第三特性：形象真实性

电影应当追求形象的真实，所以一切抽象的真实，包括内心生活、思想意识和心灵问题，都是非电影的，“一部影片愈少直接接触内心生活、意识形态和心灵问题，它就愈富于电影性”。电影是纪实的，作为一个电影导演应该遵循电影的基本特性，关心物质的现实，但当导演将注意中心转移到历史题材或踏入幻想王国时，便有违反电影基本特性的危险。对于历史题材，克拉考尔提出解决途径之一“是把重心从故事本身转向摄影机面前的现实”，另外就是要“善于利用被再现的时代的画面材料”，以达到真实可信的效果。对于物质之外的幻想题材的作品，克拉考尔也提出了使其电影化的解决方法。

三、推荐版本

《电影的本性》，克拉考尔著，邵牧君译，江苏教育出版社，2006 年版。

第十四节 │ 《论音乐的美》(1854 年)

一、作者简介

爱德华·汉斯立克（Eduard Hanslick，1825—1904），奥地利音乐学家、评论家、美学家，1825 年 9 月 11 日生于布拉格，1904 年 8 月 6 日卒于巴登。他早年在布拉格和维也纳学法律和哲学，获博士学位，1856 年被任命为维也纳大学美学和音乐史讲师，1861 年被聘为教授。他是 1867 和 1878 年巴黎博览会及 1873 和 1892 年维也纳博览会音乐部的评审员。

汉斯立克提倡纯音乐的理论，认为“音乐就是音响运动的形式”，奠定了近代自律论音乐美学的理论基础。他反对浪漫主义美学的激情论和启蒙主义者认为语言音调决定音乐表现力的观点，而以康德派的赫尔巴特的美学观点为依据，坚持形式主义美学的立场。他的观点对西欧的音乐学有很大影响，是里曼和阿德勒音乐风格理论的基础，其影响至今犹存。他推崇巴赫、亨德尔尤其是贝多芬，认为舒曼是贝多芬以后最杰出的作曲家，赞扬同时代的勃拉姆斯，欣赏比才的《卡门》。他有多方面的艺术修养，文笔隽永，主要著作有《论音乐的美》、《维也纳的音乐会史》、《现代歌剧》、《我的生平》等以及大量评论文章。

二、内容精要

在 19 世纪末，汉斯立克《论音乐的美》一书在当时西方音乐界引起强烈的反响，书中阐述了他的音乐自律美学思想，并用这种美学思想来重新认识音乐的美。他的著名论点是：“音乐的内容就是音乐运动形式”，“美的事物不需要产生什么情感效果，本身就是完美的”。他从自律美学的角度论述了音乐的实质，剖析了音乐艺术与其他艺术之别，解释了音乐中很多难以回答的问题，对当今的音乐教育仍然有指导意义。他能帮助人们正确认识音乐特殊性，解决人们在音乐认识上的困惑，让更多的人认识音乐的美，享受音乐的美。汉斯立克是西方自律论音乐美学的奠基者，《论音乐的美》是西方音乐美学方面的巨著，具有十分重大的理论价值，它的问世形成了西方音乐美学领域自律论与他律论二元并存的思想局面，树立了西方自律论音乐美学的一座丰碑。

（一）音乐的表现对象

汉斯立克首先从否定方面的命题入手，坚决地反对那种广泛流行的认为音乐是“表现情感”的观点，指出：“表现确定的情感或激情完全不是音乐艺术的职能。”其次，音乐艺术与其他艺术一样也应当遵守“审美探讨的研究对象，首先是美的物体，而不是感受着的主体”这一原则。再次，“音乐只能表达那些各种各样附加的形容词，绝不能表达名词本身”。这也就是说音乐只能表现情感的“力度”。

（二）音乐美

汉斯立克认为：“音乐美是一种独特的只为音乐所特有的美。这是一种不依附、不需要外来内容的美，它存在于乐音以及乐音的艺术组合中。”音乐的原始要素是和谐的声音，其本质是节奏。作曲家用来创作的原料是能够形成旋律、和声和节奏的全部乐音，占主要地位的是旋律，它是音乐美的基本形象；和声带来了千姿百态的变化、转位，增加它不断提供给的新颖的基础，是节奏使二者结合得生动活泼，这是音乐的命脉，而多样化的音色给它添上了色彩的魅力。自然法则以及由此产生的在乐音体系中存在的否定的内在理性，这就是乐音体系能取得积极的美的内涵之根源。

汉斯立克从三个方面确定了“音乐美”的概念。(1) 虽然音乐也跟同时代的文学和造型艺术的创作一样，与当时的文艺、社会和科学的动态，与作家的经验和信条都有联系，但是，这些是属于艺术史而不是纯粹审美范围的事情。(2)“音乐美”从来也不是以整齐和对称为内容的。“对称”只是表示关系的概念，而“音乐的感觉却要求层出不穷的新的对称形式”。(3) 反对把语言与音乐相提并论，认为语言的本质和音乐的本质具有不同的重点，其他的特点都是以这个重点为中心。“音乐特有的一切规律都围绕着乐音的独立意义和乐音的美转动，一切语言规律围绕着正确地应用语言来达到表达的目的而转动”。并且，汉斯立克还指出，“音乐永远不可能‘上升为语言’，因为音乐显然该是一种提高了的语言”。

三、推荐版本

《论音乐的美》，爱德华·汉斯立克著，杨业治译，人民音乐出版社，1980 年版。

第十五节 |《艺术哲学》(1865—1869 年)

一、作者简介

伊波利特·丹纳（Hippolyte Taine，1828—1893），法国史学家兼文艺批评家，1828 年出生于法国的一个律师家庭。他从小就显示出学者的素质：博闻强记，善于思辨。他的老师面对这位文理兼优的学生，曾预言他将成为“为思想而生活”的人。他没有辜负老师的期望，1848 年以名列榜首的成绩考入巴黎高等师范学校哲学系。罗曼·罗兰曾经说过，只要进入这所“人文主义修道院”，便获得了在思想界生活的权利。丹纳一进高师，便开始了他作为纯粹学者的一生。在那个科学蓬勃发展的年代中，丹纳早年就研习了医学和生理学。虽然哲学是他的学习专业，但艺术、文学和历史却成为他事业的主体，而科学的影响始终渗透在他的人文科学研究中，他精通英语、语德、意大利语等语言，对于标志学者素养的古典希腊语和拉丁语，也同样通晓无碍。书斋生活是丹纳生命的主旋律，即使旅行也是为了研究学问搜集资料，通过实迹考察拓宽视野。1864 年开始，他被聘为巴黎美术学校教授，开设美术史讲座，直至 1883 年。1878 年他当选为法兰西科学院院士。著有《拉封丹及其寓言》、《英国文学史》、《19 世纪法国哲学家研究》、《论智力》、《现代法兰西渊源》、《意大利游记》、《艺术哲学》等专著。

二、内容精要

《艺术哲学》一书原按讲课进程陆续印行，次序及标题与定稿稍有出入：1865 年先出《艺术哲学》(即今第一编“艺术品的本质及其产生”)，1866 年续出《意大利的艺术哲学》(即今第二编“意大利文艺复兴期的绘画”)，1867 年出《艺术中的理想》(即今第五编“艺术中的理想”)，1868 至 1869 年续出《尼德兰的艺术哲学》和《希腊的艺术哲学》(即今第三编“尼德兰的绘画”、第四编“希腊的雕塑”)。丹纳的《艺术哲学》一书是他的代表作，集中反映了其艺术思想和哲学思想。丹纳深受 19 世纪自然科学的影响，特别是达尔文进化论的影响。同时，他还深受德国哲学家黑格尔和法国哲学家孔德的影响。提出了自己的实证主义文艺理论。

(一)“种族、时代、环境”三元素说

丹纳在《艺术哲学》中以欧洲文艺复兴时期的意大利绘画、尼德兰绘画和古希腊的雕塑为例，以艺术发展史实为依据，强调了种族、环境、时代等三个因素对精神文化的制约作用，并认为在三个因素中，种族是“内部动力”，环境是“外部压力”，时代则是“后天动力”。

我们从丹纳的三元素说可以看到民族特性对艺术家和作家的人生态度、理想、性格、情感等方面的持久性的影响，也可以看到环境、社会意识、时代精神对文化艺术发展的决定性作用。所以，丹纳在《艺术哲学》中，从三元素理论出发，详细论证了他的看法。他认为，因为种族的不同，造成日耳曼民族的艺术与拉丁民族的艺术不同，前者更浑朴，后者则更精致；因为自然环境的不同，所以意大利绘画多表现理想的优美人体，而尼德兰绘画多表现现实的甚至是丑陋的人体；因为时代不同，所以古希腊人能够创造出简单而静穆的伟大作品，而现代人只能创作出孤独、苦闷、挣扎的艺术。这些观点无疑极具启发性，当时很多的文艺研究主要从既有观念出发，或仅仅围绕作品情节、人物进行研究，经常把人物孤立于其所生活的环境，不能从更广泛的社会、历史角度去考察。因此，丹纳的三元素说无疑是开一代风气之先河，为以后的实证主

义艺术理论奠定了坚实的基础。

（二）艺术批评的三种尺度

丹纳还认为，艺术批评不是随意的、主观的，而是有着自己的客观标准的。这个标准就是他提出来的艺术批评的三种尺度，即艺术品表现事物特征的重要程度、有益程度、效果的集中程度。理解丹纳的三个尺度，需要首先理解他的“特征”概念。

在丹纳看来，一切事物的特征都是处于主要地位的，正是这种处于主要地位的特征，使得此事物区别于他事物。因此，他认为，艺术的本质在于把一个对象的主要特征表现得越占主导地位越好，越明显越好。艺术家为此要删去那些遮掩到主要特征的东西，重点表现的是具有主要特征的东西。因而，艺术品的目的是要表现某个主要的或突出的特征，也就是某个重要的观念，这要比实际事物表现得更清楚更完全。为了做到这一点，艺术品必须是由许多互相联系的部分组成的一个总体，而各个部分的关系是有计划地去改变的。在雕塑、绘画、诗歌三种模仿的艺术中，总体是与实物相符的。由此可见，正是把表现“对象的基本特征”当做艺术本质的观念，导致丹纳提出了衡量艺术作品价值的三个尺度。

“特征重要的程度”，即对于文学作品来说，其价值取决于那个特征的稳固程度与接近本质的程度。在丹纳看来，最稳固、最接近本质的东西，则是种族的特征，因为种族这一因素深刻而持久。所以，深刻而持久的特征对于作品的价值来说是至关重要的。

“特征有益的程度”，则是指艺术所包含的道德教育作用。用丹纳的话说，就是艺术价值在于，如果别的方面都相等的话，表现有益的特征的作品必然高于表现有害的特征的作品。假如两部作品以同等的写作手法介绍两种同样规模的自然力量，表现一个英雄的作品就比表现一个懦夫的作品价值更高。

“效果集中的程度”，是指艺术作品各个方面的元素通力合作去表现特征的程度。因为只有把元素所有的效果集中的时候，特征的形象才格外显著。对于文学作品来说，效果的集中主要表现在人物、情节、风格三者之间要保持平衡、和谐配置。

从艺术研究与批评的角度来说，丹纳是从社会学角度探讨艺术作品及其属性的，因而必然要探讨有关社会因素对文艺创作和发展的影响乃至决定作用。此种研究方法对于文学艺术来说，提供一种注重从文学艺术外部进行研究的新视角。

因此，丹纳的社会学角度，特别是从这一角度对许多文艺现象所作的解释是十分可贵的。与他同时代的马克思主义学说，也注重从文学艺术的外部来研究，同时揭示了人类社会文化发展的根本动力是经济基础。经济基础与上层建筑中的文学艺术之间存在着一种复杂的互动关系，这种研究较为科学地说明了它们二者之间的关系。因此，丹纳做了很多实证性的研究。但他对精神现象的解释只限于上层建筑领域，而没有触及作为社会基础的经济生活方面，因而使其文学艺术社会学的研究带有明显的局限性。但他毕竟还是从这个角度迈出了重要的一步，为后来的研究者提供了不可多得的参考。

三、推荐版本

《艺术哲学》，丹纳著，傅雷译，人民文学出版社，1963 年版。

第十二章 | 美　学

美学（Aesthetics），是从人对现实的审美关系出发，研究美的范畴、审美意识、审美经验和美的创造、发展及其规律的科学。美学本质上是关于美和艺术的哲学科学，研究的主要对象是艺术，但不研究艺术中的具体表现问题，而是研究艺术中的哲学问题，因此被称为“美的艺术哲学”。

美学研究范围十分广泛，现已呈现出“跨界”趋势，主要涉及美、审美、美的创造、艺术、美育及美学自身等方面问题。今后随着社会和美学自身的发展，美学的研究领域将不断拓展，美学的分支学科也会不断衍生出来。

美学自18世纪中叶成为独立学科以来，出现了很多流派，如客观唯心主义美学、理性主义美学、经验主义美学、启蒙运动美学、表现主义美学、完形心理美学、精神分析学美学、自然主义美学、现象学美学、实用主义美学、形式主义美学、结构主义美学、存在主义美学、解释学美学、符号论美学、接受美学、社会批判美学等。

艺术和美学的关系十分密切。历史上，大量的艺术论著包含着丰富的美学思想，美学也把艺术作为研究对象，文艺学和美学交叉又生成了文艺美学（或艺术美学）。

第一节 | 《美学》（1750，1758年）

一、作者简介

鲍姆嘉通（Baumgarten，1714—1762），1714年出生于德国柏林一牧师家庭，青年时代在哈列大学学神学，毕业后留校任教。他基本上是莱布尼兹和沃尔夫的理性主义信徒，但不满意理性主义哲学对感性认识的贬低和轻视，1735年他首次提出建立一门感性认识的科学，即“美学”，1750年正式以“Aesthetics”命名“美学”，建立了美学学科，因而被称为“美学之父”。他是德国启蒙运动美学的创立者，对康德、谢林、黑格尔等德国古典美学家产生过重大影响。代表著作有《关于诗的哲学沉思录》、《美学》等。

二、内容精要

《美学》共2卷，分别于1750、1758年出版。鲍姆嘉通原构想《美学》包括理论的美学和实践的美学两部分，但由于疾病和早逝，只完成了理论部分中的“发现学”。在《美学》中，他驳斥了反对设立美学的十种意见，初步规定了这门科学的对象、内容和任务，确定了“美学”的独立学科地位。他认为感性认识的完善——即美，凭感官认识的完善是美学研究的美，主张美学既是“关于感性认识的科学”，又是“以美的方式去思维”的科学，还着重探讨了文艺美学方面的问题。该书对整个西方美学思想发展具有重大影响。

（一）美学是感性认识的科学

“美学是感性认识的科学”（作为自由艺术的理论、低级认识论、美的思维的艺术和与理性类似的思维的艺术）。这是鲍姆嘉通给美学下的总定义，同时又在括号里做了四个方面规定。

1. 美学作为自由艺术的理论。即美学是一般的艺术理论。在他看来，艺术作为感性认识包含真，能提供知识，可上升为理论。

2. 美学是低级认识论。它与作为高级认识论的逻辑学是平行的姐妹学科，同属哲学。

3. 美学是美的思维的艺术。美的思维就是达到感性认识完善的思维。而审美意义上的感性认识的完善，就是思想内容、秩序和表现力三者的和谐统一。只要这三者齐备，现实中的丑的东西在艺术中也可以是美的。这是艺术家特有的思维。美学应研究艺术家的审美思维的各项规则。

4. 美学是与理性类似的思维的艺术。“与理性类似”或“类似理性”，实际上是一种介于感性认识和理性认识之间的审美能力，或者说它是感性认识，但又具有类似理性的性质。“类似理性”是他独创的概念，显示出调和感性认识和理性认识的倾向。

（二）美学对于艺术的指导意义

作者认为，美学研究的规则“对于各种艺术犹如北斗星”（即能指导各种艺术）。为了说明美学对艺术的指导意义，他着重研究和探讨了文艺美学的两大类问题。一类是有关艺术创作的，另一类是关于艺术作品内容的。在艺术创作上，他认为，先天的审美感知力是艺术创作的首要条件，它包括情感、想象、洞察力、记忆、趣味、预见以及表达个人观念的能力等基本素质，这种先天的感知力并不能长久保持，还必须经过后天的经常不断的练习，才能不断地得到巩固和加强，才能创造出美的艺术作品。关于艺术创作中的“灵感”问题，他认为灵感有以下几个特点：(1) 灵感状态下产生的艺术作品具有非模仿性和不可重复性；(2) 在灵感状态中，思想感情的表达十分敏捷和有秩序；(3) 理智在灵感状态中，一面承受鲜明的形象，一面又不下降到感性世界（迷狂和热情）。他又认为，在灵感阶段创作出来的作品未必尽善尽美，还需要在理性的指导下进行艺术的加工，才能臻于完善。与此相关，他还谈到艺术真实问题，艺术真实是可然的事实，其中的虚构是不可避免的，这不同于逻辑的真实。

在关于艺术作品内容的分析上，他认为，“丰富性”在艺术作品内容诸要素中占据首要位置。丰富性并不是在艺术形象中毫无遗漏地表达对象的全部特点和因素，艺术应当舍弃一些不必要的因素，丰富与简练是一致的。此外，他还认为艺术应当通过感性的形象来表现道德的伟大和高尚的趣味，艺术的内容必须让欣赏者感到明确、易懂，并且有感人的力量。

三、推荐版本

《美学》，鲍姆嘉通著，简明、王旭晓译，文化艺术出版社，1987 年版。

第二节 《美学史》(1892年)

一、作者简介

鲍桑葵（B. Bosanquet，1848—1923），毕业于牛津大学，曾任伦敦亚里士多德学会会长。他在中年时期转入美学研究，相信美学能够调和后天与先天、自然与超自然的对立，并把18世纪美学中的形式原则与浪漫主义运动所注重的情感表现原则结合起来，认为美学主要研究审美态度及其特殊的价值形式，提出了“使情成体”说。他是表现主义美学的代表，自称“左翼黑格尔派”。美学代表著作有《美学史》、《美学三讲》等。

二、内容精要

《美学史》共15章。按历史发展顺序，评述西方从古代希腊、罗马、中世纪一直到19世纪后半叶的审美意识与美学理论的发展变化，目的是“尽可能写出一部审美意识的历史来”。《美学史》一书内容丰富，作者提出了不少独特的见解，但轻视东方的艺术和东方人的审美意识及其在理论上的表现。此书是19世纪末一部比较完整、影响较大的美学史专著。

（一）美学·美学史·美

该书第一章重点阐述了作者的美学观点和研究方法。作者认为，美学是“美的哲学”，是对审美意识的哲学分析，使审美意识具有清晰而有条理的形式；美学史则是美的哲学的历史，是审美意识的历史。同时，作者认为美的定义在古代偏重于节奏、对称、各部分的和谐、多样性的统一；近代注重意蕴、表现力、生命力和特征的表露。他综合这二者将美定义为：“凡是对感官知觉或想象力，具有特征的、也就是个性的表现力的东西，同时又经过同样的媒介，服从于一般的，也就是抽象的表现力的东西就是美。”简言之，即“美就是对感官知觉或想象力所表现出来的特征”。这种特征形成的条件乃是主体的想象力和知觉。

（二）希腊审美理论的三条原则

第二至第四章，作者先对美学史和美的艺术史、自然美和艺术美、美的定义与美学史的关系作了明确阐述和界说，然后逐一阐述了希腊思想家的美学理论及其美学特征，重点评价了亚里士多德的美学思想。他认为，希腊审美理论有三条基本原则：一是道德主义原则，对艺术再现的内容必须按照和实际生活中一样的道德标准来评判；

二是形而上学的原则，认为艺术是自然的不完备的复制品，是第二自然；三是审美原则，认为美纯粹是形式的，美寓于多样统一的想象性表现中，即感官表现中。

（三）古希腊之后的美学史

第五至第七章，分别介绍和论述了希腊化与罗马美学、审美意识在中世纪延续的痕迹、文艺复兴时期的美学思想的特点。第八至第九章，分述近代欧洲各国美学，重点探讨了近代美学哲学的问题、近代哲学的主题范围。第十至十二章，着重论述德国古典美学，分别对康德、希勒、歌德、谢林、黑格尔加以评价。第十三章，对从叔本华、苏尔巴特、齐美尔曼、费希纳到施图姆普夫时期的德国“精密”美学，作了专门的分析和叙述。这里的“精密”美学，即纯形式美学。

第十四章，论述客观唯心主义方法的完成，着重论述向后期客观唯心主义过渡时期索尔格、韦塞、费舍尔和罗森克兰兹等人关于丑的论述，还重点论述了后期客观唯心主义代表卡里尔、夏斯勒和哈特曼的美、丑观点。第十五章，是论述 19 世纪英国美学寻求内容与表现在理论上的重新结合，这同时也代表了鲍桑葵本人的研究观点。

三、推荐版本

《美学史》，B. 鲍桑葵著，彭盛译，当代世界出版社，2008 年版。

第三节 | 《美学与哲学》（1967—1976 年）

一、作者简介

米盖尔·杜夫海纳（Mikel Dufrenne，1910—1995），生于法国莱蒙，毕业于巴黎高等师范学校，曾任普瓦提埃大学、巴黎大学等大学教授、法国美学协会主席、世界美学协会副主席。他用现象学的方法和理论研究美学，把审美经验作为自己美学研究的对象，称自己的美学为“审美经验现象学”。他是当代世界最著名的现象学美学代表人物，主要著作有《审美经验现象学》、《美学与哲学》等。

二、内容精要

《美学与哲学》共三部分：第一部分“美学中的哲学问题”，作者对美、审美价值、审美经验、意向性、“归纳性感性”等概念，进行了深入的分析并提出了独创的见解；第二部分“艺术与符号”，作者探讨了艺术是不是语言、逻辑形式主义和美学形式主义、结构与意义、文学批评与现象学等内容；第三部分“今日之艺术”，作者论述了艺术在现代社会中的遭遇、审美对象与技术对象、抽象画的表现性等问题。《美学与哲学》不仅包含着他在《审美经验现象学》中所阐明的主要观点，而且还集中反映了他的基本的哲学和美学思想。

（一）美学的根本任务是研究审美经验

杜夫海纳声称，美学除“把握与文化之物既相对立又相联系的自然之物之外，更主要的是把握根本，即审美经验本身的意义，这既包括物或审美经验的东西，又包括审美经验所构成的东西”。“在审美经验中，如果说人类不是必然地完成他的使命，那么至少是最充分地表现他的地位，审美经验揭示了人类与世界的最深刻最亲密的关系”。他认为，在人类经历的各条道路的起点上，都可能找出审美经验，它开辟通向科学和行动的途径；如果研究审美经验，就可以实现现象学为哲学规定的任务。所以，美学不但只能在哲学之中形成，而且还是通向哲学的一条特殊道路。

（二）美到底是什么

杜夫海纳的美学思想主要在于强调感觉和知觉的意义，以便为审美经验提供一个坚实的基础。他认为，“审美对象首先与感性有关”。“美不是一个观念，也不是一种模式，而是存在于某些给我们感知的对象中的一种性质。这些对象永远是特殊的。这是被感知的存在在被知时和直接感受到的完满……首先，这是感性的完善，它以某种必然性的面目出现，并能立刻打消任何修改的念头。其次是某种完全蕴含在感性之中的意义，没有它，对象将毫无意味，至多是令人愉快的、装饰性的或有趣的事物而已……美的对象首先激起感性，使它陶醉。因此，美的对象所表现的意义，既不受逻辑的检验，也不受实践的检验；它所需要的只是被情感感觉到存在和迫切性而已。这种意义暗示着某个世界，某个不能用有关事物的用语，也不能用有关精神状态的用语去定义的世界……”他指出，美关乎两个问题：一是以必然性面目出现的感性的完满；二是完全蕴含在感性之中的意义。

（三）审美价值

作者指出，价值就是存在，就是存在的完善，是真正的存在，是以真实性为根据的存在。而这种真实性，需要被承认才得以完成。他认为，价值就是对象之所以成为有价值的对象的东西。它不是任何外在于对象的东西，而是符合自己的概念，完成自己的使命时的对象本身。审美对象表现的、在表现中所具有的价值，就是揭示一个世界的情感性质。“审美对象所暗示的世界，是某种情感性质的辐射，是迫切暂时的经验，是人们完全进入这一感受时，一瞬间发现自己命运意义的经验”。

（四）艺术与语言

语言是意义的最佳场合。它能使我们用代码传递信息；在语言中，信息和代码是相互依存的，也可以是平等的。他认为，艺术确实含有代码，但这种代码既不是确定的，也不是严格的；它不断地发明自己的句法，它是自由的，因为它对自身说来就是它自己的必然性，一个存在的必然性的表现；音乐艺术的特点就在于它的意义全部投入感性之中，感性在表现意义时非但不逐渐减弱，反而变得更强烈。所以，艺术并不真正是语言，而是超语言的最佳代表。在艺术作品中，意义完全内在于感性，艺术家通过作品传达一定意义或突出感性，接受者只能在知觉中把握这一意义。据此，他认为，音乐不拥有一种语言，绘画更加不具有一种真正的语言，电影也确实没有语言。

三、推荐版本

《美学与哲学》，米盖尔·杜夫海纳著，孙非译，中国社会科学出版社，1985年版。

第四节 《艺术作品的本源》(1935 年)

一、作者简介

海德格尔（Martin Heidegger，1889—1976），生于德国巴登州一小村镇，1909 年入弗赖堡大学学习神学和哲学，1913 年以后成为胡塞尔的学生和合作者，1933 年初纳粹上台后，被选为弗赖堡大学校长后又辞职。他是存在主义美学的主要代表人物，被誉为“诗人哲学家”。《艺术作品的本源》是他的美学代表作。

二、内容精要

《艺术作品的本源》分为五节，除相当于引言和结语的两部分外，其他三部分被海德格尔依次标题为“物与作品”、“作品与真理”、“真理与艺术”。作者以现象学和存在主义哲学观点来探索艺术的本源，认为艺术家与艺术作品互为本源，艺术又是艺术家与艺术的本源。艺术的本质是存在者的真理自行置入作品，艺术作品最重要的特征是使人通过它思考存在者的存在。本书集中表达了海德格尔的美学思想，哲学基础虽然是唯心主义的，但它充分肯定了艺术对人生、历史、社会的价值和意义。单就这一点来说海德格尔就不愧为现代伟大的美学家。

（一）“艺术之谜”

“艺术之谜”即提示艺术的本质问题。他反对用传统的经验比较的方法（通过比较找共性，并把共性当本质）和柏拉图的理念论的方法（从更高的概念推导出艺术）研究艺术本质，认为这两种方法都是自我欺骗。而找到艺术的本质只能用一种循环的方法，即艺术是什么从作品推断，艺术作品是什么只能从艺术的本质得知。“艺术家是作品的本源，作品是艺术家的本源”，“艺术是艺术作品和艺术家的本源”。这里的艺术是先验的，即先于艺术家和艺术作品而存在的。那么，到底什么是艺术的本质呢？作者的考察首先从艺术作品开始。他认为，艺术作品不是物，因为艺术作品虽有物的特征和物的要素，但它还有超出和高于物性的东西；艺术作品也不是器具，因为器具是人造的，它既是物又高于物，处于自然物和艺术品之间；艺术作品也不是现实的模仿和再现，因为模仿论和再现论要求艺术模仿和再现现实，与现实的存在者符合一致。他指出，艺术品不是个别存在物（者）的再现，而是物的一般本质的显现。所以艺术品根本不可能与现实的存在者符合一致。他对凡·高名画“农夫的鞋”分析之后，给艺术下了个定义：“艺术就是真理在作品中的自行置入。”其中的“真理”不是传统哲学意义上的真理，而是存在自身的显现。而海德格尔讲的“存在”，不是主客二分意义上的存在，而是不分主客意义上的、既非物质也非意识的所谓“此在”，即“我的存在”或“人的存在”，它是世界的本体。“置入”，不是指“放进去”，真理不是艺术家放进作品中去的，而是存在自身显现自己。“自行置入”是一种状态，德文意是“坐”，真理就像坐在作品里，待在那里，而且不出来也永不会消失。此定义是反传统美学的，传统美学是从存在者的角度去把握艺术作品的本质。他认为，艺术作品应当从存在者的存在中去把握“艺术作品以自己特有的方式敞开了存在者的存在”。

后来，海德格尔又对此定义作了两点发展。一是“艺术本质是诗意的（创造性的）”。因为艺术是真理的发生，这就意味着作品总是言说，而言说就是诗，当然也把不可说的带进了世界。二是艺术不仅是一种创造（“汲取”），艺术还是一种保存，是真理在作品中的创造性保存。艺术归根结底是历史性的，它不仅在外在意义上拥有历史，还在时代的变迁中改变、矫正历史，在建立历史的意义上，艺术就是历史。据此他又把艺术的定义发展为“人民历史性生存的创造和保存就是艺术”。

（二）艺术的价值：世界和大地

艺术的价值体现在艺术的两大特征上面：世界的建立和大地的显现。“世界”不能离开人的生存，不能从主体与客体对立的角度去理解，它是人与生存环境全部联系的总和，凡与人的生存无关的一切都不是世界。“大地”实指无生命的纯物。世界本质上是敞开的、开放性的，大地的本质是自我封闭、是封闭性的。

世界和大地是对立的，这种对立是一种抗争，是敞开与封闭的斗争。作品就是这种抗争的承担者，而真理就发生在这种对立和抗争之中。在斗争中存在者整体呈现出来，这呈现就是美，也就是真理发生的一种方式。总之，由于艺术具有建立世界和显现大地的两大特征，因此艺术便具有揭示世界的意义和人生真理的价值。

三、推荐版本

《艺术作品的本源》，海德格尔著，孙周兴译，上海译文出版社，2004年版。

第五节 |《美的现实性》(1974 年)

一、作者简介

伽达默尔（Hans-Georg Gadamer，1900—2002），生于德国马堡一科学家的家庭，青年时代曾在慕尼黑大学学习，后在马堡大学、莱比锡大学、法兰克福大学等校任教，曾任国际黑格尔联合会主席。他与其师海德格尔共同将传统解释学放到现象学本体论的基础上研究，掀起了西方解释学上的一场革命，从而成为现代哲学解释学的主要代表和现代解释学美学的开创者。代表著作有《真理与方法》、《美的现实性》等。

二、内容精要

《美的现实性》，原名《作为游戏、象征和节日的艺术》，是根据作者 1974 年在萨尔茨堡大学周所作系列演讲的内容修订而成的。书的篇幅不大，但解释的视野十分开阔，是继《真理与方法》之后又一次从游戏、象征和节日的角度来推导艺术作品本体论。作者认为，要想把现代艺术的破碎形式和传统艺术的语言形式“联结在一种更深刻的延续性中”，必须向“更基本的人的感受回复”，即向艺术现象或艺术感受的人类学基础回复，而“游戏”、“象征”和“节日”三个概念在这个回复中扮演着“主导角色”。本书以这三个概念来阐明艺术经验的人类学基础，在艺术本体论方面体现了伽达默尔的现代解释学美学思想，虽然思想基础是唯心主义的，但它的影响巨大，直接启发了 20 世纪后半期出现的德国的“接受美学”、美国的“读者反应批评”等流派。

（一）游戏

游戏是人类生活的一种基本职能，以至于人类文化没有它是完全不可想象的，人类祭祀中的宗教仪式就包含着某种游戏因素。游戏有四个特征。首先是目的性，它是一种不束缚于运动目的的运动。其次是自动性，即一种不谋求外在目的自我生命力的过剩表现。其三是自律性，即把理性包含于游戏中，具有“无目的的理性”特质，也就是说，人理性地设置并有意识地追求游戏的目的，但又可超越这种追求目的的理性。其四是同一性，包括两方面：一方面游戏总是一种来回重复的运动，最终是自我表现而已；另一方面“游戏始终要求与别人同戏”，游戏要求观看者的参与，观者成了游戏的一部分，因此游戏也是一种交往活动。可见，伽达默尔认为游戏的真正主体就是游戏本身，这有别于传统上的把游戏者看做游戏的主体的观点。他还把游戏看做艺术作品本身的存在方式，认为游戏就是艺术或艺术作品。通过对游戏的分析，他肯定了艺术的独立自主性、自我表现性，把艺术看成是一种理解和交往活动。其中，游戏的“同一性”的两个方面具体到“本文”上，就为“本文的同一性”和“解释的同一性”

这两个方面。本文的同一性造成并约束着解释的同一性，解释活动像游戏活动一样遵守着自律原则。真正的解释，不是为了找到一个原始的既成问题，其目的在于由本文内容触发解释者沿着它暗示的方向去继续提问。任何本文都为每一个接受它的人让出一个他必须去充满的游戏空间。空间性“意义”与“语言”是造成这种本文的空的空间的两种最基本因素。而“意义”来自存在本身的虚无，把存在化为虚无或在巨大的存在面前显示其虚无的力量才是意义生成的泉源和根据。“语言是存在的寓所”，“是被理解的存在”，它不只是说出了已经言说的东西，更重要的是它同时向对象默许“无限多未言说的东西上”。

（二）象征

古代有一习俗，主人和客人分别时，把一块陶片破成两半，给各人当做信物保存，几十年后，他们的后代可以凭此相认，视为知己。这片信物，就是象征，人们凭借它来重新相信，像自己同自己遇合一样。象征就是人们由此重新认出某件事，正如一位好客者凭“招待券”来重新认出他的客人朋友一样。重新认识是指把某物作为人们已经了解的东西来认识。每一种重新认识都已经为在先前所接受的知识成分所译解而且被提高到精神的东西上来了。他赞成歌德的话：“一切都是象征。”认为这是解释学观点的最全面阐述。艺术本质上是象征的，象征并不单纯是指示出一种意义，而是使意义出现，它本身就体现着意义。而且，在艺术品中不仅只是指示出某种东西，在被指示的东西那里还有更加本原的东西存在。换句话说，艺术作品意味着一种存在的扩展。象征物或象征性的本质恰好在于，它并不涉及用理智来补充的目的意义，而是它的意义就永驻于象征本身。

（三）节日

作者认为，“节日就是共同性；并且是共同性本身在它的完满形式中的表现”，它拒绝任何人与人之间的隔离状态。“节日，是被庆祝的；节日就是庆祝的日子”。使时间停住和延搁，就是庆祝。庆祝一个节日，就是把一切各自忙碌的人群集合到一个突然静止的时间中去。节日的时间性质是“被庆祝的时间”，而不是分解为互相脱节的时刻的延续。

在我们的经验中，时间有两种基本经验，一种是正常的实用的时间经验，它是“为了某物的时间，这种时间就是用虚无或某种东西填充起来，因此可称为填充的和空虚的时间。另一种是时间经验，它既与节日又与艺术有着深刻的亲缘关系，可称之为实现了的时间或属已的时间。艺术就是去庆祝，艺术品有它的属已的时间，与艺术感受相关的是要学会在艺术品上作一种特殊的逗留，这种逗留的特殊性显然在于它不会成为无聊，逗留越多，这个艺术品就越显得富于表情、多种多样、丰富多彩。艺术的这种时间经验的本质就是学会停留，这或许就是我们所期望的”。作者正是从节日的时间结构探究来摸清艺术的节日性和艺术作品的时间结构的。

三、推荐版本

《美的现实性》，伽达默尔著，张志扬等译，三联书店，1991 年版。

第六节 《中国艺术意境之诞生》(1934 年)

一、作者简介

宗白华 (1897—1986)，江苏常熟人 (又说安徽安庆人)，早年积极投身新文化运动，22 岁任《少年中国》月刊编辑、《时事新报》副刊《学灯》主编，23 岁赴德国留学 5 年学习哲学美学等课程，回国后在南京、北京等地大学任教，曾任中华美学学会顾问。在美学上，他确立了宇宙生命本体论的美学观，主张美学“以整个的美的世界”为研究对象，以“艺术美”为出发点。他是中国现代美学的先行者和开拓者，被誉为“融贯中西艺术理论的一代美学大师”，著有美学论文集《美学散步》等。

二、内容精要

《中国艺术意境之诞生》以“中国艺术意境”为文眼，总体上以中国传统绘画为主，附带论及诗歌。作者着重考察了艺术意境的意义，以及意境与山水、意境创造与人格涵养、禅境的表现等问题，并以道、舞、空白概括中国艺术意境结构的特点。这是他对 20 世纪中国美学作出的最特殊的贡献。

(一) 中国艺术意境之诞生

中国艺术意境从何诞生？宗白华给出了这样的命题：“一个充满音乐情趣的宇宙 (时空合一体) 是中国画家、诗人的艺术境界。”此命题包含两点内容：中国艺术的本源是宇宙生命；艺术意境诞生于宇宙生命节奏与艺术心灵节奏的共鸣交响。作者认为，中国艺术的最高境界是舞的境界。这种境界“是艺术家的独创，是艺术家从他最深的‘心源’和‘造化’接触时突然的领悟和震动中诞生的”。

(二) 结构层次和内容要点

1. 引言与意境的意义

探讨了中国艺术意境问题的意义，主要讨论了“什么是意境”的问题。他将意境分为五种学说：功利境界主于利，伦理境界主于爱，政治境界主于权，学术境界主于真，宗教境界主于神。而介于学术境界和宗教境界之间的，以宇宙人生的具体为对象，赏玩它的色相、秩序、和谐，借以窥见自我的最深心灵的反映；化实景为虚境，创形象以为象征，使人类最高的心灵具体化、肉身化，这就是"艺术境界"。"艺术境界主于美"，即作者认为它是情与景、生命情调与自然景象、主观与客观的融合统一；而且又是一个变化无穷、生生不息的审美范畴。"外师造化，中得心源"是意境创现的基本条件。

2. 意境与山水

艺术意境的创构，是使客观景物作我主观情思的注解。中国诗画都爱以山水做表现的中心，便是因为山水成了诗人、画家抒写情思的媒介。这揭示了艺术意境的创造过程，就是天人合一的过程。"艺术家享赋的诗心，映射着天地的诗心"。山川大地就是宇宙诗心的影现；画家诗人的心灵活跃，本身就是宇宙的创化。

3. 意境创造与人格涵养

微妙的意境，是在活泼的天机飞跃而又凝神寂照的体验中突然涌现出来。意境的涌出，也可由人工的步骤帮助实现。但这种艺术境界的创造和实现，有赖于创作主体平时的人格涵养，并非纯客观地机械地描摹自然所能达到的。

4. 禅境的表现

艺术意境不是一个单层的平面的自然的表现，而是一个境界层次的创构。它有三个层次：从直观感相的渲染、生命活跃的传达，到最高灵境的启示。他认为，中国自元朝以来，艺术意境的理想是"澄怀观道"，"在拈花微笑"里领悟色相中微妙至深的禅境。"禅"是中国接触佛教大乘义后体认到自己心灵的深处而灿烂地发挥到哲学境界与艺术境界。静穆的观照和飞跃的生命构成艺术的两元，也构成"禅"的心灵状态。因而中国艺术意境的创造，既须得屈原的缠绵悱恻，又须得庄子的超旷空灵。缠绵悱恻才能"得其环中"，超旷空灵才能"超以象外"。色即是空，空即是色，色不异空，空不异色，这是盛唐人的诗境，也是宋元人的画境。

5. 道、舞与空白——中国艺术意境结构的特点

作者进一步指出了艺术意境的特点，"即使心灵和宇宙净化，又使心灵和宇宙深化，使人在超脱的胸襟里体味到宇宙的深境"。"道"是"意境"的本源，而"艺"则是意境的表现。一切艺术必须从"道"出发，或者说，艺术家必须领悟到"道"才能创造出意境美来。"舞"是宇宙创化过程的象征，也是一切艺术表现的极致，只有"舞"这种最紧密的律法和最热烈的旋动，才能使深不可测的玄冥的境界具象化、肉身化。于是，"灿烂的艺"赋予"道"以形象和生命，"道"给予"艺"以深度和灵魂。舞成为中国一切艺术意境之典型。因道的根本属性是"虚"，一切艺术只有从"虚"出发，才能转而成为"实"。他认为，在中国古代艺术史中真正够得上意境高超莹洁而具有壮阔幽深的宇宙意识生命情调的作品，只有杜甫、李白、王维等少数人的作品。李白、杜甫境界的高、深、大，王维的静远空灵，是因为他们"都植根一个活跃的、至动而有韵律的心灵"。

三、推荐版本

《中国艺术意境之诞生》见《美学散步》，《美学散步》，宗白华著，上海人民出版

社，1981 年版。

第七节 《美的历程》（1981 年）

一、作者简介

李泽厚（1930—），生于湖南长沙宁乡县，27 岁毕业于北京大学哲学系。20 世纪 50 年代，他以重实践、尚“人化”的“客观性与社会性”相统一的美学观点卓然成家。20 世纪 80 年代，他提出“积淀说”，90 年代移居美国，提出“情感本体”观念，现为中国社会科学院研究员，巴黎国际哲学院院士，美国密西根大学等大学客座教授，曾获美国科罗拉多大学人文学院荣誉博士学位。美学著作有《美学论集》、《美的历程》、《美学四讲》、《论语今读》等。《美的历程》1981 年出版，后多次重印再版，并有英文、德文、韩文等多种译本。

二、内容精要

《美的历程》共 10 章，依据“积淀”和“人化自然”的思想，论述了中国从原始艺术到明清文艺的中国古典艺术的历史发展。作者提出了原始远古艺术的“龙飞凤舞”，殷商青铜器艺术的“狞厉之美”，先秦理性精神的“儒道互补”，楚辞、汉赋、汉画像石之“浪漫主义”，魏晋艺术之“人的觉醒”，盛唐艺术达到“古代浪漫主义”之极峰、宋代艺术对艺术风格韵味之追求，宋元山水画由“无我之境”过渡到“有我之境”，明清小说、戏曲由浪漫而感伤而世俗等概念和观点。

（一）龙飞凤舞

分“远古图腾”、“原始歌舞”、“有意味的形式”三节，采用考古研究成果，从图腾和原始歌舞中离析出史前艺术的雏形，揭示审美意识的发生和艺术的起源问题。

（二）青铜饕餮

分“狞厉的美”、“线的艺术”、“解体和解放”三节，显示了集中表现在青铜艺术中的审美心态：从“滥觞期”的简陋到“勃古期”的神秘狞厉、沉重威严，又从“开放期”的浅花浮刻到“新式期”的“堕落式”与“精进式”的分化，反映了由线的艺术而展开的审美历程。

（三）先秦理性精神

分“儒道互补”、“赋比兴原则”、“建筑艺术”三节。作者着重指出春秋战国时期形成的理性精神取代了原始巫术宗教观念，开始奠定了中华民族文化——心理结构。

就思想文化而言，则以孔子为代表的儒家学说和以庄子为代表的道家学说相辅相成共同构成中国思想传统的主导。儒家美学重在文艺的主题内容与社会功用，道家美学则通向艺术的内在审美规律，儒道美学主宰着两千多年中国的审美标准。

（四）楚汉浪漫主义

分“屈骚传统”、“琳琅满目的世界”、“气势与古拙”三节，描述了中国美学发展的又一干线——屈骚美学。认为屈骚传统在历史的上升时期演化了楚文化和西汉的浪漫艺术风貌，勾勒了早期汉民族对外部世界的审美气势。

（五）魏晋风度

分“人的主题”、“文的自觉”、“阮籍与陶潜”三节。认为魏晋时期的社会审美特征已由西汉的人对外部世界的直接征服胜利转入到魏晋的人对内心主体世界的思辨探寻，核心特征是由“人的觉醒”和“文的自觉”所构成的魏晋风度。

（六）佛陀世容

分“悲惨世界”、“虚幻颂歌”、“走向世俗”三节。描述了佛教思想和艺术在北魏、唐前期和唐后期的发展状况及其审美特色，并揭示了佛教思想艺术被不断中国化的发展规律。

（七）盛唐之音

分“青春李白”、“音乐性的美”、“杜诗颜字韩文”三节，作者指出，以李白、张旭和以杜甫、颜真卿为代表的两种美学风格，一以天才胜，一以规矩胜，分别对应于道家美学和儒家美学风范，他们共同构成具有“音乐性的美”的盛唐风貌。

（八）韵外之致

分“中唐文艺”、“内在矛盾”、“苏轼的意义”三节。作者认为中唐是中国封建社会由前期到后期的转折点。儒道互补的传统思想特征在这时充分展开，形成了士大夫的人格分裂和文艺思想的内在冲突，而禅宗思想的勃兴流行，更使晚唐两宋的审美趣味由以往重在人格理想的树立转变成对人生态度的寻求。此转变，在“诗境”到“词境”的过渡中，在《二十四诗品》、《沧浪诗话》中可见到而苏轼是转变的典型代表。

（九）宋元山水意境

分缘起、“无我之境”、“细节忠实和诗意追求”、“有我之境”四节。作者认为，北宋的“无我之境”，恰南宋画面自觉的诗意追求和元代的“有我之境”、恰代表着古代山水画艺术的三种审美意境。

（十）明清文艺思潮

分“市民文艺”、“浪漫洪流”、“从感伤文学到《红楼梦》”、“绘画与工艺”四节。作者认为，明清文艺思潮的主题已转入到世俗人情中去，以由说唱文艺等组成的市民文艺为开端，经明中叶由李贽高擎思想开放旗帜而涌现出士大夫文艺的浪漫洪流，在清初的禁欲复古历史回流中萎缩为一代感伤文学，而最终升华为象征着中国传统美学终结的批判现实主义杰作《红楼梦》。近代美学的曙光已即将出现。

三、推荐版本

《美的历程》，李泽厚著，天津社会科学院出版社，2001 年版。

第八节 |《知觉现象学》(1945 年)

一、作者简介

莫里斯·梅洛·庞蒂（Maurice Merleau Ponty，1908—1961）生于法国一天主教家庭，1926 年考入巴黎高等师范学校，结识了萨特、波伏娃、列维·施特劳斯等同学。1945 年，他撰写的《知觉现象学》一书出版获国家文学博士学位。1952 年他任法兰西学院哲学教授，曾与萨特一起编《现代》杂志。他是法国现象学的主要代表，发展了胡塞尔现象学哲学，比胡塞尔更清晰地阐明了现象学的观点，被誉为胡塞尔的最好解释者、现象学美学的杰出代表。梅洛·庞蒂从当时格式塔心理学理论与胡塞尔的现象学出发，对“知觉现象”进行了长期的研究，于 1945 年出版了《知觉现象学》。这是现象学哲学史上的一个里程碑。

二、内容精要

此书包括前言、引论“传统的偏见和重返现象”、第一部分“身体”、第二部分“被感知的世界”、第三部分“自为的存在和在世界上的存在”。作者对胡塞尔的现象学进行了最清晰而有创造性的解读。

（一）知觉

梅洛·庞蒂坚持将现象学的意义和人的存在知觉，尤其是人的躯体存在联系起来，并给“知觉”以特殊的地位，还将“意象”和“存在”这两个概念重新解释为本体论意义上的“身体”。他不同意胡塞尔的“现象学还原”，认为没有“自在之物”，只有被人的意识所接受之物。他将“现象学还原”或本质直观的观点成功地运用于“知觉分析”上。

他认为，一个人的知觉是接受世界、社会、现实和自己的一种基本模式，思想和世界不仅受到那种纯粹的逻辑还原的影响，而且也受到知觉者存在本身的影响，知觉与超越意识的世界有着不可分离的联系。知觉并不是一种孤立的外部刺激的结果，而是知觉者所经历的内在状态（内在体验）的总和，它具有意向性、体验方向性和超越性。他既反对强调知觉对象的“纯粹外在性”的经验主义，又反对强调知觉主体的“纯粹内在性”的理智主义。他认为，经验主义的错误就在于它忽视了知觉主体是一个有意向的身体，它（有意向的身体）在反思与认识之前就已经先验地以身体图式向他人、世界开放，而且对于由此而构成的现象均有一种先验觉悟。理智主义的错误在于它无视概念、判断的存在论基础，即概念与判断不是绝对抽象的，而是作为知觉主体“身体”概念化与图式化的结果。现象是人通过身体图式向他人、世界开放并与它们互属、共有的方式与处境，身处其中的人会有所体验，而且这种体验在我们进行反思之前就“已经存在”，所以我们无法对它进行任何心理发生学的分析与因果解释，而只能对它进行本质描述（决不会最终完成）。“身体”就是知觉主体，它是有所体验的身体和一种有意向的身体，又称“身体-主体”，它既是能够主动感知的身体，又是可以被感知的身体。因此，身体的存在不是一种纯粹精神的意识活动，也不能完全看作是一种物质对象的客体。

（二）身体

身体是意识自我投射的实际环境，是“在世界之中”的存在，是我们的体验、经验、语境、心境向世界敞开的载体。身体能够通过其熟悉的习惯（对身体图式的觉悟）与自身的各个部分、物体、他人与世界协调一致，从而展开各种可能的生活空间。而身体图式就是指人先验地与物体、他人及世界发生意向关系，占有、分享与改变世界。人正是通过这种身体图式处于世界之中的。在“作为表达与语言的身体”一章中，作者进一步指出身体是有意向的，它能够先验地与周边世界构成一个模糊不定的背景，并有所“觉悟”，有着一个前反思的、前科学的完形。人不是纯粹的自为体，也不是一个所谓的客观自足的本能存在，而是一个具体的、知觉着的、活动着的主体，而这个主体对他人而言不是物，他人对我来说也不是物，自我和他人既是意识和意识之间的把握，也是躯体和躯体语言之间的交流，所以我们才可能与他人在一种知觉的世界中，达到一种完美的、超语言的交流。

三、推荐版本

《知觉现象学》，梅洛·庞蒂著，姜志辉译，商务印书馆，2001年版。

第九节 | 《美感》(1896年)

一、作者简介

乔治·桑塔耶纳（George Suntayana，1853—1952），生于西班牙马德里，9岁随母移居美国，19 岁入哈佛大学学习，后获文学硕士和哲学博士学位并任该校哲学教授。49 岁返回欧洲客居。他的美学属于“自然主义美学”，在欧美思想界影响颇大。代表著作有《美感》、《艺术中的理性》等。《美感》是作者的第一部美学专著，也是美国第一部系统的美学著作，《英国百科全书》称之为对“美学的重要贡献”，桑塔耶纳也因此被视为自然主义美学的先驱。

二、内容精要

《美感》一书于 1896 年出版，根据 1892—1895 年在哈佛大学的美学讲稿整理而成。该书分为 4 卷：“美的本质”、“美的材料”、“形式”、“表现”。作者运用了近代内省心理学等方法，探讨了美、美感和表现等问题，将美定义为“客观化了的快感”，严格区分了审美判断和道德判断、审美快感与生理快感，并指出了美的源泉，强调人体的一切自然的生物学的机能都对美感有所贡献。

（一）美感效应无处不在

强调美感在生活中的重要作用。美的艺术绝不是美感存在的唯一领域，在人类的一切工业品、商品、住所、衣服、朋友中，无不具有美感效应的问题。人的天性中拥有一种审美和爱美的最根本、最普遍的倾向。

（二）美的本质

通过把美作为人生经验的对象来研究，他认为“美是一种价值”，并将美定义为“一种积极的、固有的、客观化的价值。或者，用不大专门的话来说，美是被当做事物之属性的快感”。简言之，美是客观化了的快感。但审美价值不同于道德价值，道德价值是消极的，它涉及的是避恶从善；而审美却是对忧虑恐惧的解脱，给人一种内在的积极的价值，使人愉快。美感也不同于生理快感，生理快感是不出肉体的感官快乐；而美却是指向外物的、客观化的快乐，是对心灵较高需要的满足。当快感客观化为事物的一种属性时，它就是美感。他说的美实质就是美感。

（三）美的材料

作者详细论证了物质材料的美及其在构成美感中的作用。材料美（感性美）既指对象的质料、色彩、声音等，又指人的感官机能对对象的感觉。它虽不是美感效果的最主要因素，却是最原始、基本的因素，它可独立存在，在一般情况下它是形式美和表现美的基础。人性的一切机能包括性本能都对美感有所贡献，“整个大自然是性欲的第二对象”。但美感主要源自视觉和听觉。在所有感觉中，视觉是卓越的感觉，因为事物的“形式”差不多是“美”的同义词，而这种“形式”只能为视觉所感知。

（四）形式美

形式美，则是对材料美的所见之综合，是构造性想象的结果，它来源于具体事物的形式与人的心理结构中的抽象形式契合。人体验形式美的主观条件中最重要的是统觉机能。所谓统觉就是指以往既有的经验对事物形式作想象性观赏。体验形式美仅有视觉是不能带来快感的，还得看对象是否适合我们的结构。只有视觉想象和心理机制相互结合，才会产生快感。

（五）表现美

表现和材料、形式一样，都是构成美的因素。在作者看来，由材料美到形式美，再到表现美是一个审美活动的递进过程，也是一个美的客观因素递减、主观因素递增的过程。如果说材料美中人的主观因素是感觉，形式美中人的主观因素是想象，那么表现美中人的主观因素则是联想。没有联想就没有表现。他指出，一切表现都是以实际呈现的事物与该事物所指示的形象或深远的思想、情感两项的有机结合。表现美的存在，一方面取决于形象所暗示的思想、情感，另一方面取决于人的审美统觉机能，其中包括情感联想这种主观能动性。

（六）美是难以形容的

美感是随着某些事物在一定的客观条件下发生的变化而变化。美感是这些事物的种种贡献所构成。美感是心灵的一种反应。美之所以存在，乃是因为美的事物的存在，或者说事物所赖以存在的世界的存在，或者说是因为调查事物和世界的人的存在。美是一切事物中最不必解释的东西。

三、推荐版本

《美感》，乔治·桑塔耶纳著，缪灵珠译，中国社会科学出版社，1982 年版。

第十节 | 《艺术即经验》(1934 年)

一、作者简介

约翰·杜威（John Dewey，1859—1952），25 岁获霍普金斯大学哲学博士学位，后任密歇根大学、芝加哥大学、哥伦比亚大学等校的教授，曾任美国哲学家协会会长。他早年受业于实用主义鼻祖皮尔士及新黑格尔主义者莫里斯等人，后以“活的生物”为基石，建立了他的一元论哲学即实用主义哲学。1931 年 2 月，杜威在哈佛大学作题为“艺术与审美经验”的讲演，三年后将演讲内容整理而成《艺术即经验》一书，开创了以实用主义为标志的新的美学派别。本书阐述的实用主义美学观，适应了现代派艺术的需要，并产生了很大的影响。在 20 世纪，他无论在中国还是在全世界都经历了一个广受欢迎、普遍被冷落、又重新受重视的过程。

二、内容精要

杜威以“经验”为其艺术观的出发点，阐述了“艺术即经验”的美学观。《艺术即经验》一书共14章，第一章“活的生物”是全书的纲领，提出“艺术的源泉存在于人的经验之中”，指出艺术的任务是恢复美的经验与日常生活进程之间的连续性。本书在论证结构上可分三个部分，第一部分从总体上讲述了生活经验与审美经验、艺术的统一关系；第二部分侧重介绍了审美经验的特征；第三部分主要强调了艺术的作用。

（一）本书的核心概念：经验

杜威的“经验”不同于此前的英国经验主义的“经验”，即主观与客观相对立的二元论的“经验”。他认为，世界并不处于人的对立面，而只是人的环境而已。活的生物（人）与环境接触产生了经验，经验并不只有被动的一面（即环境作用于活的生物所产生的“变”），也有主动的一面（即活的生物作用于环境所产生的“做”）。经验是动态的而非静态的，既不是纯粹主观的，也不是纯粹客观的，它是人与环境相遇时出现的。经验是“第一性”的，一切关于“自我”和“对象”的意识、思考和理论，都是第二性的。有了经验，才能对经验进行反思。经验有完整与不完整之分，人具有一种获得完整经验的内在需求。总之，他以经验取代主体与客体、物质与意识的二元对立，认为主体客体、心灵物质、手段目的相互作用，构成不可分割的经验整体。

（二）生活经验和艺术密不可分

生活经验是潜在的艺术——艺术是升华了的生活经验，是精练的、强化的经验形式。日常活动是萌芽状态的艺术——艺术是包括人的日常活动、情感、体验在内的经验和自然的典型化。日常经验中包含着“审美质素”，审美经验要从日常经验的内在价值中去挖掘，日常经验的全部内涵在审美经验中充分展现。

（三）审美经验及其特性

审美经验有诸多特性，如完整性、精练性、强化性以及个性化。审美经验具有独特的审美性质，能带给人以审美特征的享受。审美经验就是一般经验被提升到超越知觉的水准之上时，产生的审美主体与环境的平衡、和谐关系的重建。审美经验是一种超越知觉的知觉经验，具有先验的超时空性、超功利性。在审美经验中，欲望和知觉经验整合为一，艺术的内容和形式整合为一。

（四）艺术的作用

杜威认为只有在艺术中，自然的力量和自然的运行在经验里达到了最完备的统一。从文化和历史的角度看，艺术是“一种文明的生命的表现、记录和赞美，是促进文明发展的手段，也是对一种文明的质量的最终评判”。具体而言，他首先强调艺术的工具作用，此作用不在于它在生活中的实际运用，而在于它造成的后果，在于它有助于人们创造新的经验。其次，艺术具有沟通作用。“在一个充满着限制经验交往的鸿沟与壁垒的世界中，艺术作品是人与人之间完备而畅通无阻的交往的唯一媒介。"

（五）情感的表现

杜威认为，表现需要两个条件：内在的冲动和外在的阻力。它是被压出的并依赖于被压的东西和压力的存在。不存在一种先在的情感，然后用符号将它记录下来。情感的表现过程，也同时就是艺术产生的过程。艺术家在艺术创作活动中产生情感，而不是传达已经产生的情感。艺术是在一种表现性动作中形成的。在表现性动作的发展之中，情感就像磁铁一样将合适的材料吸向自身。在表现性动作之中，艺术创作的主客体之间的统一得以实现。艺术作品所表现的并不是情感，而是带有情感的意义。因此，情感与思想、意义不可分开。

三、推荐版本

《艺术即经验》，杜威著，高建平译，商务印书馆，2005 年版。

第十一节｜《艺术原理》(1938 年)

一、作者简介

R. G. 科林伍德（Robin George Collingwood，1889—1943），生于英国一文化修养极高的家庭，童年时期就阅读了笛卡儿和康德的著作，23 岁毕业于牛津大学，后任教于剑桥大学和牛津大学直至 1941 年退休。在哲学上，他是新黑格尔主义者，认为人的精神活动可分为从低到高的五种经验形式，即艺术、宗教、科学、历史和哲学。在美学上，他继承和发展了克罗齐的“艺术即表现说”，成为著名的表现主义美学家。其代表著作有《宗教与哲学》、《艺术哲学》、《艺术原理》等。《艺术原理》被后人公认为现代美学史中杰出的著作。

二、内容精要

《艺术原理》中心论题是“艺术与语言的同一性”，着重论述了三个关于“艺术”的命题。第一编“艺术与非艺术”，首先论证了作者所说的技术、巫术艺术和娱乐艺术不属于真正的艺术，然后提出真正的艺术是对情感的表现，是想象性活动或总体想象性经验。第二编“想象论”，转入广阔的哲学心理学领域，从理论上探讨了感觉、意识、想象、情感、思维和语言等问题，从而基本上形成了作者的艺术理论。第三编“艺术论”，进一步考察了艺术与真理、艺术家与社会的有机联系问题。

（一）艺术是情感的表现

科林伍德认为艺术是艺术家的情感表现，表现情感是一种创造性想象活动。“真正表现的特征是明了清晰或明白易懂；一个人表现某种东西，他也使别人也意识到他身上和他们自己身上的这种东西”。在他看来，表现情感是一个同语言、意识以及感受情感的方式相联系的过程。表现情感不是唤起情感，唤起情感旨在感动观众，表现者自己不必感动，艺术不是唤起情感效应的手段，也不以唤起情感为目的；表现情感是表现自己的情感，使自己的情感对观众显得清晰。表现情感也不是描述情感，描述情感是一种概括活动，它把感情分类，就把情感类型化了；表现情感是使情感明朗化、个性化，但这并不是艺术家的私人情感，而是能为观众接受和理解的社会性的情感；表现情感也不是选择情感，选择某种情感来表现必然产生坏艺术。

（二）艺术是总体性想象经验

科林伍德认为，艺术是想象性活动或总体性想象经验。“真正的艺术品不是看见的，也不是听到的，而是想象中的东西”。他认为，从一件艺术品中可获得两种经验：由视听觉器官得到的“特殊性的感官经验”；非特殊化的想象性经验，它的内容更丰富。感官经验是我们在艺术作品中所发现的东西，即艺术家赋予作品的实际的感性性质，是客观性的，真正属于艺术作品的本身；想象性经验是我们在作品中不能发现的东西，是由我们自己的储存经验和想象力注入作品里去的，具有主观性，并不属于艺术作品，而是属于我们观照艺术作品时在我们身上进行的各种想象性活力。他认为，艺术欣赏实际上就是欣赏者在想象中体验艺术家感情的表现。

（三）艺术必然是语言

科林伍德问道：“如果艺术具有表现性和想象性这两个特征，它必然会是什么呢?”他又回答道：“艺术必然是语言。”其中，表现性指语言的功能，想象性指语言的内容。这种语言不仅指有声语言，还包括与语言表现方式相同的任何器官的任何表现。他认为：“表现某些情感的身体动作，只要它们处于我们的控制之下，并且在我们意识到控制它们的时候把它们设想为表现这些情感的方式，那它们就是语言。”动作表现情感，情感表现为语言，各种语言都是专门化形式的身体姿势。

三、推荐版本

《艺术原理》，罗宾・乔治・科林伍德著，王至元、陈华中译，中国社会科学出版社，1985 年版。

第十二节 《接受美学与接受理论》(1967年)

一、作者简介

H. R. 姚斯（Hans Robert Jauss，1921—），生于德国巴登-符腾堡州的格平根，早年在海德堡大学师从海德格尔，后为康斯坦茨大学罗曼语教授，是德国著名的文学理论家、批评家，接受美学的创始人。代表著作《走向接受美学》和《审美经验与文学释学》奠定了他在接受美学上的杰出地位。

R. C. 霍拉勃，曾任职于美国加利福尼亚大学佰克利分校，对接受美学做过系统而全面的研究，代表作为《接受理论》。

《接受美学与接受理论》是 H. R. 姚斯的《走向接受美学》和 R. C. 霍拉勃著的《接受理论》的合订本。前一部是接受美学的经典著作，表达了接受美学的理论宣言，还从艺术史、文学类型研究、比较文学、作品接受等角度为人们展示了一种全新的研究方法，从不同角度探讨了“文本”的接受史，便于人们从某一点上对接受美学作深入的研究。后一部则是对接受美学的产生条件、基本理论、发展过程、自身价值以及产生的影响的全面介绍和分析，便于人们从面上把握接受美学。《接受美学和接受理论》中的《文学史作为向文学理论的挑战》发表于 1967 年，是接受美学诞生的宣言书和理论纲要。《接受美学和接受理论》为文学研究开辟了新的领域，提供了新的研究方法，并产生了世界性的影响。

二、内容精要

本书的精华，一是《文学史作为向文学理论的挑战》所阐述的接受美学的理论纲要，二是接受美学“双星”姚斯与霍拉勃的理论。

（一）接受美学的理论来源及其建树

接受美学主要是以现象学和解释学为理论基础的，对接受美学产生影响的理论有四个。一是俄国形式主义文学理论，其中文学研究的对象是文学性，文学性的规定在于读者的感觉以及内在动力演变的文学史观等观点对接受美学有重大影响。二是布拉格结构主义理论，强调文学系统的社会历史性、文学社会学研究的必要性和读者在审美活动中的能动性作用等内容，对接受美学影响较大。三是因加登的现象学美学，其中的“图式纲要”、“未定点”、“具体化”等概念对接受美学大有启示。四是伽达默尔的解释学，其中的“先在结构”、“效应史”、“理解视野”等概念，都被接受美学直接继承。

接受美学作为文学研究的新范式，其理论建树主要体现在四个方面：一是文本问题，反对文本中心论，认为文本存在于文学视野及其变化、融合中，是在作品与读者相互作用中生成的；二是与文本中心论相对，提出读者中心论；三是读者作为接受主体，文学文本的接受是一种解释活动，文本的意义是从阅读具体化中生成的；四是文学史问题，文本是历史的文本，所以研究文学理论就是研究文学史。文学史应是文学作品的接受史。

总之，接受美学既不是将文学研究的重点放在作品同作者和现实的关系上，也不是放在文本的语言、结构功能上，而是放在读者的接受上。这正是他们自称为接受美学的原因之所在。

（二）姚斯的理论

在《文学史作为向文学理论的挑战》中，姚斯在批评继承前人的基础上，力图建立一门完善的文学史科学。他吸收了马克思主义文学功用与接受意识，借鉴了形式主义中审美内在动力思想，提出一种新的文学史概念。文学史就是文学作品的消费史，即消费主体（读者）的历史。在作者、作品和读者的三角关系中，读者不是被动地反应，而是积极地参与，一部文学作品的历史生命不能缺少读者的能动参与。历史上不同的读者对作品的接受理解构成作品的真实存在。每一次具体的阅读，都是对历史与现实的有意识的调节。文学史就是文学接受史。他又提出文学史的一个重要概念“期待视野”，即阅读一部作品时读者的文学阅读经验构成的思维定向或先在结构。在阅读活动中，与接受主体的期待视野相对的是接受对象——作品的“客观化”。任何一部作品的产生都必须得到“客观化”，即与一个客观标准相符，才能获得接受，而这种超主体的客观标准，恰恰又是期待视野。文学史的接受必须有广阔的接受背景，既要有外在的横向背景，又要有内在的纵向背景。文学史实际上就是历史与现时视野的调节史，两种视野相互渗透、相互融合，历时性消失在共时性中，历时性的视野结构只有在共时性的阅读系统中，才能实现其功能。

在其他文章里，他还认为艺术的功能是人性的解放。审美娱乐是审美经验的核心，它与一般娱乐的不同在于审美主体与对象之间保持一定的距离。他把审美活动分为三个“基本范畴”：“创造”、“愉悦”和“净化”。这三个范畴分别揭示了审美经验生产方面、接受方面和交流方面，它们共同构成了审美经验的整体内涵。

（三）霍拉勃的接受理论

因加登的现象学美学是霍拉勃的接受理论的基础。文本与读者在阅读中相互作用，意义从阅读过程中产生，这是他接受理论的逻辑起点。根据文学意义产生的具体过程，文学研究包括三个方面。一是潜在的文本，相当于因加登的图式化结构（纲要），读者要靠自己的能力去发掘文本的潜在结构即发掘意义。二是文本的生成，读者要运用“策略”使熟悉的陌生化。三是文本生成的条件，文本的意义受阅读背景等因素影响，读者的阅读背景也规定着文本意义的生成。在阅读的具体过程中，阅读视点是内在的，从作品内部产生的，任何阅读活动都离不开历史与未来之间的调节，离不开视野的改变和对文学事件的重新解释。因此，视点应是流动的，即“流动视点”。文学阅读是意义生成的创造，阅读具有“非对称性”的交流功能，文学信息留下空白结构让读者用想象填充但不构成反馈，因而阅读无对错。

三、推荐版本

《接受美学与接受理论》，H. R. 姚斯、R. C. 霍拉勃著，周宁、金元浦译，辽宁人民出版社，1987 年版。

第十三节 | 《审美之维》(1978 年)

一、作者简介

赫伯特·马尔库塞（Herbert Marcuse，1898—1979），生于柏林一个有教养的犹太家庭，早年曾受业于胡塞尔和海德格尔，24 岁获哲学博士学位，后成为法兰克福学派的中坚人物，42 岁入美国籍，20 世纪 60、70 年代他被奉为新左派运动和学生运动的精神领袖，是社会批判美学的主要代表人物之一。他的美学思想完全融合在对资本主义及发达工业社会的批判理论中，始终与人的解放学说联系在一起，是寻求人的现实解放的广义政治学。美学代表著作有《单维人》、《审美之维》等。

二、内容精要

在《审美之维》中，作者总结了 20 世纪左派激进运动衰落的实践，重新在理论上对人的本能解放进行了强调。在对资本主义批判，以及马克思主义美学和现代艺术进行综合考察的基础上，系统地阐述了以下论点：艺术的社会作用与它的审美形式功能，始终保持着辩证的关联；人的本能解放这一乌托邦构想，要凭借艺术-审美的方式才能达到；只有以艺术、文学为中心的“审美之维”的革命才能在根本上造就崭新的人的心理-观念结构，从而实现人的解放。本书是当代美学史上的经典著作。

《审美之维》的写作目的是对流行于马克思主义美学中的正统观念提出质疑，认为艺术的政治潜能在于艺术本身，即在审美形式本身。艺术通过其审美的形式，在现存的社会关系中，主要是自律的。艺术在自律的王国中，抗拒这些现存的关系，同时又超越它们，从而破除那些占支配地位的意识形态和日常经验。全文可分三个部分。

（一）对“马克思主义美学”的批判

这里的“马克思主义美学”，是指前苏联流行的马克思主义美学。马尔库塞对此做了三个方面的批判。首先，批评了“经济基础决定上层建筑”的理论。他认为，马克思主义美学违背了辩证法，屈从于物化的现实，忽视了艺术超越特殊社会条件的永恒性品质，贬低了主体的整个主观性领域在反对现实、超越现实方面的积极作用，抹杀了艺术的自主性和特殊规律。其次，否认无产阶级革命艺术的存在和艺术的阶级性。他认为，艺术作为革命的武器，其政治潜能体现在艺术质量上，不依赖于任何阶级，阶级性只表明“题材”的性质，不是构成艺术品的要素，艺术品的要素是“人性”，因此关于艺术阶级性的命题已过时，不符合当代资本主义的现状。再次，他反对现实主义的模仿论。他认为，艺术对现实的模拟是一种批判性的模拟，不是直线的机械照相。艺术是对现实的超越，艺术的真实性是异在性的存在，艺术的解放作用在于突破现实和对新世界的展望，因此不能说现实主义是最切合社会主义关系的。

（二）审美形式

马尔库塞认为，艺术与其他人类活动相区别的特质在于“审美形式”。艺术作品不是内容和形式的机械统一，也不是一方压倒另一方，而是内容向形式生成、内容变成了形式，这样生成的形式就是审美形式。审美形式是对社会现实的超越和升华，与现实相间离，具有自主性的品质，不依附于任何阶级，是彻底的独立自主，具有永恒的价值。审美形式又是对现实的改造和重建，它能促成新感觉和新意识的产生，破坏既成的社会现实，创造出不同于既成世界的新世界，具有使人解放的作用。他说：“我认为艺术的政治潜能在于艺术本身，即在审美形式本身。此外，我还认为，艺术通过其审美形式，在现存的社会关系中，主要是自律的。在艺术自律的王国中，艺术既抗拒着这些现存的关系，同时又超越他们。因此，艺术就要破除那些占支配地位的意识形态和日常经验。”

（三）建立新感性

马尔库塞认为，新感性与旧感性相对。旧感性是受理性压抑的感性，是丧失了自由的感性，新感性是在审美和艺术活动中造就的、彻底摆脱了旧感性的完全自由的感性，是人原始本能（含性欲）得以解放的感性。他认为，感性是审美和艺术的原初功能。“美学的根基在其感性中”。美的东西首先是感性的，它诉诸感官，是具有快感的东西，是尚未升华的冲动的对象。不过，美占据的位置，可能处于已升华的客观性和尚未升华的客观性之间。他强调建立新感性是一种政治实践和人类解放的必由之路。他认为，艺术和审美能培养和造就新感性，给人提供新的感受、语言、生存方式，使人从理性的压抑下彻底解放，达到新秩序和新世界的建立之目标。

三、推荐版本

《审美之维》，赫伯特·马尔库塞著，李小兵译，广西师范大学出版社，2001年版。

第十四节 《野性的思维》(1962年)

一、作者简介

列维·施特劳斯(Claude Levi-Strauss，1908—2009)，生于比利时布鲁塞尔一犹太家庭，后迁居法国。早年他就读于巴黎大学，青年时代醉心于卢梭、弗洛伊德和马克思等人的思想，后致力于文化人类学研究五十多年。20世纪50年代以后，他以弗洛伊德的无意识理论为根基，以索绪尔等人的结构语言为武器，展开了对存在主义思想家萨特的批判，并以《野性的思维》拉开了20世纪60年代法国结构主义运动的序幕，创立了当代结构主义美学，并把结构主义方法应用于文化人类学和神话学研究之中。他是结构主义美学的前期代表人物之一，著有《结构人类学》、《野性的思维》和《神话学》等。

二、内容精要

《野性的思维》发表于1962年，共9章，通过翔实的素材对“原始人”思维结构、社会结构、神话结构等进行考察分析，旨在证明所谓的“原始人”与我们文明人一样，具有以道德和形而上学概念表现出来的抽象思维能力，集中体现了列维·施特劳斯的结构主义文化人类学的中心论题和基本方法。作者还在最后一章批判了萨特的存在主义，所以《野性的思维》成了结构主义向存在主义发难的宣战书，也是结构主义前期代表作。

(一)野性的思维

作者在本书中主要研究未开化人类的“具体性”与“整体性”思维的特点，并力申未开化人类的具体性思维与开化人的抽象性思维不是分属“原始”与“现代”、或“初级”与“高级”这两种等级不同的思维方法，而是人类历史上始终存在的两种互相平行发展、各司不同文化职能、互相补充渗透的思维方式。并且断言艺术活动与科学活动都分别与这两种思维方式相符——正像植物有“野生”和“园植”两大类一样，思维方式也可分为“野性的”和“文明的”两大类。作者既不把“野性的思维”看作野人的思维，也不把它看作原始人或远古人的思维，而是把它看作未驯化状态的思维，以区别于为了产生一种效益而被教化或被驯服的思维，这种思维在艺术或未经开发的社会生活领域中还存在着、受保护着和发展着。它突出特点是试图同时进行分析和综合这两种活动，沿着一个或另一个方向直至其最远的限度，而同时仍能在两者之间进行调节。它具有非时间性和非连续性的特征，想把握既作为同时性又作为历时性整体的世界，而包括历史知识在内的“开化的”思维则是具有时间性和连续性的特征，是间隙式的和综合性的。

（二）关于艺术

在对神话的研究中，作者把艺术放在科学与神话的关系之中来论述，认为艺术是“处于科学知识和神话或巫术思想之间的。因为一般都知道，艺术家既有些像科学家，又有些像修补匠；他运用自己的手艺做成一个物件，这个物件同时也是知识对象”。这就是说，艺术是处于科学的概念和神话的记号中间的东西，是这二者的综合。一方面具有概念的特点，另一方面又具有形象的特点。作者认为，艺术与神话有区别，“产生神话的创造行为与产生艺术作品的创造活动正相反”，“艺术从一个组合体（对象＋事件）出发达到最终发现其结构；神话则从一个结构出发，借助这个结构，它构造了一个组合体（对象＋事件）”。简言之，神话通过结构创造事件，艺术通过事件去揭示结构，这种通过事件去揭示结构的过程，就是艺术家的创作过程。

三、推荐版本

《野性的思维》，列维·施特劳斯著，李幼燕译，商务印书馆，1987 年版。

参考文献

[1]《道德经》，老子著，陈忠译，吉林文史出版社，2006年版。
[2]《论语译注》，杨伯峻著，中华书局，1980年版。
[3]《庄子》，庄子著，方勇注，中华书局，2010年版。
[4]《形而上学》，亚里士多德著，吴寿彭编，商务印书馆，2011年版。
[5]《哲学原理》，笛卡儿著，关琪桐译，商务印书馆，1935年版。
[6]《人性论》，休谟著，关文运译，商务印书馆，1980年版。
[7]《哲学通信》，伏尔泰著，高达观译，上海人民出版社，2005年版。
[8]《精神现象学》，黑格尔著，贺麟、王玖兴译，商务印书馆，1979年版。
[9]《作为意志和表象的世界》，叔本华著，石冲白译，商务印书馆，1982年版。
[10]《实用主义》，威廉·詹姆士著，陈羽纶、孙瑞禾译，商务印书馆，1979年版。
[11]《悲剧的诞生》，尼采著，赵登荣等译，漓江出版社，2007年版。
[12]《西方哲学史》，伯兰特·罗素著，何兆武译，商务印书馆，1977年版。
[13]《疯癫与文明》，福柯著，刘北成、杨元婴译，生活·读书·新知三联书店，2007年版。
[14]《纯粹现象学通论》，埃德蒙特·胡塞尔著，李幼蒸译，商务印书馆，1996年版。
[15]《交往行为理论》，哈贝马斯著，曹卫东译，上海人民出版社，2005年版。
[16]《古代社会》，摩尔根著，杨东莼、马雍、马巨译，中央编译出版社，2007年版。
[17]《金枝》，詹姆斯·乔治·弗雷泽著，赵阳译，陕西师范大学出版总社有限公司，2010年版。
[18]《人类学与现代生活》，博厄斯著，刘莎、谭晓勤、张卓宏译，华夏出版社，1999年版。
[19]《科学的文化理论》，马林诺夫斯基著，黄建波等译，中央民族大学出版社，1999年版。
[20]《文化模式》，本尼迪克特著，王炜等译，生活·读书·新知三联书店，1988年版。
[21]《结构人类学》，克洛德·列维·施特劳斯著，谢维扬译，上海译文出版社，1995年版。
[22]《人类的由来》，查理·达尔文著，潘光旦译，商务印书馆，1983年版。
[23]《人口原理》，托马斯·罗伯特·马尔萨斯著，朱泱译，商务印书馆，1992年版。
[24]《太平经合校》，王明编，中华书局，1960年版。
[25]《抱朴子内篇校释》(增订本)，王明著，中华书局，1985年版。
[26]《长阿含经》(全一册)，陈永革译；《中阿含经》(全三册)，(东晋)僧伽提婆译；《杂阿含经》(全三册)，(南朝宋)求那跋陀罗译；《增一阿含经》(全二册)，(前秦)昙摩难提译。中国佛教文化研究所编，宗教文化出版社，1999年版。
[27]《坛经校释》，慧能著，郭明校释，中华书局，1983年版。
[28]《新旧约全书》，中国基督教协会，1989年版。
[29]《古兰经》，马坚译，中国社会科学出版社，2003年版。
[30]《宗教的起源与发展》，麦克斯·缪勒著，金泽译，上海人民出版社，1989年版。
[31]《原始思维》，列维·布留尔著，丁由译，商务印书馆，1997年版。
[32]《图腾与禁忌》，西格蒙德·弗洛伊德著，赵立玮译，上海人民出版社，2005

年版。
[33]《神话思维》，恩斯特·卡西尔著，黄龙保、周振选译，中国社会科学出版社，1992 年版。
[34]《巫术，科学，宗教与神话》，马林诺夫斯基著，李安宅编译，上海文艺出版社，1987 年版。
[35]《中国民间宗教史》，马西沙、韩秉方著，中国社会科学出版社，2004 年版。
[36]《马克思、恩格斯、列宁宗教问题著作选编及讲解》，国家宗教事务局、宗教干部培训中心编，宗教文化出版社，2002 年版。
[37]《理想国》，柏拉图著，郭斌和、张竹明译，商务印书馆，1986 年版。
[38]《尼各马科伦理学》，亚里士多德著，苗力田译，中国社会科学出版社，1999 年版。
[39]《道德原理研究》，休谟著，周晓亮译，沈阳出版社，2001 年版。
[40]《伦理学方法》，西季威克著，廖申白译，中国社会科学出版社，1993 年版。
[41]《伦理学体系》，弗里德利希·包尔生著，何怀宏译，中国社会科学出版社，1988 年版。
[42]《新教伦理与资本主义精神》，马克斯·韦伯著，于晓译，三联书店，1987 年版。
[43]《存在与时间》，马丁·海德格尔著，陈嘉映译，三联书店，2006 年版。
[44]《文明及其缺憾》，西格蒙德·弗洛伊德著，傅雅芳译，安徽文艺出版社，1987 年版。
[45]《儿童的道德判断》，让·皮亚杰著，傅统先译，山东教育出版社，1984 年版。
[46]《正义论》，约翰. 罗尔斯著，何怀宏译，中国社会科学出版社，2001 年版。
[47]《无政府、国家与乌托邦》，罗伯特·诺克齐著，何怀宏等译，中国社会科学出版社，1991 年版。
[48]《自私的基因》，理查德·道金斯著，卢允中译，吉林人民出版社，1998 年版。
[49]《德性之后》，阿拉斯代尔·麦金太尔著，龚群等译，中国社会科学出版社，1995 年版。
[50]《大教学论》，夸美纽斯著，傅任敢译，教育科学出版社，1999 年版。
[51]《林哈德和葛笃德》（上、下卷），裴斯泰洛齐著，北京编译社译，人民教育出版社，1984 年版。
[52]《教育漫话》，约翰·洛克著，傅任敢译，人民教育出版社，1985 年版。
[53]《爱弥儿——论教育》（上、下卷），卢梭著，李平沤译，人民教育出版社，1985 年版。
[54]《民主主义与教育》，杜威著，王承绪译，人民教育出版社，1990 年版。
[55]《教育与新人》，巴格莱著，袁桂林译，人民教育出版社，1996 年版。
[56]《美国高等教育》，赫钦斯著，汪利兵等译，浙江教育出版社，2001 年版。
[57]《什么是教育》，雅斯贝尔斯著，邹进译，生活·读书·新知三联书店，1991 年版。
[58]《教育过程》，布鲁纳著，邵瑞珍译，人民教育出版社，1989 年版。
[59]《终身教育引论》，朗格朗著，周南照、陈树清译，中国对外翻译出版社，1985 年版。
[60]《心理学原理》，詹姆斯著，田平译，中国城市出版社，2003 年版。
[61]《教育心理学概论》，桑代克著，陆志韦译，商务印书馆，1926 年版。
[62]《科学与人类行为》，斯金纳著，谭力海译，华夏出版社，1989 年版。

[63]《精神分析引论》，西格蒙德·弗洛伊德著，高觉敷译，商务印书馆，1984 年版。
[64]《自卑与超越》，阿德勒著，光明日报出版社，2006 年版。
[65]《发生认识论》，皮亚杰著，胡世襄译，商务印书馆，1997 年版。
[66]《思维与语言》，维果茨基著，李维译，浙江教育出版社，1997 年版。
[67]《人性能达到的境界》，马斯洛著，林芳译，云南人民出版社，1987 年版。
[68]《学习的自由》，罗杰斯著，伍新春、管琳、贾容芳译，北京师范大学出版社，2006 年版。
[69]《分析心理学的理论和实践》，荣格著，程琼译，三联书店，1991 年版。
[70]《实验心理学史》，波林著，高觉敷译，商务印书馆，1981 年版。
[71]《超越 IQ——人类智力的三元理论》，斯腾伯格著，俞晓琳、吴国宏译，华东师范大学出版社，2004 年版。
[72]《国民财富的性质和原因的研究》，亚当·斯密著，郭大力译，商务印书馆，2002 年版。
[73]《政治经济学及赋税原理》，大卫·李嘉图著，华夏出版社，2005 年版。
[74]《新人口论》，马寅初著，中国人口出版社，2002 年版。
[75]《经济学原理》，阿尔弗雷德·马歇尔著，廉运杰译，华夏出版社，2005 年版。
[76]《福利经济学》，阿瑟·塞西尔·庇古著，金镝著，华夏出版社，2007 年版。
[77]《制度经济学》，约翰·罗杰斯·康芒斯著，于树生译，商务印书馆，1981 年版。
[78]《就业、利息和货币通论》，约翰·梅纳德·凯恩斯著，宋韵声译，华夏出版社，2005 年版。
[79]《经济发展理论——对于利润、资本、信贷、利息和经济周期的考察》，约瑟夫·阿洛伊斯·熊彼特著，何畏译，商务印书馆，1990 年版。
[80]《经济分析基础》，保罗·安东尼·萨缪尔森著，何耀、傅征、刘生龙等译，东北财经大学出版社，2006 年版。
[81]《个人主义与经济秩序》，弗里德里希·奥古斯特·冯·哈耶克著，邓正来译，生活·读书·新知三联书店，2003 年版。
[82]《改造传统农业》，西奥多·W. 舒尔茨著，梁小民译，商务印书馆，1987 年版。
[83]《劳动无限供给条件下的经济发展》，威廉·阿瑟·刘易斯著，转载自陶文达编《发展经济学》，1992 年版。
[84]《史记》，司马迁著，（索引）司马贞，（正义）张守节，中华书局，1982 年版。
[85]《汉书》，班固著，颜师古注释，中华书局，1962 年版。
[86]《资治通鉴》，司马光著，胡三省（音注），中华书局，1956 年版。
[87]《历史》，希罗多德著，徐松岩译，上海三联书店，2008 年版。
[88]《伯罗奔尼撒战争史》（上、下册），修昔底德著，商务印书馆，1960 年版。
[89]《罗马帝国衰亡史》，爱德华·吉本著，黄宜思译，商务印书馆，1997 年版。
[90]《英雄与英雄崇拜》，卡莱尔著，张志明等译，中国国际广播出版社，1988 年版。
[91]《历史研究》，汤因比著，曹未风等译，上海人民出版社，1986 年版。
[92]《15—18 世纪的物质文明、经济和资本主义》，布罗代尔著，顾良、施康强译，三联书店，1993 年版。
[93]《全球通史》，斯塔夫里阿诺斯著，吴象婴译，北京大学出版社，2006 年版。
[94]《奶酪和蛆虫》，卡洛·金斯伯格著，The Johns Hopkins University Press，1992 年版。
[95]《狱中札记》，安东尼奥·葛兰西著，曹雷雨等译，中国社会科学出版社，2000

年版。
[96]《中国哲学史（上、下）》，冯友兰著，华东师范大学出版社，2005 年版。
[97]《文明史纲》，费尔南·布罗代尔著，肖昶等译，广西师范大学出版社，2003 年版。
[98]《中国思想史论》，李泽厚著，古代（上）、近代（中）和现代（下）三部，安徽文艺出版社，1999 年版。
[99]《中国思想史》，葛兆光著，上海复旦大学出版社，2003 年版。
[100]《东方学》，爱德华·W. 萨义德著，王宇根译，北京三联书店，2007 年版。
[101]《近代政治思想的基础》（上下卷），昆廷·斯金纳著，商务印书馆，2002 年版。
[102]《欧洲政治思想史——从 15 世纪到 20 世纪》，萨尔沃·马斯泰罗内著，黄华光译，中国社会科学出版社，1998 年版。
[103]《教育思想的演进》，爱弥儿·涂尔干著，李康译，上海人民出版社，2003 年版。
[104]《俄罗斯思想》，尼·别尔嘉耶夫著，雷永生、邱守娟译，北京三联书店，2004 年版。
[105]《五四运动史》，周策纵著，陈永明等译，岳麓书社，1999 年版。
[106]《士与中国文化》，余英时著，上海人民出版社，2003 年版。
[107]《两种文化》，C. P. 斯诺著，纪树立译，三联书店，1995 年版。
[108]《原始文化：神话、哲学、宗教、语言、艺术和习俗发展之研究》，爱德华·泰勒著，连树声译，广西师范大学出版社，2005 年版。
[109]《中世纪的衰落》，约翰·赫伊津哈著，刘军、舒炜等译，中国美术学院出版社，1997 年版。
[110]《文明的进程：文明的社会起源和心理起源的研究》，诺贝特·埃利亚斯著，王佩丽、袁志英译，上海译文出版社，2009 年版。
[111]《共有的习惯》，爱德华·汤普森著，沈汉、王加丰译，上海人民出版社，2002 年版。
[112]《欧洲近代早期的大众文化》，彼得·伯克著，杨豫等译，上海人民出版社，2005 年版。
[113]《死亡文化史：用插图诠释 1300 年以来死亡文化的历史》，米歇尔·沃维尔著，高凌瀚译，中国人民大学出版社，2004 年版。
[114]《文明的冲突与世界秩序的重建》，亨廷顿著，周琪译，新华出版社，2010 年版。
[115]《六朝画论研究》，陈传席著，天津人民美术出版社，2006 年版（此书中有《论画》点校注释和译文）。
[116]《古画品录》，谢赫著；《续画品录》，姚最著，王伯敏注释，人民美术出版社，1959 年版。
[117]《历代名画记》，张彦远著，肖剑华注释，江苏美术出版社，2007 年版。
[118]《画旨》，董其昌著，毛建波校注，西泠印社，2008 年版。
[119]《校注人间词话》，王国维著，徐调孚校注，中华书局，2003 年版。
[120]《芬奇论绘画》，达·芬奇著，戴勉译，人民美术出版社，1979 年版。
[121]《艺术》，克莱夫·贝尔著，周金环、马钟元译，滕守尧校，中国文联出版公司，1984 年版。
[122]《艺术的涵义》，奥班恩著，孙浩良等译，学林出版社，1985 年版。
[123]《艺术形态学》，卡冈著，凌继尧、金亚娜译，学林出版社，2008 年版。
[124]《情感与形式》，苏珊·朗格著，刘大基等译，中国社会科学出版社，1986 年版。

[125]《艺术与视知觉》，阿恩海姆著，滕守尧、朱疆源译，四川人民出版社，1998年版。
[126]《艺术与错觉》，E.H. 贡布里希著，林夕等译，湖南科技出版社，2004年版。
[127]《电影的本性》，克拉考尔著，邵牧君译，江苏教育出版社，2006年版。
[128]《论音乐的美——音乐美学的修改刍议（增订版）》，爱德华·汉斯立克著，杨业治译，人民音乐出版社，1980年版。
[129]《艺术哲学》，丹纳著，傅雷译，人民文学出版社，1963年版。
[130]《美学》，鲍姆嘉通著，简明、王旭晓译，文化艺术出版社，1987年版。
[131]《美学史》，B. 鲍桑葵著、彭盛译，当代世界出版社，2008年版。
[132]《美学与哲学》，米盖尔·杜夫海纳著，孙非译，中国社会科学出版社，1985年版。
[133]《艺术作品的本源》见于《林中路》。《林中路》，海德格尔著，孙周兴译，上海译文出版社，2004年版。
[134]《美的现实性》，伽达默尔著，张志扬等译，三联书店，1991年版。
[135]《中国艺术意境之诞生》见《美学散步》，《美学散步》，宗白华著，上海人民出版社，1981年版。
[136]《美的历程》，李泽厚著，天津社会科学院出版社，2001年版。
[137]《知觉现象学》，梅洛·庞蒂著，姜志评译，商务印书馆，2001年版。
[138]《美感》，乔治·桑塔纳著，缪灵珠译，中国社会科学出版社，1982年版。
[139]《艺术即经验》，杜威著，高建平译，商务印书馆，2005年版。
[140]《艺术原理》，罗宾·乔治·科林伍德著，王至元、陈华中译，中国社会科学出版社，1985年版。
[141]《接受美学与接受理论》，H.R. 姚斯、R.C. 霍拉勃著，周宁、金元浦译，辽宁人民出版社，1987年版。
[142]《审美之维》，赫伯特·马尔库塞著，李小兵译，广西师范大学出版社，2001年版。
[143]《野性的思维》，列维·施特劳斯著，李幼燕译，商务印书馆，1987年版。

后　记

本教材自立项起历经三年，在省内高校多位教师（其中多数为“211”高校文史经哲专业教师）的努力下，几经调整改动，终于汇总统稿、修改定稿，并交由出版社审阅校样了。这本教材编著工作是浩繁而艰巨的，整个大纲体例和学科门类、内容等由孙志宜教授策划并审定，初稿“第一章哲学”由滕有平撰写，“第二章人类学”由郇守军撰写，“第三章宗教学”由钟有为撰写，“第四章伦理学”由滕有平撰写，“第五章教育学”由尹小敏撰写，“第六章心理学”由焦德武撰写，“第七章经济学”由胡明兵撰写，“第八章历史学”由何玉杰撰写，“第九章思想史”由周聚群撰写，“第十章文化学”由许亮撰写，“第十一章艺术学”由王茜撰写，“第十二章美学”由詹道勇撰写。全书协调安排工作由徐宗品负责，全书统稿、修改、调整、完善等后期大量工作由孙志宜、肖玮付出三月有余的时间完成，其中徐青同志在英文、版本等补缺、完善方面帮助整理，王勋同志在三稿校对时帮助整理。特此感谢编写团队的教师们所付出的辛勤劳动。

当然，由于编写态度、编者水平以及协调工作等各种因素的影响，我们在对初稿的统稿、修改过程中也发现了一些问题，例如：一些编者没有严格按体例要求撰写，各学科所选名著重复达22篇，部分著作不具有学科的典型代表性，甚至对名著内容精要的叙述答非所问等等，使得这本书的完整性、经典性、统一性等质量要求受到影响，策划理念没有得到很好落实。为了解决这些问题，我们在统稿修改过程中，通过排查、选优、淘汰、删劣、精简、补缺等方法，精心润色，最终使教材得以呈献给读者。特别需要说明的是，为使每个学科部分的篇幅相对平衡、内容归类相对恰当，有部分不合适的编写内容被删除，或替换到其他学科的内容中，定将与编著者的初稿有较大出入，这都是为了保证全书的整体质量与水平，不当之处请谅解。

对于书中的差错疏漏、不足与遗憾，竭诚欢迎专家、读者批评指导，尤其是广泛地听取师生使用后的意见，我们将认真总结经验，吸取教训，努力提高写作团队的职业素质与能力，以求“名著导读”进一步完善。

孙志宜

2012年4月